Bernd Steffensen
Politische Steuerung im Arbeitsschutz

Bernd Steffensen

Politische Steuerung im Arbeitsschutz

Einsatzbedingungen der Lasertechnik in der industriellen Materialbearbeitung

Mit einem Geleitwort von Prof. Dr. Helmut Willke

Springer Fachmedien Wiesbaden GmbH

Die Deutsche Bibliothek – CIP-Einheitsaufnahme

Steffensen, Bernd:
Politische Steuerung im Arbeitsschutz : Einsatzbedingungen der Lasertechnik in
der industriellen Materialbearbeitung / Bernd Steffensen. Mit einem Geleitw. von
Helmut Willke.
(DUV : Sozialwissenschaft)
Zugl.: Bielefeld, Univ., Diss., 1996
ISBN 978-3-8244-4256-0   ISBN 978-3-663-08863-9 (eBook)
DOI 10.1007/978-3-663-08863-9

Lektorat: Monika Mülhausen

http://www.duv.de

Gedruckt auf säurefreiem Papier

ISBN 978-3-8244-4256-0

Geleitwort

Auf den ersten Blick mag es überraschen, sich mit Steuerungsproblemen im Bereich Arbeitsschutz zu befassen. Angesichts abnehmender Unfallzahlen bei einem gleichzeitigen Anstieg der Zahl der Erwerbspersonen in der Bundesrepublik stellt der Arbeitsschutz seit den umfänglichen Reformen in der ersten Hälfte der siebziger Jahre einen Bereich dar, in dem politische Maßnahmen zu langfristigen Erfolgen geführt haben. Auch unter Arbeitsschutzexperten gelten die nach wie vor feststellbaren (tödlichen) Unfälle als kaum weiter reduzierbar. Aber auch die Mehlstauballergien von Bäckern oder die Hautprobleme von Friseuren können sich neben den mit deutlich mehr Aufmerksamkeit durch die Medien lancierten Umweltschutzproblemen gegenwärtig kaum behaupten. Gerade für den Bereich der Hochtechnologien, wie etwa für die in der vorliegenden Arbeit betrachteten Lasertechnologie, gilt zudem, daß sie als besonders sauber und als nicht mit gravierenden Gefährdungen verbunden beurteilt wird. Die nur geringen Unfallzahlen sprechen für diese Einschätzung.

Interessant werden Arbeitsschutz und Lasertechnik aus steuerungstheoretischer Perspektive allerdings aus zwei Gründen: Erstens aufgrund der politischen Intention, die weitere Verbreitung der Lasertechnik aus Wettbewerbsgesichtspunkten auch über eine verbesserte Arbeitssicherheit zu fördern. Zweitens zeichnet sich die Lasertechnik im Einsatzbereich der industriellen Materialbearbeitung grundsätzlich durch eine Kombination von Unfallgefährdungen und sinnlich kaum wahrnehmbaren Emissionsgefährdungen aus. Erstere wurden von den Arbeitsschutzakteuren offensichtlich weitgehend ausgeräumt; dies zeigt die niedrige Zahl an Unfällen, die mit dem Lasereinsatz verbunden sind. Daneben bleibt der Problembereich der Emissionsgefährdungen weitgehend unbeachtet. Der Eindruck, daß beim Einsatz der Lasertechnik in der Materialbearbeitung „nichts passiert", führt deshalb in den Betrieben aber auch bei den außerbetrieblichen Arbeitsschützern vielfach zu non decisions.

Die nur geringe Aufgeregtheit in der Arbeitsschutzpolitik gibt damit den Blick auf die normale Operationsweise des Regimes des deutschen Arbeitsschutzes frei, das sich durch ein hohes Maß an verbandlicher Einflußnahme und durch korporatistische Vernetzungen auszeichnet. Hieraus folgt, daß sich das Arbeitsschutzproblem Lasersicherheit nicht als ein allein betriebliches Problem untersuchen läßt. In den Mittelpunkt rücken vielmehr die Interaktionsbeziehungen zwischen den verschiedenen Akteuren im Arbeitsschutz. Damit kommen neben den betrieblichen Arbeitsschützern auch die Vertreter von Gewerbeaufsichtsämtern und Berufsgenossenschaften, von Landes- und Bundesministerien sowie von Verbänden in den Blick. Dieser umfassende Zugriff kann verdeutlichen, daß Arbeitsschutzpolitik sich nicht auf das Erlassen von Vorschriften beschränken kann. Um – wie beim Beispiel der Lasertechnik – mit wissenschaftlichen Ergebnissen auch auf der betrieblichen Ebene Veränderungen der Einsatzbedingungen zu bewirken, muß das gesamte Netz der Akteure bewegt und beeinflußt werden.

Im vorliegenden Band verbindet Bernd Steffensen in beeindruckender Weise eine detaillierte empirische Beschreibung der Problematik des Arbeitsschutzes im Feld der Lasertechnik mit konzeptionellen Überlegungen zur Arbeitsschutzpolitik und deren möglichen Lehren für eine soziologisch informierte Steuerungstheorie. Dies macht das Buch für Praktiker ebenso interessant und anregend wie für steuerungstheoretisch Interessierte.

Helmut Willke

Vorwort

Der betriebliche Arbeitsschutz gehört sicherlich zu den politischen Themen, die eher am unteren Ende der gesellschaftlichen Relevanzskala rangieren. Neben den Großproblemen Arbeitslosigkeit, mangelndes Wirtschaftswachstum, als unzureichend beurteilter technologischer Fortschritt oder Umweltschutz scheint ein defizitärer Arbeitsschutz doch eher unbedeutend. Als Uwe Borchers und ich Anfang 1992 begannen, uns am ASIF-Institut in Bielefeld mit dem Thema Anwendungsbedingungen der Lasertechnik und Lasersicherheit zu befassen, erwarteten wir in der Empirie in bezug auf die im folgenden behandelten Steuerungsmöglichkeiten im Arbeitsschutz keine Probleme. Diesbezüglich sind wir etwas blauäugig an das Thema herangegangen. Wir nahmen an, daß es zwischen den Formen des Lasereinsatzes einerseits und den Strategien der Betriebe, mit denen diese die bestehenden Sicherheitsprobleme bewältigen, andererseits einen engen Zusammenhang gibt. Das in der Literatur als „Arbeitsschutzsystem" bezeichnete institutionelle Gefüge aus Regelungen, Aufsichtsinstanzen und Verbänden schien uns ein ausreichender Transmissionsriemen zu sein, um Lasersicherheit in den Betrieben zu ermöglichen. Schon der erste soziologische Blick in die betriebliche Wirklichkeit belehrte uns eines besseren.

Das Projekt wurde ab Oktober 1992 an der Akademie für Technikfolgenabschätzung in Baden-Württemberg fortgesetzt. Im neu formierten Projektteam, dem nun statt Uwe Borchers Monika Kettler und Jochen Barthel angehörten, führten wir die empirischen Untersuchungen fort. Dabei wurden wir immer wieder mit dem Befund konfrontiert, daß das Regime des deutschen Arbeitsschutzes, zumindest was die Lasertechnik angeht, kaum Auswirkungen auf die Einsatzformen dieser neuen Technik hat. Ein Ziel unseres Projektes bestand darin, aus den betrieblichen Nutzungsbedingungen der Lasertechnik Hinweise abzuleiten, in welchen Bereichen ein dringlicher Handlungsbedarf besteht, um mit technischen Normen die Lasersicherheit zu erhöhen. Da die Projektarbeit jedoch zeigte, daß technische Normen, gesetzliche Regelungen oder auch Aufsichtsbehörden im betrieblichen Alltag kaum von Bedeutung sind, schälte sich nach und nach die Fragestellung der vorliegenden Dissertation heraus: Wie ist Steuerung im Arbeitsschutz überhaupt möglich, und welche Grenzen sind hierbei gegeben?

Um diesen Fragen nachzugehen, waren theoretische Überlegungen und empirische Ergebnisse aufeinander zu beziehen. Eine systemtheoretische Zugangsweise erwies sich hierbei als fruchtbar. Die Entscheidung für diese Theorierichtung war nicht zuletzt durch eine gewisse „Verärgerung" darüber inspiriert, daß sich die Vertreter dieser Denkrichtung bislang kaum darum bemüht haben, die abstrakten theoretischen Überlegungen einmal konsequent auf ein einzelnes empirisches Beispiel zu beziehen. Die in den bislang vorliegenden Arbeiten zur Illustration der theoretischen Ausführungen gewählten Beispiele sind episodenhaft, vielfach plausibel, erscheinen aber zumeist auch eher trivial.

Es stellte sich mir deshalb die Frage, was man soziologisch gewinnen kann, wenn man mit einer systemtheoretisch ausgerichteten Steuerungstheorie einmal einen einzelnen empirischen Sachverhalt von vorne bis hinten angeht. Was findet sich tatsächlich von jener wechselseitigen Undurchdringbarkeit, mit der in der Literatur verdeutlicht wird, daß direkte Steuerungsversuche scheitern müssen? Was sieht man bei der Betrachtung der beteiligten und damit handlungsfähigen Akteure, denen Kommunikationen (Steuerungsversuche oder -blockaden) zugerechnet werden?

Mit einer Vielzahl jener Akteure habe ich in den Jahren 1992-1995 Expertengespräche geführt. Es handelte sich um Vertreter von Betrieben, die die Lasertechnik in einzelnen Abschnitten der Produktion einsetzen oder Laseranlagen herstellen, um Mitarbeiter von Gewerbeaufsichtsämtern, Landes- sowie Bundesministerien, von Normungsverbänden, Berufsgenossenschaften und Laserforschungszentren. Ihnen sei herzlich für die Bereitschaft gedankt, sich ausführlich und zum Teil mehrmals über ihre Einschätzung der Gefährdungen eines betrieblichen Lasereinsatzes befragen zu lassen. Der gleiche Dank gilt den Teilnehmern von zwei Workshops, die im Sommer 1993 und im Herbst 1994 an der Akademie für Technikfolgenabschätzung in Baden-Württemberg durchgeführt wurden. Der engagierten und zum Teil kontroversen Diskussion sind eine ganze Reihe der vorgestellten Einsichten geschuldet.

Weiterhin bin ich Jochen Barthel zu Dank verpflichtet, mit dem ich die Ergebnisse des eigentlichen Projektes wie auch die von mir hieraus abgeleiteten Defizite des Arbeitsschutzsystems unzählige Male diskutiert habe. Danken möchte ich auch Hans-Joachim Braczyk, der mir in der Schlußphase der Arbeit genügend Freiraum gelassen hat, damit ich das „kleine Privatprojekt" 1996 endgültig abschließen konnte. Daneben sind Petra Hiller und Helmut Willke zu nennen, die die vorliegende Arbeit unbürokratisch betreuten, sowie Elke Ristok und Michael Kopf, die das Manuskript durchgesehen haben und eine Vielzahl orthographischer Fehler ausräumten.

Ein besonderer Dank gilt Bettina, Jacob und Jasper, die zumeist akzeptiert haben, wenn ich später als andere Ehemänner und Väter nach Hause kam bzw. einen Teil des Abends, Wochenendes oder Urlaubs am Computer verbrachte.

Widmen möchte ich diese Arbeit meinen Eltern, die inzwischen eingesehen haben, daß man nicht nur als Beamter, sondern auch als Soziologe Geld verdienen kann.

Bernd Steffensen

Inhalt

X

Verzeichnis der Abbildungen und Tabellen

„Lasertechnik besitzt eine erhebliche gesamtvolkswirtschaftliche Bedeutung und eine Schlüsselfunktion sowohl auf dem Gebiet der Vorsorgeforschung (Gesundheit, Umwelt, Klima, Energie) als auch für die Steigerung der technologischen und industriellen Leistungsfähigkeit aufgrund ihres Einflusses auf fast alle Bereiche der Technik, der Naturwissenschaft und der Medizintechnik. Durch die breite Anwendungsmöglichkeit kann ein wesentlicher Beitrag zur Schaffung von Bedingungen für ein rasches Wachstum in wichtigen Teilbereichen der Wirtschaft erzielt werden.“

(BMFT 1994: 22)

1 Einleitung

Die Politik gerät in modernen Gesellschaften immer mehr in eine Zwickmühle. Einerseits wird von ihr in bezug auf fast jeden erkannten Mißstand gefordert, Abhilfe zu schaffen. Der Staat oder die Politik ist jene Instanz, von der erwartet wird, daß sie die kleinen und großen gesellschaftlichen Probleme lösen oder doch bis zu einem Level der Erträglichkeit abmildern kann. Wer, wenn nicht die Politik, könnte anderenfalls die gesellschaftlichen Probleme unter Berücksichtigung gesamtgesellschaftlicher Vernunftkriterien lösen? Aber warum sollte gerade der Politik das gelingen, was den anderen Akteuren in der Gesellschaft (etwa der Wirtschaft oder der Wissenschaft) in ihrem eigenen Einflußbereich nicht gelingt? Für die staatlichen Akteure kommt ein Problem hinzu: Der Staat soll nach Meinung einzelner gesellschaftlicher Gruppen bestimmte Entwicklungen verbieten oder regulieren, nach Meinung anderer Gruppierungen gerade diese Entwicklungen fördern und anderen Interessenvertretern zufolge zumindest die entstehenden Nachteile kompensieren. Anforderungen, die sich zum Teil widersprechen, zumindest kaum miteinander vereinbar sind. Andererseits läßt sich feststellen, daß die Politik selbst den Ansprüchen nur einer dieser Gruppen lediglich in beschränktem Maße gerecht werden kann.

Der Arbeitsschutz ist ein Politikbereich, in dem ebenfalls eine solche Konstellation vorherrscht. Seit Beginn der gesellschaftlichen Thematisierung von Arbeitssicherheit besteht ein Streitpunkt zwischen Arbeitgebern und Arbeitnehmern darin zu entscheiden, wieviel Arbeitssicherheit wechselseitig als akzeptabel anzusehen ist. Für die Wirtschaftsentwicklung der ersten Industrialisierungsphasen im letzten Jahrhundert stellten Forderungen nach verbesserter Arbeitssicherheit bzw. nach einer Kompensation der auftretenden Gesundheitsschädigungen eine „unzumutbare Schikane“ dar, die – so würde es heute heißen – den Wirtschaftsstandort Deutschland gefährdeten. Seit dieser Zeit stellt die Arbeitsschutzpolitik das Ringen um einen gesellschaftlichen Kompromiß dar: Die wirtschaftliche Entwicklung soll gefördert, gleichzeitig aber so reguliert werden, daß eine allzu große Schädigung der Arbeitnehmer unterbleibt und entstehende Beeinträchtigungen kompensiert werden können.

Das Thema Arbeitsschutz scheint heute nicht (mehr) sehr aktuell, es hat in den letzten Jahren zugunsten des Umweltschutzes an Bedeutung eingebüßt. Dies gilt für die Beachtung des Themas in der Öffentlichkeit bzw. in den Medien wie auch für dessen Bearbeitung durch politische Akteure. So konnte die Bundesregierung im Juni 1994 bekannt geben, daß der Entwurf eines Arbeitsschutzrahmengesetzes in der laufenden Legislaturperiode nicht mehr bearbeitet wird, ohne daß dies eine große Medienresonanz erzeugte.[1] Einer breiten Öffentlichkeit ist das vorübergehende Scheitern des Gesetzentwurfs unbekannt geblieben. Lediglich einige Insider aus Wirtschaftsverbänden, Gewerkschaften, Berufsgenossenschaften und Arbeitsschutzbehörden haben dies diskutiert. Ein solcher Fall im Gegenstandsbereich des Umweltschutzes hätte vermutlich eine andere Medienwirkung entfaltet. Auch die Serie von Störfällen, die sich zu Beginn des Jahres 1993 bei der Chemiefirma Hoechst ereignete, wurde vor allem unter Gesichtspunkten des Umweltschutzes thematisiert. Daß es zuerst einmal die Beschäftigten waren, die von den austretenden Gefahrstoffen gesundheitlich belastet wurden, blieb in der Berichterstattung weitgehend unterbelichtet.

Damit werden Aussagen bestätigt, in denen dem Arbeitsschutz seit einiger Zeit ein Funktionsverlust konstatiert wird (vgl. Pröll 1991). Einerseits sei bei den hergebrachten Arbeitsschutzthemen – etwa bei der Unfallverhütung – kaum noch eine Verbesserung zu erwarten (die Tabelle 1 zeigt die Entwicklung der Unfallzahlen in den letzten Jahrzehnten). Andererseits haben die Arbeitsschützer in Betrieben, Aufsichtsbehörden und Ministerien den neuen Themen wie Belastungen durch Arbeitsstress oder Gesundheitsbeeinträchtigung durch den Umgang mit Gefahrstoffen bislang nur wenig Aufmerksamkeit geschenkt.

Gerade der weitgehend blinde Fleck des Arbeitsschutzes, die Einwirkung von Gefahrstoffen, könnte sich in der Zukunft zu einem immer wichtigeren Thema entwickeln. Wie weit verbreitet Arbeitsplatzgefährdungen durch Gefahrstoffe bereits heute sind, verdeutlicht ein Artikel des Spiegel (o.V., 1994, Nr. 10). In ihm werden Krankenschwestern, Dachdecker, Schlosser, Drucker, Schweißer, Metallarbeiter, Möbelschreiner, Maler, Friseure, Kfz-Mechaniker, Arbeiter in Gummifabriken und Kokereien, Gießereiarbeiter, Bauhandwerker sowie Straßenbauarbeiter als Berufsgruppen angesprochen, die einem erhöhten Krebsrisiko durch Gefahrstoffe ausgesetzt sind. Breitere

---

1   Damit war der Versuch gescheitert, die Arbeitsschutz-Rahmenrichtlinie der Europäischen Union in bundesrepublikanisches Recht zu überführen. Dies sollte nach europäischem Recht bis zum 31. Dezember 1992 geschehen. Die Bundesrepublik ist damit Schlußlicht in der EU (vgl. Konstanty/Zwingmann 1995). Inzwischen ist ein entsprechendes Gesetz (Arbeitsschutzgesetz; ArbSchG) verabschiedet und seit dem 21. August 1996 in Kraft getreten.

Jahr	Vollarbeiter (in 1000)	Arbeitsunfälle	angezeigte Arbeitsunfälle je 1000 Vollarbeiter	tödliche Arbeitsunfälle
1950	19.183	1.258.220	66	6.966
1955	22.575	2.179.834	97	6.017
1960	24.883	2.711.078	109	4.893
1965	24.951	2.655.363	106	4.784
1970	25.218	2.391.757	95	4.263
1975	23.301	1.760.713	76	3.137
1980	25.597	1.917.211	75	2.597
1985	25.616	1.536.090	60	1.795
1990	30.717	1.672.480	54	1.558
1995	37.622	1.813.982	58	1.596

Tab. 1: Entwicklung der Arbeitsunfallzahlen 1950-1995 (Quellen: Unfallverhütungsbericht 1993; BMA 1996)

Aufmerksamkeit durch die Gewerbeaufsicht (etwa im Jahresbericht der Gewerbeaufsicht Nordrhein-Westfalen 1991) finden z.Z. vor allem die Arbeitsbedingungen von Bäckern (Mehlstauballergien) und Friseuren (Hautveränderungen durch Chemikalien treten bei 70% der Auszubildenden bereits im ersten Lehrjahr auf, 30% wenden sich aus solchen Gründen von diesem Handwerk nach einigen Jahren ab, vgl. Wandtner 1993). Experten schätzen, daß in der BRD jährlich etwa 20.000 Menschen an bösartigen Tumoren sterben, die auf gesundheitsgefährdende Arbeitsbedingungen zurückzuführen sind (vgl. Frankfurter Rundschau vom 7. März 1994).[2] Eine Zahl, die etwa 10-mal höher ist als die der Arbeitsunfalltoten.

Auch wenn das Thema Arbeitssicherheit in den Medien zur Zeit nicht sehr hoch im Kurs steht, bleibt festzuhalten, daß es nach wie vor einen politischen Handlungsbedarf gibt. Die Entwicklung der Arbeitsunfallzahlen verdeckt möglicherweise das tatsächlich erreichte Arbeitssicherheitsniveau. Es bleibt abzuwarten, in welchem Umfang sich in Zukunft die akuten Gesundheitsbeeinträchtigungen aufgrund des (zum Teil jahrelang vorkommenden) Umgangs mit gefährdenden Arbeitsstoffen häufen werden. Zudem ist zu bedenken, daß viele der wesentlich breiter und intensiver thematisierten Umweltbelastungen, die als Folge der industriellen Produktion entstehen, bei ihrer Entstehung zugleich und zuerst einmal Arbeitsplatzbelastungen sind. Insofern hat das Thema Ar-

---

2   Andere Autoren gehen davon aus, daß 15% der etwa 15.000 in Betrieben eingesetzten Chemikalien potentiell gesundheitsschädigend sind (Elsigan/Geyer 1993: 17).

3

beitsschutz zum Teil zu Unrecht in der gesellschaftlichen Wahrnehmung an Bedeutung verloren.

Im folgenden soll das weite Feld der Gefahrstoffbeeinträchtigungen auf einen relativ engen Bereich eingegrenzt werden. Betrachtet werden Gefahrstoffe, die beim Einsatz der Lasertechnik in der industriellen Materialbearbeitung entstehen (siehe hierzu Abschnitt 2.2). Die Lasertechnik stellt im betrieblichen Kontext eine relativ neue Technik dar. Aufgrund eines breiten Anwendungsspektrums – auch über die Materialbearbeitung hinaus (vgl. Abschnitt 2.1) – avanciert die Lasertechnik zur Schlüsseltechnologie, die, schenkt man den Prognosen von Herstellern und einschlägigen Fachzeitschriften Glauben, erst am Anfang eines weitreichenden Diffusionsprozesses steht (PROGNOS 1987; Reinhard 1991).

Auch wenn die Lasertechnik in den Betrieben bislang noch nicht sehr verbreitet ist, eignet sie sich für eine Untersuchung zum Thema Arbeitsschutz in besonderer Weise: Neue[3] und alte Arbeitssicherheitsprobleme treten beim Einsatz der Lasertechnik nebeneinander auf. Die bestehende Gefährdungslage zeichnet sich durch ein Zusammenspiel von klassischen Unfallgefährdungen (vor allem durch die direkte Laserstrahlung und durch die Hochspannungsaggregate) und Gefahrstoffbelastungen aus. Die Stärken des Arbeitsschutzes bei der Unfallverhütung und ihr blinder Fleck beim Umgang mit Gefahrstoffen lassen sich gleichermaßen beobachten und analysieren.

1.1 Fragestellung

Maßnahmen zum Schutz der Beschäftigten vor Gesundheitsgefährdungen beim Einsatz der Lasertechnik in der Materialbearbeitung zu ergreifen, ist Sache der Betriebe. Allerdings nicht ausschließlich: Als Ausschnitt aus dem Bereich der regulativen Politik ist Laser- respektive Arbeitssicherheit auch Bestandteil von Gesetzgebungsaktivitäten auf Bundes- und Länderebene; die im Zuständigkeitsbereich der Bundesländer verankerte Gewerbeaufsicht befaßt sich mit der Kontrolle der betrieblichen Arbeitsbedingungen und erläßt gegebenenfalls Auflagen zur Verbesserung der Arbeitssicherheit; die Berufsgenossenschaften nehmen vergleichbare Kontrollaufgaben wahr und haben darüber hinaus auch eigene Regelungsbefugnisse; die privatrechtlich verfaßten Normungsverbände, zu denen etwa das DIN Deutsches Institut für Normung e.V. (im folgenden kurz DIN) zu rechnen ist, sind ebenfalls mit eigenständigen Regelungskompetenzen ausge-

---

3 Von neuartigen Gefährdungen in bezug auf Gefahrstoffe zu sprechen, ist natürlich nur bedingt zutreffend. Es ist vielmehr davon auszugehen, daß diese Gefährdungsursachen heute lediglich stärkere Aufmerksamkeit genießen, jedoch auch früher vorgelegen haben.

stattet. Es sind also unterschiedliche gesellschaftliche Akteure identifizierbar, die sich mit dem Thema Arbeitssicherheit befassen.

In bezug auf die Lasertechnik werden – auch mit Blick auf Fragen der Lasersicherheit – einige zusätzliche politische und wissenschaftliche Anstrengungen unternommen. Diese sind zum einen auf die große wirtschaftliche Bedeutung zurückzuführen, die der Lasertechnik zugemessen wird (vgl. BMFT 1994; Grupp 1993), zum anderen auf das Wissen um die beim Lasereinsatz in der Medizin und der Materialbearbeitung entstehenden Emissionsstoffe. In den letzten Jahren werden verstärkte Anstrengungen unternommen, um die Entwicklung neuer Laserverfahren und deren Diffusion in die Praxis zu fördern. Als diffusionsfördernd wurde dabei auch erachtet, bei der Weiterentwicklung der Lasertechnik möglichst frühzeitig Aspekte der Lasersicherheit zu beachten: Forschungsarbeiten sollen dabei helfen, „von der nachträglichen Verbesserung der Arbeitsbedingungen zu einer präventiven menschengerechteren und benutzerfreundlichen Gestaltung der Lasertechnik zu kommen ..." (vgl. Stackelberg 1991: 218; ähnlich auch Hildebrand 1992: 69).[4] In einer Pressemitteilung des Bundesministeriums für Forschung und Technologie (BMFT 1989) heißt es:

> „Der wissenschaftlich-technische Fortschritt in der Lasertechnik, auch bedingt durch die Fördermaßnahmen des Bundesministeriums für Forschung und Technologie, hat zu neuen Anforderungen an Richtlinien und Normen geführt. Ein besonderer Handlungsbedarf besteht bei Materialbearbeitung mit Lasern, insbesondere beim Laser-Schneiden und -Schweißen von Kunststoff- und Verbundmaterialien. Die hierbei auftretenden Gase, Dämpfe und Aerosole können z.T. gesundheitsschädlich sein. Hier ist die frühzeitige Erarbeitung von gesundheits- und umweltschützenden Richtlinien erforderlich."

Um diese Ziele zu erreichen, wird die Lasertechnik und ihre weitere technische Entwicklung durch das Bundesministerium für Bildung, Wissenschaft, Forschung und Technologie als Gegenstand der entwicklungsbegleitenden Normung (DIN 1991) gefördert. Ziel der entwicklungsbegleitenden Normung ist insbesondere die beschleunigte Hervorbringung technischer Innovationen bei sogenannten Systemtechnologien, um aufgrund eines frühen Markteintritts Wettbewerbsvorteile zu erlangen.[5] Gleichzei-

---

4   Ein Beispiel hierfür ist der EUREKA-Forschungsverbund EU643 „EURO-LASER-Safety in the Industrial Applications of Lasers". Die vorliegende Arbeit steht hiermit in Zusammenhang. Sie ist durch das Forschungsprojekt „Lasertechnik - Nutzungskontexte und Sicherheitsstrategien" inspiriert, das von Oktober 1992 bis Januar 1996 an der „Akademie für Technikfolgenabschätzung in Baden-Württemberg" durchgeführt wurde. Das Projekt war Teil des genannten EUREKA-Verbundes und wurde vom Bundesministerium für Bildung, Wissenschaft, Forschung und Technologie unter der Projektträgerschaft des VDI-Technologiezentrums in Düsseldorf (Fördernummer 426-4013-13EU0132) gefördert.

5   Das DIN schreibt zur Bedeutung der entwicklungsbegleitenden Normung: „In Anbetracht der raschen technischen Entwicklung auf dem Gebiet der Lasertechnik kann mit Normungsaktivitäten nicht gewartet werden, bis die Entwicklung eines Produktes oder eines Verfahrens abgeschlossen ist. Parallel zu den Forschungsarbeiten muß in vielen Stufen entwicklungsbegleitende Normung erfolgen. Durch dieses Verfahren werden wirtschaftlich nicht verantwortbare Mehrgleisigkeiten

tig soll dieser veränderte Typ der Normung die Möglichkeit eröffnen, bereits zu einem frühen Zeitpunkt der technischen Entwicklung Gesichtspunkte der Arbeitssicherheit, des Gesundheitsschutzes sowie der Umwelt- und Sozialverträglichkeit zu berücksichtigen (vgl. Schulz/Steffensen 1995).

Die politischen Akteure sind also darum bemüht, wirtschaftliche Interessen und die des Arbeitsschutzes bei der Entwicklung der Lasertechnik im Bereich der industriellen Materialbearbeitung miteinander zu verquicken. So betonte der Vertreter des Projektträgers auf einem im Rahmen des Forschungsprojektes „Lasertechnik: Nutzungskontexte und Sicherheitsstrategien" durchgeführten Workshop (siehe hierzu die Ausführungen in Kap. 1.2 sowie die entsprechende Dokumentation von Steffensen u.a. 1994), daß die Forschungsförderer den Anspruch vertreten, nicht nur die Technologie zu fördern, sondern auch Fragen der Sicherheit zu betrachten. Es sei schwierig gewesen, die Industrie, die sich ebenfalls finanziell beteiligen sollte, zur Teilnahme zu bewegen. Erst als die Automobilindustrie[6] andeutete, daß sie die Lasertechnik solange nicht einsetzen würde, wie nicht auszuschließen sei, daß die Industrie in 20 Jahren mit Regressforderungen aufgrund von Gefahrstoffbelastungen konfrontiert sei, kam es zu einem breiten Interesse an den sicherheitsbezogenen Fragestellungen.

Ich werde im folgenden den Gesichtspunkt der protektiv-regulativen Politik auf dem Gebiet der Lasersicherheit und der Umsetzung von Arbeitsschutzregelungen in den betrieblichen Alltag weiter verfolgen. Die Überlegungen gehen damit von der empirischen Frage aus, welche politischen Möglichkeiten es gibt, um eine Verbesserung der Arbeitssicherheit beim Einsatz der Lasertechnik in der industriellen Materialbearbeitung zu bewirken, zumindest jedoch zu begünstigen. Es geht folglich darum, das politische Ziel ernstzunehmen, die Diffusion der Technik auch durch höhere Sicherheitsstandards zu fördern. Das Problem „Verbesserung der betrieblichen Lasersicherheit" wird somit als ein gesellschaftliches Steuerungsproblem aufgefaßt.

Bei der Betrachtung der Arbeitssicherheit beim Lasereinsatz steht nicht die Produktsicherheit im Vordergrund, die vom Hersteller einer Laseranlage aufgrund von Produkthaftungsregelungen einzuhalten ist. Diese Haftungsverpflichtungen führen dazu, daß bei Pflichtverletzungen der Technikhersteller im Schadensfall mit möglicherweise weitreichenden Entschädigungsansprüchen konfrontiert ist. Die Wirkung protektivregulativer Politik durch Rechtsvorschriften oder technische Normen beruht hier weit-

---

in den Systemfestlegungen verhindert und optimale Voraussetzungen für eine Produktentwicklung gegeben." (1991: 8)

[6] Experten aus anwendungsnahen Forschungseinrichtungen gehen davon aus, daß insbesondere die Automobilindustrie zur Laserdiffusion beitragen könnte, da sie einerseits ein breites Spektrum möglicher Anwendungsfelder bereithalte, andererseits über ausreichende Investitionsmittel verfüge. Die größeren Stückzahlen könnten dann zu einer Preissenkung aufgrund von Skaleneffekten führen und damit zur weiteren Technikdiffusion beitragen.

gehend auf Marktprozessen, die über einen positiv wie negativ sanktionierenden und in Geld rechenbaren „Begleitschutz" verfügen. Die Normbeachtung wird durch das Eröffnen oder das Verschließen von Marktchancen mehr oder weniger erzwungen.

Mein Bezugspunkt soll die „Prozeßsicherheit" sein, die den betrieblichen Einsatz einer Technik und seine Regelungen betreffen. Hier fehlt ein marktvermittelter Begleitschutz, der die Normanwendung forcieren könnte. In aller Regel ist davon auszugehen, daß es dem Käufer eines Produktes „gleichgültig ist", welche Arbeitsweisen und Sicherheitsstandards auf seiten des Produzenten einer Ware im Herstellungsprozeß gewährleistet werden. Sanktionsmöglichkeiten und eine daraus ableitbare Verpflichtungsfähigkeit bezüglich bestimmter Norminhalte ergeben sich in bezug auf den Herstellungsprozeß der Waren wesentlich durch die außerbetrieblichen Arbeitsschutzinstanzen: Gewerbeaufsicht (staatlich) und Berufsgenossenschaften (privatrechtlich). Hieraus leiten sich zwei aufeinander aufbauende Fragen ab:

1. Wie wirken die verschiedenen Akteure und Einrichtungen des Arbeitsschutzes (Betriebe, Aufsichtsinstanzen, Normungsverbände, Politik) zusammen?

2. Welche Möglichkeiten und Grenzen ergeben sich hieraus für Steuerungsbemühungen im Arbeitsschutz?

Mit der Beantwortung dieser zwei Fragen ist ein empirisches und ein theoretisches Interesse verknüpft. Das empirische ergibt sich direkt aus den auf die beiden Untersuchungsfragen gefundenen Antworten: Es geht darum auszuloten, welche Hoffnungen mit regulativer Arbeitsschutzpolitik verknüpft werden können. Die Beschreibung der in der Empirie vorgefundenen Situation wird zeigen, daß sich die grundlegenden Bedingungen politischer Maßnahmen in den letzten Jahren kaum verändert haben. Die Befunde der Implementationsforschung (siehe etwa Mayntz 1980b) finden sich auch im vorliegenden empirischen Material. Das theoretische Interesse zielt darauf ab, eine systemtheoretisch ausgerichtete Steuerungstheorie anhand eines konkreten empirischen Beispiels durchzudeklinieren. Dieses doppelte Interesse legt es nahe, theoretische Argumentationen und empirische Illustrationen miteinander zu verschränken, also gleichzeitig „an zwei Fäden zu stricken". Auf diese Weise wird verhindert, daß Theorie und Empirie die Tuchfühlung verlieren. Gleichzeitig soll dem Eindruck vorgebeugt werden, es würde mit „großkalibrigen theoretischen Kanonen" auf eher „kleinwüchsige empirische Spatzen geschossen".

1.2 Methodisches Vorgehen und Anlage der Untersuchung

Die vorliegende Arbeit baut auf den Ergebnissen des explorativ angelegten Forschungsprojektes „Lasertechnik: Nutzungskontexte und Sicherheitsstrategien" (vgl.

Fußnote 4) auf. In diesem Projekt wurden die betrieblichen Bedingungen des industriellen Lasereinsatzes untersucht. Forschungsleitend waren die Fragen:

1. Wie setzen Betriebe die Lasertechnik in der Materialbearbeitung ein?
2. Wie nehmen Betriebe Gefahrstoffgefährdungen wahr?
3. Welche Routinen bilden die Betriebe für den Umgang mit Arbeitssicherheitsproblemen aus?

Bei der Ermittlung der Kontextfaktoren des betrieblichen Lasereinsatzes wurde auch nach der Bedeutung und Wirkung der Aufsichtsinstanzen bzw. nach der Rolle gesetzlicher Vorschriften und technischer Normen gefragt.[7]

Anders als vorab erwartet, erwies sich der Feldzugang als problemlos. Die angesprochenen Betriebe waren, obwohl es um Sicherheitsfragen ging – was vielfach als ein „sensibler Bereich" eingeschätzt wird –, in der überwiegenden Zahl sofort bereit, an der Untersuchung teilzunehmen. Dies gilt für Groß- und Kleinbetriebe gleichermaßen.[8] Probleme traten eher insofern auf, als das Projektteam beabsichtigte, eine gewisse Bandbreite verschiedener Laseranwendungen im Rahmen der Untersuchung zu berücksichtigen und nicht ausschließlich aufgrund von zufälligen Gelegenheiten die Untersuchungsbetriebe auszuwählen. Da die Laseranwendung gerade in Großbetrieben nur einen kleinen Ausschnitt aus dem Gesamtspektrum der Produktionstätigkeit ausmacht, erwies sich das Auffinden geeigneter und das Sample abrundender Betriebe mit der Zeit als zusehends schwieriger. Es stellte sich also nicht das Problem, in die Betriebe „hineinzukommen". Problematisch war es vielmehr, Informationen darüber zu erhalten, welche Betriebe überhaupt für eine Untersuchung in Frage kämen.

Auf das in den Betrieben erhobene Datenmaterial, das sich auf die Beziehungen der Betriebe zu den Aufsichtsinstanzen und auf ihre informatorische Bezugnahme auf die technischen Normen richtet, kann hier exklusiv zurückgegriffen werden. Es basiert auf

---

7 Bei der Untersuchung des betrieblichen Lasereinsatzes wurde ausschließlich die bundesrepublikanische Situation betrachtet. Die europäische Ebene, die in wachsendem Maße auch im Bereich des Arbeitsschutzes an Bedeutung gewinnt, blieb ausgespart. Da das Gefüge der Akteure und ihr Zusammenwirken betrachtet werden soll, scheint eine solche Beschränkung hinnehmbar, zumal bspw. die Doppelgleisigkeit von Gewerbeaufsicht und Berufsgenossenschaft als eine nur für Deutschland typische Lösung anzusehen ist. Die europäische Ebene beeinflußt vor allem das zu erreichende Sicherheitsniveau sowie die Regeln, nach denen im Bereich der technischen Normung zwischen den Mitgliedsstaaten Abstimmungsprozesse durchgeführt werden. Betroffen sind damit die Regularien der Politikformulierung. Im folgenden soll es jedoch um die grundsätzlichen Steuerungsmöglichkeiten gehen. Hierbei stehen die Optionen zur Beeinflussung der Formen des betrieblichen Lasereinsatzes im Mittelpunkt, die sich aus dem Zusammenspiel der Akteure ergeben.

8 Ganz andere Erfahrungen schildert Voullaire (1995: 5f.), die den Betriebszugang bei ihrer Untersuchung zum Umgang von Klein- und Mittelbetrieben mit Gefahrstoffproblemen als „sehr schwierig" bezeichnet. Die von ihr als Ablehnungsgründe genannten Argumente (die Befürchtung einer versteckten behördlichen Kontrolle, zeitliche Belastung durch die Befragung etc.) wurden bei der vorliegenden empirischen Untersuchung von den Betrieben nicht ins Feld geführt.

Fallstudien in zwölf Betrieben, die den Laser zur Materialbearbeitung einsetzen. Die Fallstudien stützen sich auf Interviews mit Anlagenbedienern, ihren Vorgesetzten sowie weiteren betrieblichen Akteuren, die mit dem Laser in ihrer täglichen Arbeit befaßt sind. Aufgrund sehr unterschiedlicher Betriebsgrößen der Untersuchungsbetriebe schwankt die Zahl der je Fallstudie durchgeführten Interviews zwischen zwei und etwa zehn. Zusätzlich wurden Arbeitsplatzbeobachtungen und Dokumentenanalysen als Erhebungsinstrumente genutzt. Neben den zwölf Fallstudien sind bei weiteren 15 Laseranwendern Kurzerhebungen durchgeführt worden,[9] die auf ein oder zwei Gesprächen sowie einer Betriebsbegehung basieren. Die eher betriebszentrierten Ergebnisse des Projektes, die sich auf die innerbetrieblichen Bedingungen des Lasereinsatzes beziehen, finden sich in den Arbeiten von Barthel, Kettler und Steffensen (einen Überblick bieten Steffensen/Barthel 1996).

Gestützt auf die Ergebnisse der Betriebsfallstudien, habe ich über das Projekt hinausgehend zusätzlich etwa 25 Expertengespräche mit Vertretern weiterer Institutionen zu Fragen der Lasersicherheit und zur Bedeutung der mit dem Lasereinsatz verbundenen Gefahrstoffgefährdungen durchgeführt. Befragt wurden Vertreter von Landes- und Bundesministerien, der Berufsgenossenschaft und der Gewerbeaufsicht, der Technikhersteller und der technischen Normung sowie Mitarbeiter renommierter Laserforschungseinrichtungen. Auf diese Weise wurde das weitere, für die betriebliche Lasersicherheit relevante Umfeld in die Untersuchung einbezogen. Hier gestaltete sich die Akquisition von Gesprächspartnern zum Teil wesentlich schwieriger. Viele denkbare Ansprechpartner hatten sich bislang noch nicht mit dem Thema Laseremissionen befaßt. Einige vorgesehene Gespräche kamen deshalb nicht zustande. In einigen Expertengesprächen wurde das Thema Lasersicherheit lediglich am Rande angesprochen und das Hauptaugenmerk auf generelle Probleme beim Umgang mit Gefahrstoffen und neuen Technologien gelegt.

Zusätzliches empirisches Material lieferten zwei Workshops, die an der „Akademie für Technikfolgenabschätzung in Baden-Württemberg" im Verlauf des genannten Forschungsprojektes durchgeführt wurden (siehe Steffensen u.a. 1994 sowie Barthel/Kettler 1995). Hieran nahmen Vertreter von lasernutzenden Betrieben sowie aller vorstehend genannten Institutionen teil. Ziel der Veranstaltungen war es, die in den

---

9   Diese Kurzerhebungen hatten auch den Zweck, die für die Fallstudien gesuchten Betriebe „aufzuspüren". Lediglich im Falle der laseranwendenden Kleinbetriebe reicht es bei der Suche nach geeigneten Betrieben aus, die Gelben Seiten der Telekom entlang bestimmter Branchen (vor allem Kunststoff- und Metallbearbeitung) durchzusehen, um auf einschlägige Betriebe zu stoßen. Bei Großbetrieben läßt sich auf diese Weise nicht feststellen, ob sie in einem Ihrer Produktionsabschnitte einen Laser zur Materialbearbeitung einsetzen. Es gibt jedoch einige Branchen bzw. Produktionsbereiche, in denen die Lasertechnik vergleichsweise weit verbreitet ist (z.B. im Karosseriebau in der Automobilindustrie oder etwa im Bereich des Getriebebaus bei der Zulieferindustrie).

Betrieben und bei den betriebsexternen Instanzen vorgefundenen Formen des Umgangs mit Fragen der Lasersicherheit zu diskutieren. Die fruchtbaren und kontroversen Diskussionen machten die Verschiedenartigkeit und vor allem die Institutionenzentriertheit der von den Akteuren vertretenen Argumente und Sichtweisen deutlich.

Vielfach hat sich das Beispiel Lasertechnik bei der Bearbeitung der Fragestellung als instruktiv erwiesen, auch wenn einige Gesprächspartner nur wenig zu dieser speziellen Technik sagen konnten. Dies gilt insbesondere für die Analyse des betrieblichen Umfeldes. Um Aussagen über die Möglichkeiten und Grenzen der Steuerung im Arbeitsschutz abzuleiten, werde ich deshalb auch auf das empirische Material anderer wissenschaftlicher Untersuchungen zurückgreifen, die sich mit unterschiedlichen Aspekten des Arbeitsschutzes und seiner Umsetzung durch die relevanten Akteure befaßt haben.[10] Dabei werde ich die in diesen Untersuchungen ermittelten Befunde in den Kontext der im folgenden anzustellenden theoretischen Überlegungen einordnen.

Es wird deutlich werden, daß die Lasertechnik und der sicherheitsbezogene Umgang mit ihr keinen Extremfall darstellt. Lasersicherheit kann allerdings aufgrund des Zusammenspiels von „alten" Unfallgefährdungen und „neuen" Gefahrstoffbelastungen als ein Paradebeispiel für die Problembearbeitungsprozeduren des inner- und außerbetrieblichen Arbeitsschutzes angesehen werden. Die Ausweitung der vorgestellten Überlegungen über den Bereich der Lasertechnik hinaus bietet zudem den Vorteil, daß generelle Aussagen zum Thema Arbeitsschutz beim Einsatz neuer Technologien getroffen werden können. Die diskutierten steuerungstheoretischen Argumente und die hieraus abgeleiteten Vorschläge bieten damit auch für andere Technikbereiche Hinweise, welche Einflußmöglichkeiten bestehen und wo deren Grenzen liegen.

1.3 Aufbau der Arbeit

Im Anschluß an diese Einleitung werden im Kapitel 2 einige kurze Ausführungen zur Lasertechnik, ihren Eigenschaften und Einsatzbereichen sowie zu den bestehenden und den potentiellen Arbeitssicherheitsproblemen gemacht, die mit ihrem Einsatz in der industriellen Materialbearbeitung verbunden sind. Einige Begriffsbestimmungen folgen; hierbei wird insbesondere versucht, das bei den Arbeitsschutzakteuren verbreitete technische Verständnis von Arbeitssicherheit soziologisch zu fassen. Das Ergreifen von Maßnahmen des Arbeitsschutzes wird als organisatorisches Entscheidungsproblem der Betriebe selbst bzw. der betriebsexternen Instanzen präzisiert. Die vielfach fehlen-

---

10 Dies betrifft insbesondere jene Passagen der Arbeit, die auf die Herausbildung der institutionellen Rahmenbedingungen des heutigen „Arbeitsschutzsystems" sowie auf die grundlegenden Beziehungen zwischen dem politischen System und der Wirtschaft Bezug nehmen.

den wissenschaftlichen Informationen darüber, ob und bei welchen Werkstoffbearbeitungen mittels Lasertechnik Gefahrstoffe freigesetzt werden, verdeutlichen das bestehende Entscheidungsproblem. Die sicherheitsbezogenen Entscheidungen sind folglich unter den Bedingungen einer grundsätzlich gegebenen informatorischen Unsicherheit zu treffen. Abschließend wird in diesem Kapitel ein erster Eindruck davon vermittelt, wie die unterschiedlichen Akteure im Arbeitsschutz mit dem Thema Emissionen bei der Lasermaterialbearbeitung umgehen. Welche Prozeduren haben die Akteure entwickelt, um die angesprochene Entscheidungsunsicherheit zu bewältigen?

Im dritten Kapitel schließt sich die Aufarbeitung vorliegender Forschungsarbeiten an. Hierbei sind mehrere Forschungsstränge von Bedeutung, die sich jeweils separat mit den verschiedenen Akteuren, ihren Handlungsweisen und -bedingungen befaßt haben. Zu bündeln sind Arbeiten zum betrieblichen Lasereinsatz, zur Arbeitsweise der inner- und außerbetrieblichen Aufsichtsinstanzen, zum Verwaltungshandeln im Arbeitsschutz und zur technischen Normung. Trotz unterschiedlicher theoretischer Ansätze verdeutlichen die Ergebnisse der vorgestellten Studien, daß die bei der Betrachtung des Lasereinsatzes gewonnenen empirischen Eindrücke keinen technikspezifischen Ausnahmefall darstellen, sondern als typisch anzusehen sind.

Die empirischen Befunde im zweiten und ein Großteil der Diskussion des Forschungsstandes im dritten Kapitel verdeutlichen ein Vollzugsdefizit im Arbeitsschutz. Regulative Arbeitsschutzmaßnahmen führen in den Betrieben nur im Ausnahmefall zu Verbesserungen der Arbeitssicherheit. Die eher positiven Steuerungsergebnisse, die in Untersuchungen zum verbandlichen Handeln bei der technischen Normung präsentiert wurden (aktuell Voelzkow 1996), lassen ein anderes Ergebnis erwarten. Der Erlaß von technischen Normen und ihre Anwendung im Betrieb scheinen zweierlei zu sein. Damit stellt sich die Frage, wie die politische Absicht des Bundesministeriums für Bildung, Wissenschaft, Forschung und Technologie verwirklicht werden kann, die Diffusion der Lasertechnik durch eine Erhöhung von Sicherheitsstandards zu fördern.

Anhand systemtheoretischer und insbesondere steuerungstheoretischer Ausführungen werden im Hauptteil der Arbeit (Kapitel 4) Überlegungen vorgestellt, in denen die Möglichkeiten und Grenzen der Steuerung im Arbeitsschutz ausgeleuchtet werden. Die Systemtheorie wird als eine theoretische Klammer genutzt, um den heterogenen Untersuchungsbereich zusammenzubinden. Sie strukturiert den Aufbau der Darstellung, indem von dem generellen Konzept der Gesellschaftssteuerung ausgegangen wird, das dann in mehreren Schritten bis zum empirischen Detailproblem der Lasersicherheit „kleingearbeitet" wird.

Der einheitliche theoretische Ansatz stellt ein Angebot dar, um die Koordinations- und Steuerungsprobleme zwischen Politik und Wirtschaft zu analysieren. Darüber hinaus eröffnet er die Möglichkeit, mit einer einheitlichen Begrifflichkeit das Verhältnis zwischen den beteiligten Akteuren zu fassen. Dies schließt die Beziehungen der politik-formulierenden Instanzen zu den angesprochenen Betrieben und den kontrollierenden Behörden sowie die zwischen Behörde und Betrieb ein. Mit dem erarbeiteten theoreti-schen Instrumentarium wird es jedoch zugleich möglich, die Beziehungen zwischen politischen Akteuren und Verbänden sowie zwischen den Verbänden und den von ih-nen vertretenen Mitgliedern zu beschreiben. Auf diese Weise wird nach und nach ein Bild der wechselseitig vorhandenen Steuerungs- und Beeinflussungspotentiale der be-teiligten Akteure entwickelt. Es lassen sich damit die Möglichkeiten und Grenzen der Steuerung im Arbeitsschutz vom Prozeß der Regelsetzung über die Regelimplementa-tion und -kontrolle durch die Behörden bis hin zur konkreten Umsetzung in die be-triebliche Praxis herausarbeiten.

Im abschließenden Kapitel 5 werden die Ergebnisse der theoretischen Überlegungen und ihrer Anwendung auf die empirischen Befunde zusammengefaßt und abschließend diskutiert. Ziel ist es, die gewonnenen theoretischen Einsichten zuzuspitzen und hieran, soweit möglich, theoretisch informierte Überlegungen anzuschließen, welche Steue-rungsmechanismen genutzt werden könnten, um eine Verbesserung der betrieblichen Lasersicherheit zu bewirken. Geklärt werden soll, ob Möglichkeiten denkbar sind, wie die nur defizitäre Umsetzung von Arbeitsschutzvorschriften in den Betrieben verbes-sert werden kann. Diese Defizite werden in der Literatur vielfach als Vollzugsproblem beschrieben. Die Darstellung wird allerdings zeigen, daß dieser Befund zu kurz greift, um die geschilderten Probleme in toto zu erfassen. Es geht folglich auch um die Frage, ob regulative Politik in modernen Gesellschaften ausgedient hat, oder ob die festge-stellten Defizite als unvermeidbare Begleiterscheinung jeder (regulativen) Politik zu verbuchen sind.

„Langfristige gesundheitliche Schädigungsmöglichkei-
ten durch die beim Lasereinsatz in der Fertigungstechnik freiwerdenden Aerosole (Gase, Dämpfe, Partikel) treten immer mehr in den Mittelpunkt der Bemühungen um einen prophylaktischen Arbeitsschutz."

(Schreiber 1990a: 5)

2 Lasertechnik und Lasersicherheit

In diesem Kapitel geht es mir darum, einen Eindruck von den Besonderheiten und Charakteristika der Lasertechnik sowie der mit ihrem Einsatz in der Materialbearbeitung verbundenen Arbeitssicherheitsprobleme zu vermitteln. Hierbei stehen zuerst technische und naturwissenschaftliche Sachverhalte im Vordergrund. So soll eine knappe Einführung in die Grundlagen der Lasertechnik gegeben werden. Um die Darstellung dieser Sachverhalte zu strukturieren, greife ich auf ein fünfstufiges Modell zurück, mit dem Renate Mayntz (1991: 46ff.) die Entwicklung von Techniken beschrieben hat.[1] Die ersten drei Stufen des Modells bezeichnet Mayntz mit den Begriffen „Wissen", „Technologie" und „Anwendung". Sie werden im folgenden für die Lasertechnik spezifiziert. Darüber hinaus nehme ich im Abschnitt 2.1 unter dem Stichwort „Nutzung" auf die Lasertechnik in der industriellen Materialbearbeitung Bezug.

Die sich anschließende fünfte Stufe, die Mayntz mit dem Begriff „Folgen" belegt, wird im Abschnitt 2.2 für die Lasertechnik aufgeschlüsselt. Vor allem die negativen Folgen, die den Laser zu einem möglichen Thema für die betrieblichen und überbetrieblichen Akteure des Arbeitsschutzes werden lassen, sind für die weitere Arbeit von Bedeutung und stehen deshalb im Mittelpunkt der Erörterung. Es handelt sich hierbei – in technischer Diktion – um die primären und sekundären Gefährdungen, die mit der Nutzung der Lasertechnik in der industriellen Materialbearbeitung verbunden sind.

Bislang ist jedoch noch nicht abschließend zu beurteilen, mit welchen Gefährdungen beim Einsatz der Lasertechnik zu rechnen ist. Insbesondere in bezug auf die möglicherweise gegebenen Gesundheitsgefährdungen durch Gefahrstoffe ist eine umfassende Einschätzung aufgrund fehlender wissenschaftlicher Kenntnisse zur Zeit nicht möglich. Damit stellt sich allerdings das Problem, den Begriff der Arbeitssicherheit so zu konzipieren, daß er nicht nur auf Sicherheit in einem alltagssprachlichen Sinne verweist (2.3). Sicherheit bezeichnet hier zumeist einen objektiv gegebenen Zustand. Der

---

[1] Das Modell beschreibt nicht notwendigerweise eine zeitliche, sondern eine logische Sequenz, in der sich einzelne Phasen überschneiden können, in der es aber auch Rücksprünge und -wirkungen geben kann.

Begriff muß für den vorliegenden Zusammenhang so tragfähig sein, daß auch Gegenstandsbereiche beschrieben werden können, bei denen eine Gefährdungslage (noch) nicht eindeutig zu beurteilen ist. Für die Betriebe impliziert der ungesicherte wissenschaftliche Erkenntnisstand, daß sie es beim Einsatz der Lasertechnik auch in bezug auf Sicherheitsfragen mit einem Entscheidungsproblem zu tun haben: Welche Maßnahmen sind mit Blick auf die potentiell gegebenen Gesundheitsgefährdungen zu treffen? Die betrieblichen Formen des Umgangs mit diesen Arbeitssicherheitsfragen sollen in Abschnitt 2.4 auf Basis empirischer Ergebnisse skizziert werden.

2.1 Lasertechnik – Grundlagen und Einsatzfelder

Die erste Stufe im angesprochenen Entwicklungsmodell (Mayntz 1991: 47) ist mit dem Begriff „Wissen" bezeichnet. Sie umfaßt die Phase der Erarbeitung des Grundlagenwissens, das die Basis der Technikentwicklung darstellt. Erste theoretische Grundlagen für die Entwicklung der Lasertechnik[2] legte A. Einstein bereits 1917, als er aus atomphysikalischen Überlegungen die Möglichkeit einer stimulierten Emission ableitete. Ein erster experimenteller Nachweis wurden Ende der 20er Jahre geführt, aber erst in den 50er Jahren gelang es dem amerikanischen Physiker C.H. Townes, einen Maser zu entwickeln (ein Gerät zum Stimulieren von Emissionen im Mikrowellenbereich; vgl. Bimberg u.a. 1991: 2). Ende der 50er Jahre erhielten amerikanische Physiker auf der Basis von Zeichnungen und Formeln ein Patent für eine Apparatur, die Licht zu einem scharfen Strahl von einheitlicher Wellenlänge formen sollte. 1960 präsentierte T.M. Maiman dann den ersten funktionierenden Rubin-Laser. Das Interesse der Wirtschaft war damals allerdings nur gering, denn die möglichen Anwendungsbereiche der Technik waren noch nicht ausgelotet. Der Laser galt deshalb als eine Lösung auf der Suche nach einem Problem (Eichler/Eichler 1995: IX). Heute sind über 1000 verschiedene Lasersysteme bekannt (Dickmann 1993: 1; zu einzelnen Lasertypen vgl. Eichler/Eichler 1995: 28ff.).

Auf Basis des atomphysikalischen Grundlagenwissens wurden die „Technologien" (Mayntz 1991: 47) des Masers und des Lasers entwickelt. Wie die Langform des Wortes Laser andeutet, handelt es sich um eine „Lichtverstärkung durch stimulierte Strahlungsemission". Laserstrahlung entsteht dadurch, daß optische (Blitzlampen), elektrische (in Form von Gasentladung, durch Zusammenstoß von Teilchen) oder chemische Energie auf „lasergeeignete" Atome, Moleküle oder Ionen einwirkt. Diese werden als laseraktive Medien bezeichnet und können im festen, flüssigen oder gasförmigen Aggregatzustand vorliegen. Das Medium besteht aus einer sogenannten

---

2   T.M. Maiman von den Hughes Laboratories hat vor etwa 35 Jahren das „Kunstwort" Laser kreiert. Der Begriff steht als Akronym für „*l*ight *a*mplification by *s*timulated *e*mission of *r*adiation".

Wirtssubstanz, in die die zur Strahlungsemission geeigneten Teilchen in einer festgelegten Verteilung eingebracht sind. Die zugeführte Energie bewirkt, daß einzelne Elektronen von ihrer Umlaufbahn um den Atomkern auf eine „Kernschale" überwechseln, die ein höheres Energieniveau repräsentiert (Sutter u.a. 1989: 7). Da dieser Zustand äußerst instabil ist, nimmt das Teilchen in kürzester Zeit seinen Ursprungszustand wieder ein. Hierbei wird die aufgenommene Energie durch Entsendung eines Photons (Lichtquantum) abgegeben, das für die Erzeugung der Laserstrahlung genutzt werden kann.

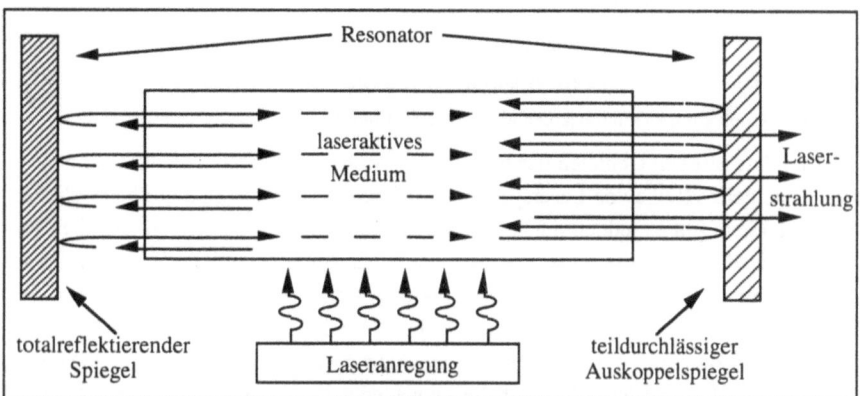

Abb. 1: Prinzip des Laseraufbaus (vereinfachte Darstellung nach: Sutter u.a. 1989: 9)

Um einen Laserstrahl zu gewinnen, werden Medium und Laseranregung in einem Resonator aus einem totalreflektierenden und einem teildurchlässigen Spiegel angeordnet (vgl. Abb. 1). Dadurch wird es möglich, die Photonen den Resonator mehrfach durchlaufen zu lassen, während jeweils nur ein Teil der entstehenden Laserstrahlung durch den teildurchlässigen Spiegel austritt.

> „Auf das laseraktive Medium fallende Strahlung geeigneter Frequenz (bei Nutzung optischer Energie, BS) wird beim Durchlaufen infolge stimulierter Emission lawinenartig verstärkt. Die emittierte Strahlung weist die gleiche Frequenz, Phasenlage und Ausbreitungsrichtung wie die einfallende auf, verfügt jedoch über eine höhere Intensität (Zahl an Photonen)." (Dickmann nach Frevel 1991: 224)

Die Gleichgerichtetheit der einzelnen Parameter bedingt die besondere Strahlungsqualität: Die einheitliche Frequenz bewirkt eine große Absorptionsfähigkeit, die Gleichheit von Phasenlage und Ausbreitungsrichtung eine gute Fokussierbarkeit. Zusammengenommen führen sie zu der großen Lichtintensität und ermöglichen damit die laserspezifische Wirkung.[3]

---

[3] So ist die Intensität der Laserstrahlung um den Faktor 10^{12} stärker als die von fokussiertem Sonnenlicht (Dickmann 1993: 2).

Im folgenden soll es um die „Anwendung" (Mayntz 1991: 47) der Lasertechnik gehen. Die Lasertechnik wird gerade aufgrund ihres breiten Einsatzfeldes (zu den einzelnen Bereichen siehe Eichler/Eichler 1995) häufig als Schlüssel- oder Zukunftstechnologie eingeschätzt (Grupp 1993: 81f.; BMFT 1994: 7). Die wichtigsten Anwendungsbereiche sind:

• die Fertigungstechnik (verschiedene Lasermaterialbearbeitungsverfahren),

• die Meßtechnik (Holographie, optische Sensoren, Geodäsie) und Analytik (Prozeßanalyse und Umwelttechnik),

• die Medizintechnik (Chirurgie und Bestrahlung),

• die Kommunikations- und Informationstechnik (CD, optische Übertragung etc.),

• die Chemie (Kunststoffsynthese, chemische Abscheidung) sowie

• die Mikroelektronik (Mikrobearbeitung und Beschriftung).

Insbesondere auf den Gebieten der Fertigungs-, Meß- und Medizintechnik sind bereits heute eine ganze Reihe von Lasersystemen im Einsatz. Über die Zahl der betrieblichen Anwendungen gibt es jedoch nur relativ wenig Daten. Die vorliegenden Angaben basieren entweder auf statistischen Schätzungen (etwa Reinhard 1991) oder es werden in der Literatur Marktvolumina angegeben (aktuell Eichler/Eichler 1995), die über den Verbreitungsgrad nur wenig aussagen. Tönshoff (1990: 152) geht davon aus, daß sich das Weltmarktvolumen für Laserquellen bei einem Gesamtvolumen im Jahr 1989 von 1,58 Mrd. DM folgendermaßen auf die verschiedenen Einsatzbereiche verteilt: 28% Materialbearbeitung, 17% Kommunikationstechnik, 17% optische Speicher, 17% Forschung und Entwicklung, 15% Medizin, 4% Meßtechnik sowie 2% im Bereich Grafik. Schätzungen für 1994 gehen von einem Weltmarktvolumen von etwa 1,7 Mrd. DM aus (Eichler/Eichler 1995: 185). Jährliche Zuwachsraten für den Bereich der Materialbearbeitung wurden Ende der 80er Jahre mit 10-15% prognostiziert (PROGNOS AG 1987), fielen jedoch aufgrund der weltweiten Rezession wesentlich niedriger aus und waren in manchen Bereichen sogar rückläufig. Entsprechend skeptisch äußert sich Grupp. Er schreibt, „daß die Marktentwicklung der Lasertechnik bisher notorisch zu optimistisch eingeschätzt wurde" (1993: 82).[4]

In Hinblick auf die „Nutzung" (Mayntz 1991: 47) der Lasertechnik möchte ich den Schwerpunkt auf die Materialbearbeitung legen. Hierbei geht es um die Möglichkeit, den Laser als Werkzeug zur Bearbeitung unterschiedlichster Werkstoffe einzusetzen. Er eignet sich für die Bearbeitung von metallischen Werkstoffen (Edelmetalle, Alumi-

---

4   Für die weitere Technikdiffusion im Bereich der industriellen Materialbearbeitung stellt der hohe Anschaffungspreis die größte Hürde dar (vgl. Ebsen 1993: 2; Frevel 1991). In einer neueren Untersuchung schreibt Grupp hierzu: „Obwohl sie (die Lasertechnik, BS) technisch meist besser ist als konkurrierende konventionelle Systeme, wiegen die Vorteile kohärenten Lichts oftmals die höheren Kosten und die Probleme beim Technologiewechsel nicht auf" (1993: 82).

nium, Bau- und Edelstähle etc.), von Kunststoffen (PVC, PB, PC, PS, Plexiglas), Glas und Keramik sowie von Gummi, Textilien, Holz und Papier.

In der Industrie ist das Materialabtragen mit dem Laser bislang am weitesten verbreitet: hierzu gehören das Schneiden, das Ritzen, das Beschriften und das Bohren (Tönshoff 1990: 153). Insbesondere das zweidimensionale Schneiden gilt als das Verfahren, bei dem die Lasertechnik die volle industrielle Reife erreicht hat. Daneben gewinnen das Fügen, das Beschichten, das Härten und das Umformen an Bedeutung. Die wichtigsten Industriezweige, in denen der Laser zur Materialbearbeitung eingesetzt wird, sind die Elektro- und Elektronikindustrie, der Automobilbau, die Laser-Lohnbetriebe (im Fachjargon als Jobshop bezeichnet), der Maschinenbau, die Feinmechanik, sowie die Luft- und Raumfahrt. Aber auch bei der Kunststoff-, Gummi-, Textil-, Glas-, Keramik- oder Holzbearbeitung kommt der Laser zum Einsatz (vgl. hierzu auch die aktuellen Umfrageergebnisse von Barthel/Kettler 1996: 2).

2.2 Der Lasereinsatz in der industriellen Materialbearbeitung

In diesem Abschnitt möchte ich mich den „Folgen" (Mayntz 1991: 48) des Lasereinsatzes in der industriellen Materialbearbeitung zuwenden. Als positive Folgen lassen sich einige produktionstechnische und auch wirtschaftliche Vorteile ausmachen; als negative Folgen stellen sich Anforderungen an die Arbeits- bzw. Lasersicherheit ein.

Die Vorteile eines Lasereinsatzes sind unzweifelhaft gegeben, jedoch auch zur Genüge beschrieben (vgl. beispielsweise Bimberg u.a. 1991, Poprawe 1994). Sie liegen vor allem in der Flexibilität des Werkzeugs Laser. Diese bezieht sich einerseits auf die im vorhergehenden Abschnitt aufgezeigte Vielzahl unterschiedlicher Bearbeitungsverfahren und bearbeitbarer Werkstoffe. Flexibilität ist andererseits gegeben, da der berührungsfrei funktionierende Laser – z.B. beim zweidimensionalen Schneiden – jede beliebige Kontur mit Hilfe einer computerunterstützten Steuerung bearbeiten kann. Folgende Vorteile werden von Betrieben häufig mit dem Lasereinsatz in der Materialbearbeitung verbunden (vgl. etwa Steffensen/Barthel 1994: 700; Ebsen 1993: 1; Barthel u.a. 1996):

• Verkürzung der Durchlaufzeiten;

• hohe Produkt- und Fertigungsqualität;

• Reduzierung der Losgrößen;

• Herstellung neuer Produkte mit neuen Eigenschaften;

• Verminderung von Ausschuß, Materialeinsparung;

• Verringerung des Nachbearbeitungsaufwandes;

• Erhöhung des Automatisierungsgrades.

Diesen positiven Folgen stehen jedoch auch negative gegenüber: Es sind die Gesundheitsgefährdungen, die mit dem Einsatz der Lasertechnik in der Materialbearbeitung
verbunden sind (vgl. VDI-TZ 1989: 14; einen Überblick zum Stand der Lasersicherheit bietet VDI-TZ 1990). Sie werden in Primär- und Sekundärgefährdungen unterschieden. Primärgefährdungen bestehen in der Möglichkeit einer direkten Einwirkung
der Laserstrahlung auf Personen oder Sachen. Vor allem beim Kontakt von Auge oder
Haut mit der direkten Laserstrahlung kommt es je nach Leistungsstärke und Wellenlänge des Lasers zu Verbrennungen.[5] Aufgrund der Leistungsstärke von Materialbear-
beitungslasern führt eine solche Einwirkung in der Regel zu dauerhaften Schädigungen.[6] Dem Zusammenspiel von Leistungsstärke und Wellenlänge trägt auch die Ein-
teilung der verschiedenen Laser in einzelne Gefährdungsklassen Rechnung (siehe
hierzu die Norm DIN-VDE 0837; als Euro-Norm einschlägig: IEC 825).

Bei den Berufsgenossenschaften wurden einer informellen internen Auswertung zufolge bislang nur
etwa 20 Laserstrahlunfälle gemeldet,[7] von denen sich keiner während des laufenden Produktionspro-
zesses ereignet hat. Bei den zur Zeit am weitesten verbreiteten zweidimensionalen Anwendungen
(insbesondere Schneiden, Schweißen und Oberflächenbearbeitung) sind die Anlagen in der Regel so
ausgelegt, daß im Produktionsprozeß der Strahlengang nicht zugänglich und ein direkter Kontakt mit
dem Laserstrahl ausgeschlossen ist (VDI-TZ 1989: 14). Experten nehmen jedoch an, daß die Anforderungen an die Lasersicherheit in bezug auf die Primärgefährdungen steigen werden, sobald es in größerem Maße zur Kombination von Laser- und Robotertechnik kommt, da damit die Möglichkeit einhergeht, den Laserstrahl frei im Raum zu bewegen (vgl. Schreiber 1990b: 22).

Neben den Primärgefährdungen durch den direkten Laserstrahl gibt es Sekundärgefährdungen, die mehrfach unterschieden werden (vgl. VDI-TZ 1989: 14; Schreiber
1990b: 22ff.). So führt bei Hochleistungslasern nicht nur die direkte Strahleinwirkung
zu Schädigungen, sondern bereits der Kontakt mit (diffus) reflektierter Strahlung.
Schwere Augenverletzungen können auch hier die Folge sein (Dausinger/Rudlaff
1987: 100f.; Schreiber 1990b: 16). Bei leistungsschwächeren Lasern ist die auftretende
Schädigung zumeist von der Bündelung der reflektierten Strahlung abhängig. Die häu-

---

5   Laitinen u.a. (1994: 2) schreiben mit Bezug auf amerikanische und finnische Untersuchungen:
    „For example, the unfocused raw beam of a typical 1.5 kW laser is dangerously effective up to a
    distance of more than 100 metres. A focused and reflected beam diffuses more quickly, but is still
    effective up to ten metres from the lens. A beam reflecting from a glossy surface burns skin into
    blisters and sets for example cotton on fire in less than a second."

6   Die Strahlung eines CO_2-Lasers wird zu 100% von der Hornhaut des Auges absorbiert, so daß
    diese verbrennt. Bei einen Nd-YAG-Laser werden 50% der Strahlung absorbiert und können zu
    einer Linsentrübung (Grauer Star) führen. Die anderen 50% werden transmittiert und bedingen
    neben der Verbrennung der Hornhaut auch eine Verbrennung der Netzhaut (Henking 1993: 12,
    16). Detaillierte Ausführungen zur Wirkung der Laserstrahlung auf das menschliche Auge finden
    sich in Sutter u.a. (1989).

7   Eine Meldepflicht bei der Berufsgenossenschaft besteht nur, wenn durch den Unfall ein Arbeits-
    ausfall von mehr als drei Tagen entsteht. Die Zahl kleinerer Verletzungen, die auch beim Um-
    gang mit der Lasertechnik häufiger auftreten, bleibt so im dunkeln (vgl. auch Brusl 1990: 27;
    Laitinen u.a. 1994: 2).

figste Gesundheitsbeeinträchtigung ist eine Art „Sonnenbrand", der zu einer Rötung der Haut führt (vgl. Henking 1993: 6).

Zu den Sekundärgefährdungen zählen auch die Unfallgefahren durch die Hochspannung, die zur Energieversorgung der Laseraggregate benötigt wird sowie der Zusammenstoß von Personen mit den beweglichen Maschinenteilen. So ereigneten sich die wenigen bekannt gewordenen tödlichen Unfälle beim Umgang mit Laseranlagen durch Stromschläge (Laitinen u.a. 1994). Wie Frevel (1991: 228) schreibt, sind diesbezüglich besonders Mitarbeiter von Forschungsinstituten und das Wartungs- und Instandsetzungspersonal in Betrieben gefährdet.

Als eine letzte Sekundärgefährdung beim Lasereinsatz sind die Gefährdungen durch Emissionen zu nennen, die aufgrund der thermischen Einwirkung der Laserstrahlung auf die bearbeiteten Werkstoffe entstehen. Sie sollen im folgenden in den Mittelpunkt gerückt werden.

> „Die drei erstgenannten Gefahrenquellen (reflektierende Strahlung, Hochspannung und bewegliche Teile, BS) sind beim derzeitigen Stand der Vorschriften bzw. Schutzmaßnahmen nur bei unsachgemäßer Bedienung von Bedeutung, während die Gefahrstoffbelastung unabdingbar ist." (Hampe 1993: 1)

Die Exposition mit Gefahrstoffen am Arbeitsplatz kann durch Verschlucken, durch Hautkontakt oder inhalativ durch Einatmen erfolgen (Hampe 1993: 2). Gefahrstoffe, die als Emissionen (Gase, Stäube oder Aerosole) einwirken, erweisen sich insofern als besonders bedeutsam, da eine inhalative Exposition kaum vermeidbar ist, sobald die Atemluft einen Schadstoff enthält.[8]

Zur Beurteilung des Gefährdungspotentials bzw. der potentiell gegebenen Gesundheitsbelastung sind die Eigenschaften und Wirkungen (unbedenklich, Allergien fördernd, toxisch, krebserregend sowie erbgutschädigend) der entstehenden Emissionsstoffe von Bedeutung. Soweit bestimmte Stoffe ·nicht als unbedenklich angesehen werden, sind sie als Gefahrstoffe klassifiziert. Ihnen werden dann Grenzwerte zugewiesen, die zulässige Konzentrationen in der Raumluft am Arbeitsplatz festlegen. Diese Grenzwerte werden als MAK-Wert (Maximale Arbeitsplatzkonzentration) oder als TRK-Wert (Technische Richtkonzentration) bezeichnet.

Für viele der mit dem Laser bearbeitbaren Werkstoffe gibt es bislang noch keine gesicherten Erkenntnisse darüber, welche Emissionsstoffe entstehen. Selbst wenn diese bekannt wären, lägen für eine Vielzahl der Stoffe noch keine arbeitshygienischen Beurteilungen vor. Es ist insofern angebracht, vorläufig von *potentiellen* Gefährdungen durch Gefahrstoffe zu sprechen. Zur Erläuterung des vorliegenden (potentiellen) Lasersicherheitsproblems möchte ich nur ein Beispiel (siehe Tabelle 2) anführen. Die

---

8 Da nur bestimmte Partikelgrößen als lungengängig anzusehen sind, ist für die Beurteilung der gesundheitsgefährdenden Qualität von Emissionen neben den Stoffeigenschaften auch die Größe der auftretenden Partikel von Belang.

Darstellung ist insofern verkürzt, als nicht in Betracht gezogen wird, welche Mengen der einzelnen Stoffe mit welcher Partikelgröße entstehen und welche Grenzwerte[9] jeweils zu beachten wären. Ich strebe allerdings auch keine (natur-)wissenschaftlich unanfechtbare Aussage an, sondern einen Indizienbeweis. Das Beispiel stammt aus einer Untersuchung des Laserzentrums Hannover zum Laserschneiden von Plexiglas (Haferkamp u.a. 1991, 1992).[10] Plexiglas ist ein Werkstoff, der vermutlich zu den am häufigsten mit dem Laser bearbeiteten Kunststoffen zählt. In der nachfolgenden Tabelle sind nur jene Stoffe aufgeführt, für die nach den Technischen Regeln für Gefahrstoffe (TRGS) 500 und 900 (siehe BAU 1993; Kühn/Birett 1993) MAK- bzw. TRK-Werte festgelegt wurden.

Emissionsstoff	Arbeitshygienische Bewertung nach TRGS 500 und 900
Acetaldehyd	krebsverdächtig, Fortpflanzungsgefährdung möglich
Benzo(a)pyren	krebserzeugend, erbgutverändernd, fortpflanzungsgefährdend
Benzo(b)fluoranthen	stark krebsverdächtig
Benzo(k)fluoranthen	stark krebsverdächtig
Benzol	krebserzeugend, hautresorptiv
1.3 Butadien	krebserzeugend
Chrysen	als krebserzeugend gekennzeichnet, im Tierversuch erwiesen
Dibenzo(a,h)anthracen	stark krebsverdächtig
Ethylbenzol	hautresorptiv
Formaldehyd	sensibilisierend
Idenol(1,2,3-c,d)pyren	als krebserzeugend gekennzeichnet, im Tierversuch erwiesen
Methylmethacrylat	sensibilisierend
Phenol	hautresorptiv
Xylol	hautresorptiv

Tab. 2: Emissionsstoffe, die bei der Bearbeitung von Plexiglas mit Laser entstehen (nach: Haferkamp u.a. 1992).

Zwei Dinge sind für die weitere Darstellung zu betonen: (1) Es soll hier nicht der Standpunkt vertreten werden, die Lasertechnik stelle – alltagssprachlich formuliert –

---

[9] Die Tauglichkeit von Grenzwerten ist vielfach in Frage gestellt worden. So benennt Beck (1986: 85ff.) drei Argumente, die ihn vom „faulen Zauber der Grenzwerte" sprechen lassen: (1) Langzeitschädigungen bleiben häufig unerkannt; (2) die wissenschaftliche Grenzwertermittlung geht zumeist von der Einwirkung der Gefahrstoffe auf gesunde Mitarbeiter aus; (3) Beschäftigte sind in der Regel nicht nur einem Stoff ausgesetzt. Gerade die arbeitshygienische Bewertung von Stoffgemischen stellt ein ausgesprochen komplexes Problem dar.

[10] Bei Haferkamp u.a. (1991, 1992) finden sich auch Ergebnisse der Emissionsanalyse anderer laserbearbeiteter Stoffe (weitere Kunststoffe aber auch metallische Werkstoffe, bei denen häufig Chrom- und Nickelverbindungen freigesetzt werden, die als krebserregend gelten). Zusätzliche Hinweise finden sich in dem von Botts u.a. (1990) herausgegebenen Sammelband.

eine besonders gefährliche Technik dar. Auf Basis der genannten Stoffe und ihrer arbeitshygienischen Einstufung soll und kann hier keine Beurteilung der konkret bestehenden Gesundheitsgefährdungen erfolgen. (2) Die angesprochenen Emissionsgefährdungen stellen kein laserspezifisches Problem dar. Solche oder ähnliche Gesundheitsgefährdungen durch Gefahrstoffe treten auch beim Einsatz einer Vielzahl anderer Techniken auf. Lediglich die Gefährdungen durch die Laserstrahlung sind als technikspezifisch einzuschätzen.

Die Beurteilung, ob der Einsatz der Lasertechnik in der Materialbearbeitung ein gravierendes Problem für die Arbeitssicherheit darstellt, müßte sich an den festgelegten Grenzwerten orientieren. Für die mit MAK-Werten belegten Stoffe gilt, daß erst nach Überschreitung des Grenzwertes eine Gesundheitsgefährdung erwartet wird. Unterhalb des als Grenzwert fixierten Schwellenwertes wird keine Gefährdung angenommen.[11] Anders ist dies bei den als krebserregend geltenden Stoffen, die mit einem TRK-Wert belegt sind. Bei diesen Stoffen gehen Experten davon aus, daß selbst kleinste Einwirkungen als eine Gesundheitsgefährdung anzusehen sind. So schreibt Coenen (1993: 172) vom Berufsgenossenschaftlichen Institut für Arbeitssicherheit:

> „Für krebserregende Stoffe z.B. können wissenschaftlich fundierte, gefährdungsausschließende Grenzwerte derzeit nicht angegeben werden, und damit sind zur Risikobegrenzung technische Richtwerte für die Praxis erforderlich. Das bei Einhaltung der Richtwerte verbleibende Risiko wird aber nicht auf Dauer akzeptiert werden, sondern im sozialpolitischen Konsens nur solange hingenommen, bis die technologisch-ökonomische Entwicklung eine weitere Reduzierung zuläßt.
>
> Bei krebserzeugenden Stoffen ist man sich dieser Situation bewußt. Bei allen Stoffen, die heute als nicht krebserregend gelten und bei denen man eine Exposition bis zum MAK-Wert glaubt akzeptieren zu können, besteht jedoch beim Fortschritt der wissenschaftlichen Erkenntnis die Möglichkeit, ein krebserzeugendes Potential doch noch zu erkennen. Damit würde, in Unkenntnis der Wirkungsmechanismen, bis jetzt ein Risiko akzeptiert."

Wenn Stoffe freigesetzt werden, die mit einem TRK-Wert belegt sind, so sind die Betriebe angehalten, den festgeschriebenen Wert möglichst weit zu unterschreiten und durch „fortgesetzte Verbesserungen der technischen Gegebenheiten und der technischen Schutzmaßnahmen Konzentrationen anzustreben, die möglichst weit unterhalb der Technischen Richtkonzentration liegen" (BAU 1993: 9). Mit der Festlegung eines TRK-Wertes wird also ein Gesundheitsrisiko nicht ausgeschlossen, sondern ein vorübergehend als hinnehmbar geltendes Restrisiko definiert.[12] Hiermit geht – so Coenen – der Auftrag einher, alles technisch Machbare zu unternehmen, um das bestehende

---

[11] Bei Stoffen, die mit einem MAK-Wert belegt sind, wird davon ausgegangen, daß möglicherweise verursachte Schäden durch körpereigene „repair-Mechanismen" (vgl. Bruch 1994: 29) solange rückgebildet werden, wie es nicht zu einer dauerhaften und gravierenden Überschreitung des Grenzwertes kommt (Hampe 1993: 2).

[12] Diese Strategie wird im gesamten technischen Sicherheitsrecht verfolgt: „Das Hauptproblem des technischen Sicherheitsrechts liegt dabei in der Festlegung des *kalkulierten (technischen) Risikos*, also der Grenze zwischen erlaubtem Risiko und rechtswidriger Gefahr" (Veit 1989: 8; Herv. im Text). Es geht damit nicht um ein Risikoverbot, sondern um dessen Minimierung.

Risiko so gering wie möglich zu halten. Dies gilt auch für die Gefahrstoffbelastungen beim Lasereinsatz.

Coenen hebt eines der wesentlichen Probleme deutlich hervor, mit dem die Akteure des Arbeitsschutzes beim Umgang mit Gefahr- oder Emissionsstoffen konfrontiert sind: Es bestehen Wissensdefizite. Dies gilt auch bezüglich der arbeitshygienischen Einschätzung der bei der Lasermaterialbearbeitung entstehenden Emissionen. Handelt es sich hierbei um gesundheitsunschädliche Stoffe, oder sind sie als Gefahrstoffe einzuschätzen? Hinzu kommt, daß für viele der bearbeitbaren Werkstoffe noch nicht untersucht ist, mit welchen Emissionsstoffen zu rechnen ist. Der wissenschaftliche Fortschritt kann in den nächsten Jahren sowohl zur Notwendigkeit des Alarmschlagens führen (es entstehen bei vielen Werkstoffen Gefahrstoffe), wie auch eine generelle Entwarnung signalisieren (es entstehen nur bei wenigen Werkstoffen gesundheitsgefährdende Emissionen). Wenn im folgenden also von Emissionsgefährdungen die Rede ist, so handelt es sich jeweils um *potentielle* Gefährdungen durch Emissionen, die sich im Verlauf der weiteren wissenschaftlichen Erforschung als gegeben oder als nicht vorhanden erweisen können. Es gibt jedoch eine Reihe von Bearbeitungsmöglichkeiten, bei denen Emissionen entstehen, die bereits als Gefahrstoffe klassifiziert sind und mit einem Grenzwert belegt wurden. Offen ist zumeist jedoch, ob die vorliegenden Grenzwerte überschritten werden.

2.3   Was ist Lasersicherheit? – begriffliche Bestimmungen

Das Zitat von Coenen verdeutlicht zum einen die Relevanz von Grenzwerten, es spricht aber zugleich auch einen Handlungsauftrag an: Die Betriebe und die Instanzen, die sich betriebsextern mit Fragen der Arbeitssicherheit befassen, sind aufgefordert, sich um eine Minimierung der bestehenden Gesundheitsrisiken zu bemühen. Ein Handlungsauftrag an die Akteure des Arbeitsschutzes ergibt sich auch aus der DIN-Norm 31004. In ihr wird eine mögliche Antwort auf die Frage „Was ist Arbeitssicherheit?" gegeben.

> „Arbeitssicherheit ist der Zustand eines Arbeitssystems (und damit auch der Systemelemente), bei denen Verletzungen, Unfälle, Berufskrankheiten und arbeitsbezogene Erkrankungen des Menschen im Arbeitsprozeß ausgeschlossen sind. Arbeitssicherheit ist ein Idealziel, das es zu erreichen gilt." (DIN 31004, zitiert nach: Nohl 1989: 5f.)

Damit ist eine relativ umfassende Definition formuliert, die vor allem den klassischen Gegenstandsbereich der Verletzungen, Unfälle und Berufskrankheiten umfaßt, d.h. sowohl die plötzlich eintretenden als auch die durch die Berufsgenossenschaften als entschädigungspflichtig anerkannten gesundheitlichen Beeinträchtigungen (Berufskrankheiten) durch den fortgesetzten Kontakt mit gefährlichen Arbeitsstoffen oder Abfallprodukten.

Nun ist den Akteuren natürlich bewußt, daß Laser- oder Arbeitssicherheit im Sinne des Idealziels nicht zu erreichen ist. Ein Rest an (Arbeits-) Unsicherheit bleibt immer vorhanden. Die Diskussion um Arbeitssicherheit bezieht sich dann nicht mehr darauf, ob ein Arbeitssystem sicher ist. Sie verschiebt sich hin zu der Frage: „Wie sicher ist sicher genug?" Umstritten ist folglich, welches Maß an Sicherheit aus Sicht der Arbeitgeber und der Arbeitnehmer wechselseitig zumutbar ist bzw. was als akzeptables Sicherheitsniveau gelten kann.[13]

Für die genannten Beeinträchtigungsarten (Verletzungen, Unfälle oder sonstige zu Berufskrankheiten führende Gesundheitsbelastungen) ist in einer Vielzahl von Vorschriften geregelt, „wie sicher sicher genug ist". Eine eindeutige Entscheidung zu treffen wird jedoch schwierig, sobald auch die arbeitsbezogenen Erkrankungen betrachtet werden, denen beispielsweise psycho-soziale oder psychosomatische Gesundheitsbeeinträchtigungen zugeordnet werden müßten. Sie zeichnen sich dadurch aus, daß Ursache-Wirkungszusammenhänge zwischen bestimmbaren Faktoren der Arbeitssituation und feststellbaren Krankheitsbildern vielfach nicht zu ermitteln und deshalb klare Handlungsanforderungen aus dem betrieblichen Geschehen kaum ableitbar sind.

Noch schwerer sind die potentiellen Emissionsgefährdungen bei der Lasermaterialbearbeitung in ihrem gesundheitsgefährdenden Potential einzuschätzen. Ein Handlungsauftrag für die Arbeitsschutzakteure liegt hier nicht eindeutig vor, da nur von potentiellen Gefährdungen ausgegangen werden kann, die sich auch als nicht gegeben erweisen können. Ein Blick in die genannte DIN-Norm 31004 zeigt jedoch, daß die Akteure auf das Anstreben des Idealziels Arbeitssicherheit verpflichtet sind. Im Arbeitssicherheitsgesetz (ASiG), das erstmals 1973 erlassen wurde, wird grundsätzlich festgeschrieben, daß die Instanzen des Arbeitsschutzes eine präventiv-gestalterische Aufgabe wahrnehmen sollen: Ihre Aufgabe ist die Verhütung von Gesundheitsbeeinträchtigungen bevor diese eintreten. Es kann mithin von den Akteuren nicht gewartet werden, bis eine akute Gesundheitsstörung festgestellt wird. Nimmt man die präventive Orientierung ernst, so geht es darum, schon die Möglichkeit einer gesundheitlichen Beeinträchtigung von vornherein auszuschließen. Um das so markierte „Idealziel" Arbeitssicherheit zu erreichen bzw. sich diesem anzunähern, sollen Maßnahmen des Arbeits- und Gesundheitsschutzes ergriffen werden (DIN 31004).

---

13 Hier tritt ein Zielkonflikt zwischen betrieblicher Wirtschaftlichkeit und der Sicherheit für die Beschäftigten zutage: „Sicherheit ist zwar ein zentraler Werttopos, doch wirkt dieser nur loyalitätsbindend unter dem Aspekt der 'Sicherheitserhöhung'. Da Sicherheit als praktikable Größe nur probabilistisch definiert werden kann, stellt sich auch gleichzeitig immer die Frage von 'Risikoinkaufnahme'. Wieviel Beeinträchtigung (mögliche Unfalltote, Gesundheitsverletzungen, Umweltschäden etc.) in Kauf genommen werden soll, ist schwer zu thematisieren." (Bolenz 1987: 99) Dieses Problem ist im technischen Sicherheitsrecht relevant: insbesondere bei Entscheidungen über riskante (Groß-) Techniken (vgl. Nicklisch 1982).

Auffallend an der Festlegung in der DIN-Norm ist, daß (Arbeits-) Sicherheit negativ und nicht positiv definiert ist. Sie ist nicht etwas Eigenständiges, sondern die Abwesenheit des nicht-erwünschten Gegenteils (Unsicherheit bzw. Gesundheitsbeeinträchtigungen).[14] Dieses „Schicksal" teilt der Begriff Sicherheit mit Begriffen wie Gesundheit (Abwesenheit von Krankheit) oder Rationalität (Abwesenheit von Irrationalität). So schreibt Japp (1994: 127f.) zu den drei Begriffen, daß die selbstverständliche Erwünschtheit von Sicherheit und Gesundheit oder die Erwartung, daß Organisationen rational handeln, die Gegenbegriffe und die von ihnen bezeichneten Gegebenheiten in die Latenz verschieben. Krankheit, Irrationalität oder Unsicherheit werden auf diese Weise „abgedunkelt" und aus dem Blickfeld herausgenommen. „In diesem Sinne zieht Rationalität immer den Schatten latenter Nicht-Rationalität hinter sich her" (Japp 1994: 128). An der Definition in der DIN-Norm fällt weiterhin auf, daß sie Arbeitssicherheit und (Arbeits-) Unsicherheit in das Verhältnis eines Nullsummenspiels setzt. Es wird unterstellt, daß das Ergreifen von Arbeitsschutzmaßnahmen die Sicherheit erhöht und die Unsicherheit im gleichen Maße reduziert. Eine Seite ist nur zu Lasten der anderen zu verändern. Wie problematisch diese Annahme ist, zeigen nicht zuletzt die Arbeiten von Perrow (1989) und Japp (1992).

Sicherheit und Unsicherheit lassen sich begrifflich nicht als trennscharfes Gegensatzpaar voneinander abgrenzen. Ich möchte den Begriff „Arbeitssicherheit" deshalb anders als in der oben zitierten Definition fassen: Arbeitssicherheit soll hier nicht das Idealziel absolut sicherer Arbeitsbedingungen bezeichnen, sondern den Zustand eines Arbeitssystems, den die Akteure als sicher beurteilen. Ganz im Sinne von Luhmann (1990: 134, 1991b: 27) oder Japp wird „(u)nter Sicherheit ... im folgenden die Erwartung verstanden, daß zukünftige Nachteile nicht eintreten" (1992: 175). Die zukünftigen Nachteile endstünden beim Eintritt von Verletzungen, Unfällen, Berufskrankheiten und arbeitsbezogenen Erkrankungen der Menschen im Arbeitsprozeß. „Lasersicherheit" stellt dann den Ausschnitt der Arbeitssicherheitserwartungen dar, die sich auf einen sicheren Lasereinsatz beziehen. Die vorgeschlagene Definition betont die soziale Konstituierung von Sicherheit, indem auf Erwartungen abgestellt wird. Mit dem Bezug auf Erwartungen (und nicht auf objektive Gegebenheiten) wird hervorgehoben, daß damit zu rechnen ist, daß nach wie vor Unsicherheit – also die Möglichkeit eines zukünftigen Nachteils – besteht. In Anlehnung an Japp ließe sich formulieren, daß Sicherheit immer den Schatten latenter Unsicherheit hinter sich herzieht.

Worauf beruht diese Unsicherheit? Der Begriff Unsicherheit soll dazu dienen, eine Facette des (über-)betrieblichen Themas Arbeitssicherheit zu beleuchten, die vielfach bei der Untersuchung des Arbeitsschutzes ausgeblendet wird, sich aber gerade am Beispiel der Lasertechnik gut betrachten läßt. Diese andere Facette erschließt sich, sobald

---

[14] Ähnlich auch Kaufmann, der (technische) Sicherheit als Gefährdungslosigkeit definiert (1973).

man Arbeitssicherheit als ein Thema von Organisationen identifiziert, das diese in Entscheidungsprozessen bearbeiten (hierzu auch Steffensen/Barthel 1996). Wenn Betriebe sich darum bemühen, Arbeitssicherheit zu garantieren, so müssen sie Antworten auf Fragen wie die folgenden finden:

- Entstehen bei der Lasermaterialbearbeitung Emissionen, die als Gefahrstoffe klassifiziert sind?
- Entstehen diese Emissionen in Mengen, die Maßnahmen erforderlich machen, und sind die ergriffenen Maßnahmen ausreichend?

Die von den Betrieben gefundenen Antworten stellen Organisationsentscheidungen dar, auch wenn dies den Akteuren nicht immer bewußt ist. Spätestens wenn die Vertreter der Aufsichtsorgane bei einer Revision zu dem Ergebnis kommen (genauer: die Entscheidung treffen), daß das erreichte Arbeitssicherheitsniveau nicht ausreicht, werden den betrieblichen Akteuren die Antworten auf die genannten Fragen als Entscheidungen zugerechnet. Und das gilt auch dann, wenn diese oder ähnliche Fragen bei der Einführung oder beim Betrieb einer Laseranlage gar nicht aufgeworfen wurden.

Weiterhin ist der Begriff „Arbeitsschutz" zu definieren. Ihn reserviere ich einerseits, um die Akteure zu bezeichnen, die inner- (betriebliche Arbeitsschutzabteilungen, Sicherheitsfachkräfte oder die Laserschutzbeauftragten) wie außerbetrieblich (Gewerbeaufsicht und Berufsgenossenschaften) Sicherheitserwartungen in bezug auf betriebliche Arbeitssysteme formulieren. Arbeitsschutz soll andererseits die Summe der Maßnahmen[15] bezeichnen, die Betriebe zur direkten Beeinflussung bestimmter Eigenschaften oder der technischen Ausrüstung eines Arbeitssystems ergreifen, um jenen Zustand zu erreichen, den sie als sicher beurteilen.

Für eine Untersuchung des Arbeitsschutzes ist die Lasertechnik aufgrund ihrer Zweischneidigkeit besonders interessant: Einerseits ist ihr Einsatz mit Unfallquellen verbunden, die gravierende Gesundheitsbeeinträchtigungen bedingen können. Diese scheinen jedoch weitgehend durch technische Vorrichtungen und Schutzmaßnahmen gebannt zu sein (bundesweit kommt es durchschnittlich zu einem meldepflichtigen Arbeitsunfall pro Jahr). Andererseits sind Gefahrstoffgefährdungen zu erwarten, deren gesundheitsschädigende Effekte vielfach erst nach Latenzzeiten von zehn und mehr Jahren sichtbar werden. Diese sachlichen und zeitlichen Aspekte führen häufig dazu, daß die Lasertechnik im betrieblichen Kontext als eine sichere Technik beurteilt wird. Einer der befragten betrieblichen Arbeitsschutzexperten sagte – durchaus typisch – auf die Frage, welche Bedeutung die im Betrieb eingesetzten Laseranlagen für seine tägliche Arbeit haben: „Da passiert ja nichts!" Hierin liegt in bezug auf die Gefahrstoffpro-

---

[15] In der Terminologie der betrieblichen und überbetrieblichen Arbeitsschutzexperten bezieht sich der Begriff Arbeitsschutz lediglich auf den letzten Teil der Definition. Insbesondere Gewerkschaftsvertreter fordern darüber hinaus, auch die menschengerechte Gestaltung der Arbeit als Bestandteil des Arbeitsschutzes zu betrachten (Konstanty/Zwingmann 1995: 62). Auf diese Weise soll ein positiver Arbeitsschutzbegriff etabliert werden (Bispinck 1979: 566).

blematik möglicherweise eine Überschätzung des Niveaus der Anlagensicherheit vor, die aufgrund des für eine abschließende Bewertung unzureichenden wissenschaftlichen Erkenntnisstandes (siehe Abschnitt 2.2) auch im betrieblichen Kontext negative Konsequenzen haben kann. Negative Konsequenzen resultieren aus dem Umstand, daß Sicherheit eine Erwartung ist, die als solche sozial auf der Basis von Wahrnehmungen gebildet wird und damit nicht auf objektiv gegebenen Tatbeständen fußt.

> „Aus dieser Sicht werden unbegrenzt bereitliegende Unsicherheiten effektiv bedrohlich erst, wenn Sicherheitserwartungen die Bereitschaft, mit zukünftigen Unsicherheiten zu rechnen, herabsetzen. Sicherheitserwartungen tendieren dazu, Störungen, Irrtümer oder Fehler als Abweichungen von erwarteten Normalverläufen zu deuten, d.h., sie schützen vor Lernprozessen." (Japp 1992: 176)

Um es nochmals zu betonen, diese Annahmen implizieren nicht, daß die Lasertechnik aufgrund der potentiellen Emissionsgefährdungen eine – vereinfacht formuliert – unsichere Technik ist. Realistischerweise ist davon auszugehen, daß die Lasertechnik aufgrund der Kombination von Unfallgefährdungen (durch die Strahlung, durch Hochspannung oder durch die beweglichen Maschinenteile) und potentiellen Emissionsgefährdungen zwar ein besonderes, aber kein besonders gravierendes Arbeitssicherheitsproblem darstellt. Für eine nähere Beschäftigung der Arbeitsschutzakteure mit Lasermaterialbearbeitungsanlagen spricht allerdings, daß es sich um eine neue und sich verbreitende Technik handelt, deren Einsatz mit bekannten Gesundheitsbeeinträchtigungen verknüpft ist, zugleich aber auch darüber hinausgehende noch unzureichend erforschte Emissionsgefährdungen mit sich bringen könnte.

2.4 „Da passiert ja nichts!" – Lasersicherheit aus der Sicht der betrieblichen und außerbetrieblichen Akteure

Das Ergreifen von Arbeitsschutzmaßnahmen stellt für Organisationen zuerst einmal ein Entscheidungsproblem dar. Die Akteure müssen sich fragen: „Wie sicher ist sicher genug?" Für Entscheidungen, die sich auf Sicherheitsmaßnahmen beziehen, gelten allerdings die gleichen Bedingungen wie für jede andere Entscheidung auch: Die Akteure müssen mit Komplexität und Eigendynamik rechnen, also mit Überraschungen und Unsicherheit (Japp 1992). Entscheidungen für oder gegen bestimmte Sicherheitsmaßnahmen werden auf der Basis wahrgenommener Informationen getroffen. Bei der Wahrnehmung von Informationen sind die verfügbaren Ressourcen (Zeit und Geld) sowie die kognitiven Kapazitäten der Entscheidungsträger (March 1994) zumeist begrenzt. Es lassen sich nicht immer weitere Informationen beschaffen, denn irgendwann muß entschieden werden. D.h., Organisationen müssen beim Treffen einer Entscheidung jeweils mit den Informationen auskommen, die aktuell zur Verfügung stehen. Es muß hier nicht ausgeführt werden, daß die vorhandene mit der benötigten Informationsmenge in aller Regel nicht übereinstimmt, um zu einer zielgenauen Entscheidung zu gelangen (einen Überblick über die unterschiedlichsten Probleme beim Entscheiden von und in Organisationen bietet Wiesenthal 1990b): Informationen fehlen (sind in bezug auf Gefahrstoffgefährdungen vielfach nicht verfügbar), sind falsch oder mehrdeutig, werden nicht richtig beurteilt oder in unzureichender Weise mit anderen Informationen verknüpft (vgl. etwa Huber/Daft 1987: 133ff.).

Aufgrund der benannten Probleme sollten Entscheidungsträger damit rechnen, daß Entscheidungen und deren Umsetzung nicht zwangsläufig zum Erreichen der gewünschten Ziele führen. Sie bringen vielfach auch Nebenfolgen mit sich, die nicht gewünscht sind, zumindest so nicht erwartet wurden. Aus diesem Grund ist es wichtig, Entscheidungen nicht nur zu treffen, sondern Monitoring-Instrumente zu nutzen, die dabei helfen, die eintretenden Folgen zu ermitteln. Nur so läßt sich der Grad der Zielerreichung abschätzen und der erreichte Zustand gegebenenfalls nachbessern. Es muß zwar darauf vertraut werden, mit der Umsetzung einer Entscheidung das Gewollte erreichen zu können, gleichzeitig sollte eingerechnet werden, daß dies gerade nicht geschieht. Vertrauen und Zweifel sind in bezug auf die getroffene Entscheidung folglich gleichermaßen angebracht (Weick 1985: 320ff.).

Für Gefährdungen, die dem klassischen Unfallgeschehen zuzurechnen sind, haben die Arbeitsschutzakteure eine (rekursive) Routine ausgebildet, die auf die Institutionalisierung von Zweifel an Sicherheitsentscheidungen und an dem erreichten Sicherheitsniveau setzt: die Betriebsbegehung. So betont Pröll, daß die Betriebsbegehung mit Abstand die wichtigste Routine des betrieblichen Arbeitsschutzes darstellt (1991: 72). Gleiches gilt auch für die außerbetrieblichen Instanzen (siehe Buck-Heilig 1989; Windhoff-Héritier u.a. 1990: 133ff.). Die betrieblichen Arbeitsschützer wie auch die Vertreter der betriebsexternen Aufsichtsinstanzen hoffen darauf, durch Inaugenscheinnahme der einzelnen Maschinen oder Anlagen Unfallquellen zu erkennen und gegebenenfalls Maßnahmen einzuleiten. Aufgrund in der Vergangenheit eingetretener Unfälle sowie der sonstigen kumulierten Berufserfahrung haben die Akteure die Möglichkeit, die betrieblichen Gegebenheiten in bezug auf Sicherheitsfragen einzuschätzen. Damit hat sich der Arbeitsschutz – zumindest unbewußt – darauf eingestellt, daß Sicherheit und Unsicherheit eines Arbeitssystems nicht im Sinne eines Nullsummenspiels miteinander verknüpft sind und daß es absolute Sicherheit nicht gibt. Die regelmäßig absolvierte Betriebsbegehung kann dazu beitragen, einer zu starken Verfestigung von Sicherheitserwartungen vorzubeugen, indem die Möglichkeit des Auftretens von Überraschungen (neue oder modifizierte Unfallgefährdungen) in Rechnung gestellt wird. Lernen bzw. die Entwicklung von neuen oder veränderten Maßnahmen bleibt auf diese Weise möglich.

Die Funktionstüchtigkeit des Monitoring-Instrumentes der Betriebsbegehung ist nur insoweit gegeben, wie die Gefährdungen der sinnlichen Wahrnehmung zugänglich sind. Für Gefahrstoffgefährdungen gilt dies in den allermeisten Fällen jedoch gerade nicht. In der Regel ist nicht zu sehen, riechen oder schmecken, ob eine Gesundheitsbelastung vorliegt. Aber auch der Umkehrschluß, daß eine Gefährdung gegeben ist, sobald man etwas sehen, riechen oder schmecken kann, trägt nicht: Daß ein bestimmter Stoff wahrnehmbar ist, impliziert nicht zugleich dessen Gesundheitsschädlichkeit. Diesbezüglich besteht kein zwangsläufiger kausaler (d.h. wissenschaftlich fundierter) Zusammenhang.[16]

Für den Umgang mit Emissionsgefährdungen werden deshalb andere, über die sinnliche Wahrnehmung hinausgehende Prozeduren benötigt, um Arbeitssicherheit „herzustellen". Hier hilft der vorliegende Erfahrungsschatz vielfach nicht weiter, zumal die direkt gewonnenen eigenen Eindrücke aufgrund fehlender Wahrnehmungsmöglichkeiten tendenziell „Entwarnung" signalisieren: „Da passiert ja nichts!" Sichtbare Gesundheitsbeeinträchtigungen treten nur in Ausnahmefällen auf. Die Arbeitsschutzakteure sind, um die möglicherweise bestehenden Gefährdungen einzuschätzen, auf die „Nicht-Erfahrung aus zweiter Hand" (Beck 1986: 96) angewiesen. Zur wichtigsten Informationsquelle bei der Ermittlung und Einschätzung von Gefahrstoffgefährdungen werden wissenschaftliche Erkenntnisse, die vermitteln, welche Emissionsstoffe bei der Bearbeitung eines Werkstoffes entstehen und wie diese arbeitshygienisch einzuschätzen sind. Wesentlich stärker als beim klassischen Unfallgeschehen wird beim Umgang mit diesem Arbeitssicherheitsthema deutlich, daß das Handeln der Arbeitsschutzakteure Organisationshandeln ist, auf Informationssuche und Entscheidungen basiert und deshalb mit ähnlichen Problemen konfrontiert ist, wie andere betriebliche Entscheidungen auch (ausführlicher hierzu: Steffensen/Barthel 1996).

Unsicherheit besteht damit hinsichtlich der generellen Frage, ob beim Einsatz der Lasertechnik in der industriellen Materialbearbeitung ein Arbeitssicherheitsproblem vorliegt. Wie gehen Betriebe oder die außerbetrieblichen Instanzen des Arbeitsschutzes mit dieser Frage um?

In einer quantitativen Untersuchung zu den Formen der betrieblichen Lasernutzung (detaillierte Ergebnisse finden sich in Barthel/Kettler 1996) wurde unter anderem gefragt, welche Informationsquellen die Mitarbeiter heranziehen, um sich über die Lasertechnik in der Materialbearbeitung auf dem laufenden zu halten. Die Ergebnisse sind in der Abbildung 2 wiedergegeben.

---

[16] Für die Einschätzung von Gefährdungspotentialen durch die betroffenen Arbeitnehmer kommt diesem nur scheinbaren Zusammenhang jedoch große Bedeutung zu. Vielfach bedingt erst die sinnliche Wahrnehmbarkeit eines Stoffes dessen arbeitshygienische Untersuchung im Betrieb (vgl. Voullaire 1995).

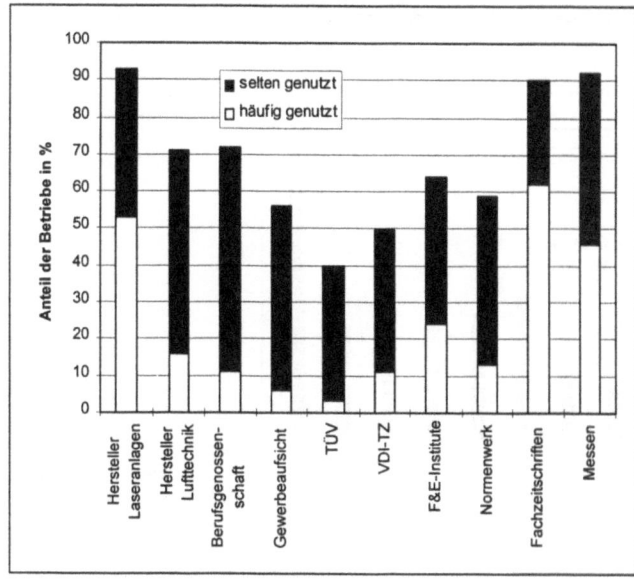

Abb. 2: Informationsquellen der befragten Betriebe (Barthel und Kettler 1996: 12)

Die Ergebnisdarstellung zeigt, daß gerade jene außerbetrieblichen Instanzen, deren Domäne Sicherheitsfragen sind, zu den eher selten kontaktierten Informationsquellen der Betriebe gehören. Wesentlich stärkeres Gewicht als Gewerbeaufsicht, Berufsgenossenschaft oder auch das Normenwerk haben die Technikhersteller, Messen und Fachzeitschriften. Darüber hinaus wurde von Barthel und Kettler ausgewertet, wieviele Informationsquellen von den Betrieben genutzt werden (vgl. Abb. 3, siehe Seite 30). Hierbei zeigte sich, daß eine Vielzahl der Betriebe nur auf ein bis drei Quellen zugreift. Einer aktiven und breit angelegten Informationssuche wird nur von wenigen Betrieben eine große Bedeutung zugemessen.

Diese Befunde werden auch von den Ergebnissen der qualitativen Untersuchung „Lasertechnik: Nutzungskontexte und Sicherheitsstrategien" bestätigt (vgl. Borchers/ Steffensen 1992; Steffensen/Barthel 1994, 1996; siehe hierzu Abschnitt 3.1). Auch hier zeigte sich, daß Betriebe sich häufig auf nur wenige Informationen stützen und die klassischen Instanzen des Arbeitsschutzes als Informationsquellen nur von untergeordneter Bedeutung sind. Wesentlich wichtiger sind die Hersteller der Lasertechnik. Sie gelten auch in Sicherheitsfragen als kompetent. Die Kenntnisse der Vertreter der Staatlichen Gewerbeaufsicht und der Berufsgenossenschaft werden dagegen in bezug auf die Lasertechnik als eher gering eingeschätzt. Mehrfach wurde von den Mitarbeitern der Betriebe geäußert, daß die Vertreter der außerbetrieblichen Aufsichtsinstanzen die Gefährdungslage an Laseranlagen nicht adäquat beurteilen könnten. Das innerbetrieblich kumulierte Erfahrungswissen wird dagegen als fundierter und adäquater beurteilt.

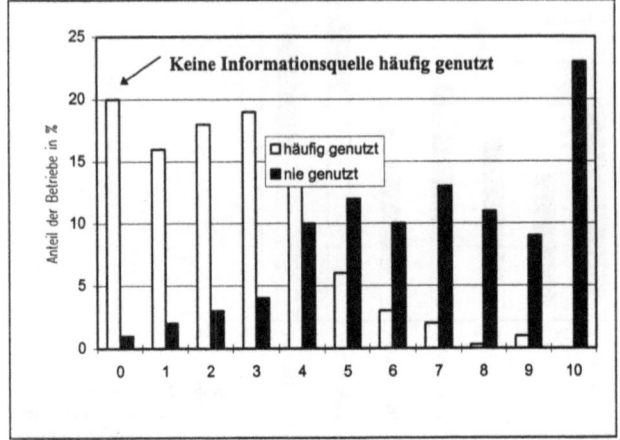

Abb. 3: Anzahl der von den Betrieben genutzten Informationsquellen (Barthel und Kettler 1996: 14)

Der in vielen Fällen festgestellte quantitativ und qualitativ beschränkte Zugriff auf mögliche Informationsquellen hat häufig eine Entsprechung in den Strukturen von Entscheidungsprozessen, mit denen Betriebe auf die Herstellung von Lasersicherheit in bezug auf die Emissionsgefährdungen zielen. In einer Reihe von Betrieben prägt „Ignoranz" gegenüber diesen Sekundärgefährdungen die betrieblichen Strategien:[17] „Bloß weil etwas stinkt, muß es ja noch nicht gefährlich sein", wurde in einem Betrieb diese Umgangsform sehr treffend umschrieben. In einem anderen hieß es: „Wenn ich in den Betrieb komme und feststelle, daß es stinkt, dann weiß ich, daß Geld verdient wird." Geruch allein ist kein Indikator dafür, daß eine Gesundheitsgefährdung vorliegt. Diese Erkenntnis ist richtig, dürfte jedoch als Informationsgrundlage nicht ausreichen, um eine fundierte Sicherheitsentscheidung zu treffen. In diesen Betrieben kommt es in der Regel zu keinem Zeitpunkt zu einer aktiven Suche nach Informationen über mögliche Emissionsgefährdungen. Die eigenen Kenntnisse über die Lasertechnik, die Einschätzung der mit dem Einsatz verbundenen Gefährdungen und die Berufserfahrung dienen in der Regel als Entscheidungsgrundlage.

Eine etwas modifizierte Umgangsform findet sich in Betrieben, die ihre Entscheidungen in bezug auf Lasersicherheit vor allem auf „Analogieschlüsse" stützen. Wesentlich für die Einschätzung der Lasertechnik ist der Vergleich mit den Gefährdungen bei an-

---

[17] Der Begriff der „Strategie" impliziert nicht zwangsläufig ein aktives Tun oder ein geplantes und bewußtes Vorgehen. Strategien können auch im nachhinein aus dem Ablauf verschiedener Handlungen als ein konsistentes Muster herausgelesen bzw. rekonstruiert werden. Der Begriff schließt zudem ein auf Abwarten setzendes Verhalten ein (vgl. Mintzberg 1987).

deren Techniken: „Betrachten Sie nur einmal das seit Jahrzehnten etablierte Plasma-schneiden oder die konventionelle Schweißtechnik." Die Akteure haben insofern recht, als eine nur auf sinnlicher Wahrnehmung beruhende Informationsgewinnung fast zwangsläufig zu dem Urteil führt, daß die Lasertechnik die vergleichsweise sicherere Technik darstellt. Den bei einigen konventionellen Verfahren entstehenden Emissi-onswolken steht beim Einsatz der Lasertechnik nichts Vergleichbares gegenüber. Über die Qualität der freigesetzten Stoffe ist damit allerdings auch im Unterschied zur kon-ventionellen Technik keine Aussage getroffen. Anzumerken ist, daß die Erhebung ge-zeigt hat, daß die Zahl der Betriebe vergleichsweise gering ist, die sich mit Ignoranz oder Analogieschlüssen beim Umgang mit Fragen der Lasersicherheit behelfen.

Eine dritte Umgangsform läßt sich als „Externalisierung von Verantwortung" bezeich-nen. In diesen Betrieben nehmen die Hersteller der Laseranlagen die dominante Stel-lung bei der Entwicklung von Sicherheitsmaßnahmen ein. Die Verantwortung für die Sicherheit der Laseranlage wird weitgehend den Herstellern zugerechnet, da diese für die Produktsicherheit zu haften haben. Hierbei wird jedoch übersehen, daß es über die Produktsicherheit hinaus so etwas wie „Prozeßsicherheit" gibt, die sich auf die Sicher-heit der betrieblichen Abläufe und Verfahren selbst bezieht. Hierzu gehört auch der Umgang mit den Emissionsgefährdungen, da diese nicht aus der technischen Konfigu-ration der Laseranlage direkt resultieren, sondern erst aufgrund der Einwirkung der Laserstrahlung auf den zu bearbeitenden Werkstoff entstehen. Betriebe, die die Ver-antwortung externalisieren, geben den Herstellerbetrieben häufig zur Auflage, be-stimmte Sicherheitseinrichtungen an den Maschinen vorzusehen, berücksichtigen hier-bei in der Regel jedoch nur die klassischen Unfallgefährdungen. Das Problem mögli-cher Gefährdungen durch Emissionen ist für diese Betriebe mit der Tatsache erledigt, daß eine Komplettanlage gekauft wurde, die auch eine Filteranlage umfaßt. Diese muß jedoch nicht zwangsläufig auch geeignet sein, die entstehenden Emissionen bei allen zur Bearbeitung vorgesehenen Werkstoff(art)en zu filtern.

Als viertes und umfassendes Vorgehen läßt sich ein „reflexives Verfahren" identifizie-ren, das ebenfalls von einer Reihe von Betrieben genutzt wird. Diese Laseranwender erkennen ihre eigene Verantwortung für Sicherheitsfragen an und befassen sich zu-meist mit einem relativ breiten Kranz unterschiedlicher Aspekte, um die Sicherheit an den Laseranlagen zu gewährleisten. Hierbei fällt auf, daß sich diese Betriebe der Ver-änderlichkeit der bestehenden Informationslage durchaus bewußt sind und sich in re-gelmäßigen Zeitabständen mit dem grundsätzlichen Problem der Emissionsgefährdun-gen befassen. Wiederkehrend wird auch für die Gefährdungen durch Emissionen die Frage gestellt, ob die eingeleiteten Maßnahmen ausreichen, ob tatsächlich davon aus-zugehen ist, daß im Betrieb Lasersicherheit herrscht. Diese Betriebe haben sich darauf eingestellt, daß Sicherheit lediglich den Charakter einer Erwartung hat und deshalb Überraschungen auftreten können. Auf der Basis einer umfangreichen und breit gestreuten Informationssuche versuchen die Arbeitsschützer ein Monitoring ihrer Sicherheitsentscheidungen zu betreiben, um so gegebenenfalls Nachbesserungen vorzunehmen.

Zwei typische Optionen lassen sich denken, die die Sicherheitserwartungen von Betrieben erschüttern können: die Feststellung von Mängeln durch die betrieblichen oder außerbetrieblichen Arbeitsschutzexperten einerseits und Unfälle bzw. offensichtlich werdende Gesundheitsbeeinträchtigungen andererseits. Der zweite Fall ist für die hier anzustellenden Überlegungen nicht ertragreich, deutet er doch auf ein Versagen des Arbeitsschutzes hin. Die Feststellung von Mängeln bevor ein Schaden wahrnehmbar zutage tritt, entspräche demgegenüber der präventiv-gestalterischen Orientierung, die gesetzlich für den Arbeitsschutz vorgesehen ist. Die betriebsinterne Feststellung von Mängeln wird vielfach mit dem reflexiven Vorgehen ermöglicht und ist in bezug auf Unfallgefährdungen in vielen Betrieben etabliert (s.o.). Die Revision durch die Berufsgenossenschaft oder die Staatliche Gewerbeaufsicht trägt ein rekursives Vorgehen in die Betriebe hinein, indem von einer externen Instanz geprüft wird, ob im kontrollierten Betrieb Arbeitssicherheit gegeben ist. Ein Hineintragen ist vor allem bei jenen Betrieben relevant, die sich mit Ignoranz oder Analogieschlüssen behelfen bzw. die Verantwortung fälschlicherweise an die Hersteller abzugeben versuchen. Aus der Sicht politischer Akteure – die sich beispielsweise darum bemühen, die Diffusion der Lasertechnik auch durch hohe Sicherheitsstandards zu fördern – halten die externen Instanzen ein wesentliches Potential bereit, um Betriebe auf neue Gefährdungslagen einzustellen und sie zu Maßnahmen zu bewegen.

Die empirischen Ergebnisse zeigen jedoch, daß sich weder die Berufsgenossenschaft noch die Gewerbeaufsicht dezidiert um die Arbeitssicherheit bei neuen Technologien bemüht (so auch Pröll 1991). Die Neuheit einer Technik ist kein Kriterium, das die Aufsichtsinstanzen in ihrer eigenen Aufmerksamkeit lenkt. Insgesamt wurden in den Gesprächen mit den Betrieben und mit Vertretern der Aufsichtsinstanzen nur zwei Fälle bekannt, in denen es beim Kontakt zwischen Betrieb und Aufsichtsinstanz konkret um die technikspezifischen Sicherheitsbedingungen des Lasereinsatzes ging.

Diesem Befund entsprechen auch die Ergebnisse der quantitativ angelegten Untersuchung von Barthel und Kettler (1996): Ca. 25% der Betriebe geben hier an, daß ihnen unbekannt ist, daß die Berufsgenossenschaften Informationen zur Lasersicherheit bereitstellen können (in bezug auf die Gewerbeaufsicht machen sogar knapp 40% der befragten Betriebe diese Aussage). Aus betrieblicher Sicht kommt den externen Arbeitsschutzinstanzen offensichtlich kein sehr großer Stellenwert zu (vgl. Abb. 4). Diese Einschätzung scheint sich insbesondere auf die neuen Gefährdungen bzw. auf neue und noch unbekannte Technologien zu beziehen.

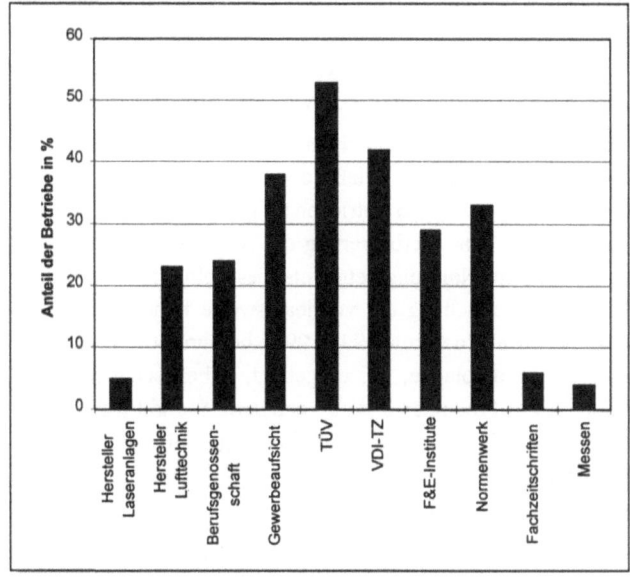

Abb. 4: Den Betrieben un-
bekannte Informa-
tionsquellen (vgl.:
Barthel und Kettler
1996: 12)

Die Vertreter der Gewerbeaufsicht wiederum beklagen, daß sie in den Betrieben kaum Maßnahmen anordnen können. Die rechtliche Ermächtigungsgrundlage des §120a der Gewerbeordnung sei hierzu zu schwach und zudem veraltet. Gerade im Recht zur technischen Sicherheit wird vom Gesetzgeber vielfach auf den „Stand der Technik" oder die „allgemein anerkannten arbeitswissenschaftlichen Kenntnisse" verwiesen (vgl. Fuchs 1984; Wolf 1986). Diese unbestimmten Rechtsbegriffe, die rechtliche Regelung vereinfachen, müssen in der Verwaltungspraxis ausgefüllt werden. Damit besteht ein Ermessensspielraum, der es einerseits erlaubt, die behördlichen Maßnahmen flexibel an die jeweiligen betrieblichen Bedingungen anzupassen. Andererseits machen die Aufsichtsbeamten häufig die Erfahrung, daß sie Maßnahmen nur durchsetzen können, wenn sie diese aus Verordnungs- oder Gesetzestexten ableiten, die sie den Betrieben auch schwarz auf weiß gedruckt vorlegen können. Auch auf seiten der Adressaten der Vorschrift entstehen durch diese Rechtsetzungspraxis Verhandlungsspielräume.

Die häufige Nutzung unbestimmter Rechtsbegriffe soll Rechtsvorschriften dynamisieren, indem deren grundsätzliche Statik aufgeweicht wird, so daß das Recht zumindest teilweise mit der Technikentwicklung Schritt halten kann. Um die Handlungsgrundlagen der Verwaltung zu aktualisieren und den unbestimmten Rechtsbegriff „Stand der Technik" zu interpretieren, werden technische Normen herangezogen, die von privatrechtlich organisierten Normungsverbänden erarbeitet wurden. Aber auch für sie gilt, daß sie in den Betrieben weitgehend unbekannt sind (siehe die Abbildungen 2 und 4).

Ihr grundsätzlich empfehlender Charakter, der keine rechtliche Verbindlichkeit, sondern Freiwilligkeit bei der Anwendung beinhaltet, führt dazu, daß sicherheitsbezogene Normen nur begrenzt zur Anwendung kommen.[18] Anders als die marktbezogenen technischen Normen, die Spezifikationen technischer Produkte regeln, scheinen die auf den Arbeitsschutz bezogenen protektiv-regulativen Norminhalte nur begrenzte Wirkung zu entfalten. Hier zeigt sich, daß der Erlaß von Regelungen bzw. Normen nicht ausreicht, um das Sicherheitsniveau in den Betrieben zu verbessern. Erst die Umsetzung von Schutzvorschriften kann eine Verbesserung der Arbeitssicherheit bewirken. Die in vielen Untersuchungen zur Normung getroffene Feststellung, daß mit dem Instrument der verbandlichen Normerstellung ein vergleichsweise hohes Niveau im Arbeitsschutz zu erzielen sei (so etwa: Voelzkow 1993/1996), beschreibt somit nur die halbe Wahrheit. Die Aussage stimmt solange, wie es gelingt, Arbeitsschutzmaßnahmen als technischen Bestandteil des Produktes fest zu verankern. Sie gilt jedoch dort nicht, wo das Sicherheitsniveau durch betriebliche Entscheidungen über die Art und Weise der Nutzung einer Technik beeinflußt wird.

Ich möchte den Einblick in die Empirie an dieser Stelle beenden. Es ließen sich weitere Befunde anführen, die sich im Kontakt mit Vertretern weiterer betriebsexterner Instanzen ergaben. Ihr grundlegender Tenor ist, daß der Arbeitsschutz weitgehend reaktiv und anlaßorientiert operiert. Neue Themen werden nur dann aufgenommen, wenn etwas passiert. Dies gilt für eine Vielzahl einschlägiger Einrichtungen, deren Vertreter im Rahmen der empirischen Untersuchung befragt wurden oder befragt werden sollten. Ein großer Teil von Gesprächen konnte – wie bereits in der Einleitung angemerkt – nicht durchgeführt werden, da sich kein Ansprechpartner finden ließ, der meinte, kompetent über das generelle Thema „Gefahrstoffe im Betrieb" Auskunft geben zu können. Das Spezialthema der Lasermaterialbearbeitung und der mit ihr verbundenen Emissionsgefährdungen war weitgehend unbekannt.

Festhalten möchte ich, daß sich die Frage „Was ist Lasersicherheit" nicht nur für die Betriebe stellt, die einen Laser nutzen. Mit potentiell anderen Folgen stellt sie sich ebenfalls den Laserherstellern, soweit sie die Produktsicherheit ihrer Anlagen garantieren müssen. Auch die Aufsichtsinstanzen (Berufsgenossenschaften und Gewerbeaufsicht) wurden genannt, die beim Vorliegen von gesundheitsschädigenden Arbeitsbedingungen Maßnahmen zur Verbesserung anordnen sollen. Soweit es um die Behandlung der Emissionen bei der Lasermaterialbearbeitung geht, stehen auch ihre Maßnahmen unter der Prämisse unzureichender wissenschaftlicher Informationen über die arbeitshygienische Beurteilung der entstehenden Stoffe. Gerade die Vertreter der Auf-

---

18 Rechtlich verbindlich werden technische Normen nur dann, wenn sie in Gesetzes- oder Verordnungstexten explizit genannt werden. Auch in diesen Fällen bleibt jedoch die Möglichkeit erhalten, den rechtlich geforderten Zustand auf anderem Wege zu erreichen, als es in der Norm vorgeschrieben ist.

sichtsinstanzen können häufig nicht einmal auf ein Wissen auf der Basis des im Abschnitt 2.2 dargelegten Indizienbeweises zurückgreifen. Das Gefährdungspotential haben die externen Arbeitsschutzinstanzen vielfach noch nicht als solches wahrgenommen.

Einfluß haben aber auch der „Ausschuß für Gefahrstoffe", der von den Bundesministern für Arbeit und Sozialordnung sowie Umwelt berufen wird, sowie die „Senatskommission für gesundheitsschädliche Arbeitsstoffe" der Deutschen Forschungsgemeinschaft (DFG), die darüber beraten und beschließen, welche Stoffe als Gefahrstoffe mit bestimmten Grenzwerten versehen werden und sie in einzelne Gefährdungsklassen einordnen (vgl. Beyersmann 1990). Beide Gremien definieren mit, was Arbeitssicherheit ist. Sie treffen sicherheitsbezogene Entscheidungen, bei deren Festsetzung sich das fehlende Wissen über die arbeitshygienische Bewertung der verschiedenen Stoffe bemerkbar macht (ähnliches läßt sich auch bei der Festsetzung von Umweltstandards erkennen, vgl. Mayntz 1990).

Auch wenn die Mitarbeiter in vielen Betrieben nur über einen geringen Kenntnisstand in bezug auf Vorschriften und Regelungen verfügen, kommt der Normsetzung, dem Erlaß von Schutzvorschriften und der Festlegung von Grenzwerten eine besondere Bedeutung zu, da die hierin getroffenen Festlegungen handlungsleitend sein sollen. Eine Sicherheitserwartung besteht bei den betrieblichen Akteuren häufig auch insofern, als sie darauf vertrauen, daß die Anwendung von Normen Sicherheit gewährleistet (vgl. Steffensen/Barthel 1996). Zudem bieten Normen und ihre Inhalte den Aufsichtsbehörden eine – wenn auch nur schwache – Handhabe, um in Betrieben auf eine Verbesserung des Niveaus der Arbeitssicherheit zu dringen. Die verschiedenen Festlegungen beinhalten also das Instrumentarium, mit dessen Hilfe laseranwendende Betriebe dazu veranlaßt werden können, Maßnahmen zur Verbesserung der Arbeitssicherheit zu ergreifen. Aus juristischer Sicht gilt zudem, daß im Streitfalle der Verweis auf die Anwendung der einschlägigen technischen Regeln als Beleg für rechtmäßiges und dem Stand der Technik angemessenes Verhalten gilt.

Ziel des Kapitels war es, einen Eindruck von der Lasertechnik und ihrer Anwendung in der industriellen Materialbearbeitung zu geben. Wirtschaftlichen und technischen Vorteilen stehen offene Fragen beim Arbeitsschutz gegenüber. Sicherheitsaspekte, die dem klassischen Unfallgeschehen (Kollision mit beweglichen Maschinenteilen, Hochspannung) zuzurechnen sind, können nach den bislang vorliegenden Erfahrungen als unproblematisch angesehen werden. Für die bestehenden (potentiellen) Emissionsgefährdungen ist dies noch nicht abschließend zu beurteilen. Auch wenn die bislang vorliegenden Emissionsuntersuchungen anzeigen, daß vielfach die bestehenden Grenzwerte nicht überschritten werden, bleibt eine Reihe offener Probleme, die sich vor allem auf jene Stoffe beziehen, die als krebserregend gelten.[19] Für diese Stoffe besteht trotz bestehender Grenzwerte (TRK-Werte) ein Minimierungsgebot. Die Betriebe sind aufgerufen, alles technisch Mögliche zu tun, um die gegebenen Werte dauerhaft möglichst weitgehend zu unterschreiten (Der Werkstoff Plexiglas wurde diesbezüglich als ein Beispiel etwas ausführlicher vorgestellt.).

Die Darstellung zeigte aber auch, daß Arbeitssicherheit in den Betrieben nicht allein durch den Erlaß von Schutzvorschriften zu erreichen ist, da deren Umsetzung nicht automatisch und wie selbstverständlich erfolgt. Die Absicht des Bundesministeriums für Bildung, Wissenschaft, Forschung und Technologie, die grundsätzlich bereits sichere Lasertechnik noch sicherer zu machen (Stackelberg 1991 218; Hildebrand 1992: 69), ist ein voraussetzungsvolles Unterfangen. Soll es nicht allein darum gehen, Erkenntnisse über die entstehenden Laseremissionen zu gewinnen und in technische Regeln zu integrieren, sondern diese Kenntnisse auch in den betrieblichen Alltag einzuspeisen, so muß ein relativ umfangreiches Gefüge unterschiedlicher Akteure dazu bewegt werden, sich des Themas anzunehmen. Aus Forschungspolitik und ihren Ergebnissen muß dann in einem zweiten Schritt regulative Arbeitsschutzpolitik werden, die Handlungsbedingungen für verschiedene Akteure in der politischen Politik, in der Verwaltung, in Verbänden und in Wirtschaftsunternehmen verändert.

Das Ziel, die Nutzung der Lasertechnik präventiv zu gestalten, bevor es zu Schädigungen kommt (anstatt später Nachbesserungen einzuführen), stellt die eingeübten, oftmals reaktiven Handlungsformen im Arbeitsschutz auf die Probe. Die überblicksartig zusammengestellten empirischen Befunde verdeutlichen, daß es eine Reihe von Friktionen und Widerständen gibt, an denen sich der politische Wille bricht, die Lasersicherheit zu fördern. Weder der Erlaß von gesetzlichen Vorschriften noch die Erarbeitung technischer Normen führen per se zu einer Verbesserung der betrieblichen Lasersicherheit. Damit ist allerdings nicht ausschließlich das Vollzugsdefizit angesprochen, das dem Arbeitsschutz in vielen Untersuchungen bescheinigt wurde (vgl. etwa Windhoff-Héritier 1987b). Der Untersuchungsbefund läuft darauf hinaus, daß es der Gewerbeaufsicht als zuständiger Behörde zumeist nicht gelingt, in den Betrieben Veränderungen zu bewirken. Im Falle von neuen Technologien wie etwa dem Laser gilt, daß weder das Gewerbeaufsichtsamt noch die Berufsgenossenschaften auf die mit ihrem Einsatz verbundenen Gefährdungen eingestellt sind. Auch für deren Vertreter gilt, daß sie die neuen Technologien in der Form wahrnehmen, daß dort nichts passiert. In be-

---

[19] Zu bedenken ist darüber hinaus, inwieweit die Ergebnisse der naturwissenschaftlichen Untersuchung von Emissionsstoffen, wie sie etwa Haferkamp u.a. (1991, 1992) vorgelegt haben, tatsächlich ein Abbild betrieblicher Bedingungen darstellen. Die Menge der entstehenden Emissionen ist entscheidend von der Güte des Laserstrahles und der eingestellten Bearbeitungsparameter abhängig. Diesbezüglich erreichen die meisten Betriebe vermutlich schlechtere Ergebnisse als wissenschaftliche Forschungseinrichtungen, so daß bei ihnen mit größeren Emissionsmengen zu rechnen ist.

zug auf Unfälle stimmt dies sicherlich, zugleich werden jedoch die potentiellen Emissionsgefährdungen ausgeblendet.

Soziologisch betrachtet läßt sich der dargestellte Befund als Steuerungsproblem beschreiben und auf die in der Einleitung genannten zwei Fragen zuspitzen:

1. Wie wirken die beteiligten Akteure zusammen?

2. Welche Möglichkeiten und Grenzen ergeben sich hieraus für die Steuerungsabsicht, Sicherheit als ein Movens zur Laserdiffusion zu instrumentalisieren?

Das Steuerungsproblem bezieht sich – dies sei abschließend noch einmal deutlich betont – nicht nur darauf, in den Betrieben eine größere Aufmerksamkeit für das Problem Lasersicherheit zu erreichen. Es geht auch darum, die außerbetrieblichen Instanzen des Arbeitsschutzes dazu zu veranlassen, sich intensiver um jene Technologien zu kümmern, die neu in die Betriebe hineinkommen. Die Lasermaterialbearbeitung ist hierfür nur ein Beispiel. Sie eignet sich jedoch aufgrund der Kombination aus Unfall- und Emissionsgefährdungen gut für eine Untersuchung der Arbeitsweise von Arbeitsschützern innerhalb und außerhalb der Betriebe.

Derjenige, der urteilen soll, sich aber zuerst sachkundig ma-
chen muß, wird durch die Vielzahl der Informationen überla-
stet, Entscheidungen drohen zu intuitiven Entschlüssen zu
werden. Die Verwaltung von Informationen im politischen
Prozeß durch langwierige Kommunikations- und Entschei-
dungsverfahren, die Verzerrung der Information auf dem
Weg durch den Verwaltungsapparat sind weitere Argumente,
die am Optimum der Informationserbringung und -kapazität
durch das politisch-administrative System Zweifel aufkom-
men lassen. "

(Bolenz 1987: 98)

3 Der Stand der Forschung

Im letzten Kapitel wurde herausgearbeitet, worin das besondere soziologische Interesse am Gegenstandsbereich Steuerung im Arbeitsschutz beim Einsatz des Lasers in der
industriellen Materialbearbeitung liegt. Es zeigte sich, daß der Versuch, von politischer
Seite auf das Niveau der betrieblichen Arbeitssicherheit einzuwirken, ein anspruchs-
volles Unterfangen darstellt: Hierbei muß gleichzeitig eine Vielzahl unterschiedlicher
Akteure angesprochen werden. Im folgenden sollen Forschungsergebnisse und -stränge
aufgezeigt werden, die für die weitere Bearbeitung des Themas herangezogen werden
können. In den bislang vorliegenden Arbeiten werden die am Arbeitsschutz beteiligten
Akteure allerdings in der Regel separiert betrachtet. Eine aktuelle Gesamtschau, bei
der das Gefüge der Arbeitsschutzinstanzen in toto betrachtet wird, liegt nicht vor.

Bei den heranzuziehenden Untersuchungen handelt es sich zum einen um Arbeiten, die
sich mit dem betrieblichen Einsatz der Lasertechnik in der industriellen Materialbearbeitung beschäftigen (3.1). Diese Studien sind weitgehend auf den Betrieb fokussiert.
Akteure des überbetrieblichen Arbeitsschutzes und der Normung spielen hier keine
(etwa in den Arbeiten von Frevel) oder zumindest nicht die zentrale Rolle (vgl. etwa
Barthel u.a. 1994; Borchers/Steffensen 1992; Steffensen/Barthel 1996).

Einen anderen Zuschnitt haben jene Arbeiten, die sich mit den Handlungsbedingungen
und Operationsweisen der Instanzen des betrieblichen und überbetrieblichen Arbeitsschutzes befassen. Zwei Ansatzpunkte sind zu unterscheiden: Der eine bezieht sich auf
das Alltagshandeln der (über-) betrieblichen Arbeitsschutzakteure (vgl. die Arbeiten
von Pröll oder von Peter). In diesen Untersuchungen wird aus den Eigenheiten des
Alltagshandelns auf Beharrungstendenzen wie Anpassungsfähigkeiten im Arbeitsschutz insgesamt geschlosssen (3.2.1). Der zweite Ansatzpunkt (3.2.2) ist verwaltungs-
theoretischer und politikwissenschaftlicher Natur. Er orientiert sich an Fragen des

Verwaltungsvollzuges (siehe hierzu Windhoff-Héritier), seinen Defiziten sowie an den Optionen einer möglichen Defizitverringerung. Untersucht wird, mit welchen Handlungsoptionen die Verwaltung gesetzlich fixierte Handlungsanweisungen im Arbeitsschutz umsetzen kann.

Einen dritten Forschungsstrang (3.3) bilden Arbeiten, die sich mit dem verbandlichen System der technischen Normung befassen (aktuell Voelzkow 1996). Diese Arbeiten beziehen sich auf die Funktionen der technischen Normung (Bolenz 1987; Voelzkow u.a. 1987) und die spezifische Leistungsfähigkeit verbandlicher Lösungen zur Bearbeitung gesellschaftlicher Problemlagen.

3.1 Sozialwissenschaftliche Arbeiten zum Lasereinsatz und zur Lasersicherheit

Sozialwissenschaftliche Studien zum Einsatz der Lasertechnik in der Industrie haben Seltenheitswert. Dies ist sicher auch der noch begrenzten Technikdiffusion geschuldet. Erste Ergebnisse zum Themenkomplex Lasersicherheit lieferten die Arbeiten von Frevel (1990, 1991) sowie von Frevel und Brennecke (1992).[1] Sie führten eine quantitative Untersuchung zum Lasereinsatz in der industriellen Materialbearbeitung durch, die mittels einiger qualitativer Interviews mit Technikherstellern und -nutzern abgerundet wurde. Mit der Untersuchung wurde eine Bestandsaufnahme der Einsatzbedingungen in unterschiedlichen Betrieben mit dem Ziel angestrebt,

> „... eine qualitative Darstellung der betrieblichen Problemlagen, Anforderungen und Lösungsansätze zur Verbesserung des Arbeits- und Gesundheitsschutzes in der Laser-Materialbearbeitung zu liefern, die über den unmittelbaren Arbeitsplatz und Individuenbezug hinausweist." (Frevel/Brennecke 1992: 4)

Die Autoren vertreten die These, daß technische, organisatorische und qualifikatorische Diffusionsprozesse uneinheitlich verlaufen (Frevel 1991: 227f.; Frevel/Brennecke 1992: 13ff.). So zeigt sich etwa der Trend, daß die Anlagenplanung bei einer Neuinvestition in die Lasertechnik in der Regel nicht als „integrativer Innovationsprozeß" (Frevel 1991: 242) konzipiert ist, in dessen Rahmen die wechselseitige Abhängigkeit zwischen Technikeinsatz, Organisations- und Personalentwicklung sowie Arbeits- und Gesundheitsschutz betrachtet wird (vgl. auch Frevel 1990: 71ff.). Die Ergebnisse deuten vielmehr an, daß primär eine technisch orientierte Planung durchgeführt wird, bei der auch Wirtschaftlichkeitsaspekte nur am Rande Beachtung finden. Weder eine Organisationsentwicklung zur Integration der Lasertechnik in die betrieblichen Abläufe

---

[1] Der in der Arbeit von Frevel/Brennecke (1992) enthaltene Teil zum Lasereinsatz und zur Verbreitung der Lasertechnik in der ehemaligen DDR sei hier nur erwähnt, er soll allerdings nicht diskutiert werden.

40

noch die Qualifizierung der Beschäftigten spielen bei der Technikimplementation eine herausgehobene Rolle (Frevel 1991: 227). Die von den Untersuchungsbetrieben ergriffenen Maßnahmen zum Arbeits- und Gesundheitsschutz werden von Frevel als unzureichend angesehen. Ansatzpunkte für eine Verbesserung sieht er insbesondere im Bereich der Qualifizierung der Anlagenbediener (Frevel 1990, 1991; Frevel u.a. 1995), die vielfach auch von den Vorgesetzten in den untersuchten Betrieben als defizitär wahrgenommen wird.[2]

Eine Vertiefung der Forschungsergebnisse zu den Bedingungen des Lasereinsatzes in der industriellen Materialbearbeitung findet sich in der Explorationsstudie von Borchers/Steffensen (1992) sowie in den darauf aufbauenden Arbeiten von Barthel, Kettler und Steffensen (1993; Barthel u.a. 1994; Barthel/Kettler 1996; Barthel/Steffensen 1994, Steffensen/Barthel 1994, 1996). Hierbei handelt es sich um zwei qualitative Untersuchungen und eine standardisierte schriftliche Befragung, mit denen die verbreiteten Formen des industriellen Lasereinsatzes sowie die etablierten Umgangsweisen mit den potentiellen Emissionsgefährdungen ermittelt wurden.

Die betrieblichen Umgangsformen mit Problemen der (potentiellen) Emissionsgefährdungen werden in diesen Untersuchungen mit einem sozio-technischen Systemansatz analysiert. Dieser ist von den konzeptionellen Überlegungen von Charles Perrow (1989) inspiriert: Für die Erhebung der betrieblichen Gegebenheiten des Lasereinsatzes wurden die von Perrow (1989: 22f.) zur Systemanalyse vorgeschlagenen DEPOSE-Komponenten[3] technikspezifisch konkretisiert (vgl. Barthel u.a. 1994: 24f., 29ff.). Zur Analyse der betrieblichen Bedingungen unterscheiden die Autoren die Komponenten Ausrüstung (equipment), Systemauslegung (design), technische und organisatorische Verfahren (procedures), Personal (operators), Werkstoffe (supplies and materials) sowie Umwelt (environment). Der von Perrow genutzte Systembegriff wird allerdings von Barthel u.a. durch den Begriff des Nutzungskontextes ersetzt:

> „Der Begriff Nutzungskontext beschreibt das technisch-organisatorische Setting inklusive der Schnittstellen und der darüber hinausgehenden betriebsexternen Einflußfaktoren, in dem die Alltagsroutinen, Störungen oder Unfälle im direkten und indirekten Umgang mit der Lasertechnik bearbeitet werden." (Barthel u.a. 1994: 22)

Die Autoren setzen sich von Perrows Systembegriff ab, da sie als Datenmaterial nicht auf Unfälle beim Umgang mit der Lasertechnik zurückgreifen können.[4] Ihr Zugriff

---

2   Von betrieblicher Seite beklagte Qualifikationsdefizite konnten Borchers und Steffensen (1992) in ihrer Studie nicht als Problembereich feststellen. Ihre ausschließlich qualitativ gewonnenen Ergebnisse deuten eher eine Tendenz zur Dequalifizierung an.

3   Das Akronym DEPOSE steht für: *D*esign, *E*quipment, *P*rocedures, *O*perators, *S*upplies and materials sowie *E*nvironment (vgl. Perrow 1989: 23).

4   Laserunfälle wurden in Österreich von Brusl (1990) untersucht, er macht jedoch keine Angaben, wieviele Unfälle als Datenbasis dienten. Er räumt selbst ein, daß die meisten Unfälle nicht be-

zielt darauf, im Rahmen von Fallstudien und explorativen Expertengesprächen jene betrieblichen (technische Einrichtungen, eingeübte Arbeitsabläufe, bearbeitete Materialien und eingesetzte Verfahren, Umfang der Qualifizierung) oder außerbetrieblichen Faktoren (Besuche und Anweisungen der überbetrieblichen Arbeitsschutzinstanzen, zur Kenntnis genommene und angewandte Normen oder aber Einflüsse des Absatzmarktes) zu ermitteln, die Auswirkungen auf die Art und Weise des Technikeinsatzes haben. In einem zweiten Schritt wurden die vorgefundenen betrieblichen Einsatzbedingungen zu einer Nutzertypologie verdichtet.

Die Autoren vermuten, daß in Abhängigkeit vom Nutzertyp in den Betrieben unterschiedliche Sicherheitsstrategien beim Umgang mit den Gefährdungspotentialen der Lasertechnik entwickelt werden (vgl. Barthel u.a. 1994 sowie Borchers/Steffensen 1992). Diese Untersuchungshypothese wird allerdings in späteren Veröffentlichungen nicht mehr formuliert (siehe Barthel u. a. 1996, Steffensen/Barthel 1996):

> „Eine Sicherheitsstrategie umfaßt ... die Gesamtheit der 'formellen', insbesondere durch organisatorische Entscheidungen fixierten, auf Sicherheitsfragen bezogenen Maßnahmen, durch die Organisationen den definierten Idealzustand 'Arbeitssicherheit' bzw. jenen Zustand zu erreichen versuchen, den sie als 'sicher' erachten." (Steffensen/Barthel 1996: 26)

Der Begriff Sicherheitsstrategie beinhaltet zwei Aspekte: Einerseits markiert der Begriff das Verfahren der Informationssuche und -selektion sowie das Entscheidungsprocedere, mit dem Betriebe Arbeitssicherheitsprobleme zu bewältigen versuchen. Andererseits beinhaltet die Sicherheitsstrategie auch die Bezugspunkte (ermittelt als Nutzungskontext), auf die sich die Verfahren beziehen (Steffensen/Barthel 1994: 702f., 1996). Gefragt wird danach, welche Komponenten des sozio-technischen Systems Laseranlage von den betrieblichen Akteuren als sicherheitsrelevant eingeschätzt werden. Konsequenterweise werden die Begriffe Information und Perzeption in den Mittelpunkt der Analyse gestellt. Arbeitssicherheit wird von den Autoren als ein Wahrnehmungs- und Informationsproblem angesprochen und damit als Gegenstand betrieblicher Entscheidungsprozesse rekonstruiert, mit dem Betriebe auf unterschiedliche Weise umgehen können (vgl. Steffensen/Barthel 1996).

Die betrieblichen Vorgehensweisen wurden zu drei Strategietypen zusammengefaßt (Steffensen/Barthel 1996: 31ff.), die sich anhand von vier Aspekten differenzieren lassen:

1. Die ermittelten Sicherheitsstrategien unterscheiden sich in der Vielfalt der Bezugspunkte für sicherheitsorientierte Maßnahmen. Während in den meisten Betrieben insbesondere die Unfallgefahren bzw. die allgemeine Maschinensicherheit (es wird vor allem der Komponente „Ausrüstung" Beachtung geschenkt) sowie das Werkstoffspektrum betrachtet werden, lassen sich andere Einsatzfälle finden, bei denen alle als Aspekte des Nutzungskontextes erhobenen Variablen in eine Sicherheitsstrategie einfließen.

---

kannt werden, da die Betroffenen sie als geringfügig einschätzen. Die nur 20 in Deutschland den Berufsgenossenschaften gemeldeten Laserunfälle bestätigen diese Annahme.

2. Ein zweites Unterscheidungsmerkmal ergibt sich, da Betriebe die gesetzlich festgelegte Verantwortlichkeit für die Lasersicherheit unterschiedlich zurechnen: Arbeitssicherheitsrelevante Entscheidungsfolgen, die sich aus dem jeweiligen betrieblichen Nutzungskontext ergeben, werden nur zum Teil als Folge eigener Entscheidungen angesehen. In einer Reihe von Betrieben äußerten die befragten Betriebsvertreter die Einschätzung, daß der Technikhersteller mit seiner Verpflichtung zur Herstellung eines sicheren Produktes alle Fragen der Arbeitssicherheit abzudecken habe. Produktsicherheit (für die der Hersteller verantwortlich ist) wird dann um die Prozeßsicherheit erweitert und die Folgen eines Laserunfalles oder einer Gesundheitsbeeinträchtigung durch Emissionen ebenfalls dem Zuständigkeitsbereich des Technikherstellers zugerechnet.

3. Unterschiede zwischen betrieblichen Sicherheitsstrategien ergeben sich auch in bezug auf die als arbeitssicherheitsrelevant erachteten Informationen und die genutzten Informationskanäle. Diese beschränken sich häufig auf den Kontakt zum Technikhersteller und in zeitlicher Hinsicht auf die Investitions- und Implementationsphase. Andererseits lassen sich Betriebe ausmachen, die auch intensive Kontakte zu Gewerbeaufsicht, Berufsgenossenschaften und zu Forschungsinstituten unterhalten und sich zudem regelmäßig über die Veränderung im rechtlichen Bereich sowie bei der technischen Normung auf dem laufenden halten.

4. Als letztes lassen sich signifikante Unterschiede in bezug auf die Häufigkeit der Thematisierung der gleichen Arbeitsschutzfrage feststellen. Aufgrund der noch nicht abschließend geklärten Fragen bezüglich des Potentials der Emissionsgefährdungen macht es für die betriebliche Sicherheitsstrategie einen Unterschied, ob das Thema Emissionsgefährdungen bei der Lasermaterialbearbeitung gar nicht, einmalig, gelegentlich oder auch regelmäßig wiederkehrend behandelt wird.

Schon die kurze Skizzierung der wesentlichen Leitlinien der drei vorgefundenen Sicherheitsstrategietypen zeigt, daß sich in bezug auf die im vorangehenden Kapitel (2.3) vorgestellten Probleme des Umgangs mit Entscheidungsunsicherheit Anknüpfungspunkte ergeben. Die Stärke des Ansatzes von Barthel u.a. – im Vergleich zu den Arbeiten von Frevel – liegt in der konzeptionellen Fassung von Lasersicherheit als organisatorisches Entscheidungsproblem. Informationswahrnehmung und -selektion sowie deren Verdichtung und Beurteilung werden als wesentlich für die Entwicklung betrieblicher Sicherheitsstrategien erachtet (vgl. insbesondere Steffensen/Barthel 1996).

Bei der Benennung ihrer drei Strategietypen stellen Barthel und Steffensen jeweils die in den Betrieben verfügbare Expertise in den Mittelpunkt.[5] Während beim Modus der „erfahrungsgeleiteten internen Expertise" vor allem der Rückgriff auf die im Berufsleben kumulierten Alltagserfahrungen prägend ist, stützen sich die Akteure bei der Strategie „einmalige externe Expertise" vor allem auf die Technikhersteller als Instanz, die über Expertise verfügt. Lediglich die dritte Sicherheitsstrategie, die die Autoren als „reflexive Expertise" bezeichnen, halten sie als Umgangsweise mit dem Problem Lasersicherheit für angemessen. Dieses Vorgehen zeichnet sich dadurch aus, daß Unsi-

---

5 Damit gewinnt der Aspekt der Informationsverarbeitung an Bedeutung. Demgegenüber hatte ich im Kapitel 2 eher auf die Art und Weise des Treffens von Sicherheitsentscheidungen abgehoben. Die Modi „Ignoranz", „Analogieschlüsse", „Externalisierung von Verantwortung" und „reflexives Verfahren" sollen ein betriebliches Entscheidungsverhalten charakterisieren, dem die Sicherheitsstrategien, die Barthel und Steffensen in mehreren Artikeln vorgestellt haben, zugeordnet werden können.

cherheit im Entscheidungsprozeß anerkannt wird. Das heißt, daß das zugrunde liegende Problem immer wieder geprüft werden muß, da neue Informationen eine Revision der bestehenden Sicherheitsmaßnahmen nahelegen können.

Das in den Betrieben erreichte Sicherheitsniveau sehen Barthel u.a. nicht als von der Betriebsgröße abhängig an (so eine häufig von Experten des Arbeitsschutzes formulierte These).[6] Sie führen das betriebliche Sicherheitsniveau vielmehr auf die unterschiedlich umfangreichen Bemühungen um Informationsgewinnung zurück. Der Umfang der Informationssuche wird von ihnen zum einen in bezug auf die thematische Breite (Zahl der betrachteten DEPOSE-Komponenten), zum anderen hinsichtlich des Verfahrens der Informationsgewinnung betrachtet. Sie werfen die Frage auf, ob und wenn ja, wie sich die betrieblichen Akteure auf die ungesicherte Informationslage einstellen: Wird das Arbeitsschutzthema Emissionsgefährdungen gar nicht, einmalig, anlaßbezogen oder regelmäßig wiederkehrend behandelt? Die Arbeiten von Barthel u.a. zeigen, daß lasereinsetzende Betriebe in unterschiedlichem Maße in das Beziehungsnetz der externen sicherheitsrelevanten Akteure eingebunden sind und die bereitstehenden Informationsquellen höchst unterschiedlich frequentieren. Dies gilt auch für Gewerbeaufsicht, Berufsgenossenschaft und technische Normung.

Bei der Analyse stellen die Autoren den Betrieb als Lasernutzer in den Mittelpunkt. Vertreter externer Arbeitsschutzinstanzen werden als Teil der Umwelt bzw. als Informationsquelle der Betriebe angesprochen; ihre Handlungsbedingungen und -restriktionen bleiben jedoch unerforscht. Ähnliches gilt auch für die Arbeitsschutzabteilungen in größeren Betrieben, die als betriebsinterne Umwelt des jeweiligen Nutzungskontextes verstanden werden. Um die Überlegungen hier vorantreiben zu können, soll im folgenden der Forschungsstand zu Funktions- und Handlungsproblemen der betrieblichen Arbeitsschützer sowie der Gewerbeaufsicht und der Berufsgenossenschaften diskutiert werden. Hierbei sind auch Anknüpfungspunkte für Überlegungen zu Steuerungsmöglichkeiten und -grenzen im Arbeitsschutz zu erwarten.

3.2 Der Arbeitsschutz und seine Instanzen

Die Instanzen des Arbeitsschutzes sind insbesondere in der Zeit von 1975 bis 1985 in einer Reihe von Forschungsprojekten untersucht worden (vgl. Hauss 1983, Hauss u.a.

---

6   So ergeben sich weder aus der qualitativen Untersuchung (Barthel u.a. 1996) noch aus der schriftlichen Befragung (Barthel/Kettler 1996) eindeutige Zusammenhänge zwischen bestimmten Nutzertypen und den von ihnen entwickelten Sicherheitsstrategien. Dieser Befund wirft nochmals die Frage nach den Wirkungen und Einflüssen des bestehenden Arbeitsschutzregimes mit seinen etablierten Akteuren und dem vorhandenen Gesetzes- und Normenkatalog auf die betrieblichen Sicherheitsentscheidungen auf.

1980, Kühn 1982, Rosenbrock 1982). Die Arbeiten hatten zum Ziel, die durch die Reformgesetze der sozialliberalen Koalition bewirkten Veränderungen im betrieblichen Arbeitsschutz zu ermitteln.[7] So wurde untersucht, ob die in den Reformgesetzen festgelegten organisatorischen Veränderungen in den Betrieben zu einem neuen und intensiveren Thematisieren von Gesundheitsbelastungen geführt haben oder zumindest erwartbar führen werden (etwa die mit der Betriebsgröße verknüpfte obligatorische Einführung von Sicherheitsfachkräften oder der Einsatz von Betriebsärzten in Großbetrieben). Daneben wurde diskutiert, ob es mit dem verstärkten Engagement von Experten (Betriebsärzte) und hochqualifizierten Arbeitsschützern (beispielsweise Ingenieure als Leiter von Arbeitsschutzabteilungen, vgl. Pröll 1992: 36ff.) im Arbeitsschutz zu veränderten Handlungsbedingungen und damit zu einer Stärkung der Position der Beschäftigten gekommen ist.[8]

Die Untersuchungsergebnisse deuten durchgängig auf einen eher mäßigen Erfolg der Arbeitsschutzreform hin. In aktuelleren Arbeiten (etwa Peter 1988b: 5) wird festgestellt, daß die reformerischen Maßnahmen im Zusammenspiel mit dem Forschungsprogramm „Humanisierung des Arbeitslebens" bereits Ende der 70er Jahre als gescheitert angesehen werden konnten, da sie nicht zu substantiellen Veränderungen geführt hätten. Die Entwicklung eines einheitlichen Arbeitsschutzrechtes, das die häufig beklagte Zersplitterung und Unübersichtlichkeit des Vorschriftenkanons hätte aufheben können, wurde auch im Zuge dieses breit angelegten Reformprogramms nicht konsequent vorangetrieben. Das Scheitern ist nicht allein auf eine defizitäre (Bundes-) Politik zurückzuführen, sondern vor allem auf das gewachsene Gefüge von Institutionen und Verbänden mit je spezifischen kontrollierenden und regelsetzenden Aufgaben

---

[7] Hiermit in Zusammenhang steht auch die Untersuchung „Das Arbeitsschutzsystem" von Deppe u.a. (1980). So schreibt etwa Pröll (1991: 157), daß die Untersuchung als fachministerielle Auftragsforschung in ihrem Begründungszusammenhang eng auf den legitimatorischen Bedarf sozialliberaler Reformpolitik im Arbeitsschutz bezogen war. Sie diente insbesondere der argumentativen Absicherung eines geplanten einheitlichen Arbeitsschutzgesetzes, in dessen Konzeption der Ausbau staatlicher Kompetenzen im Arbeitsschutz auf Kosten privater und halbstaatlicher Instanzen (z.B. der Berufsgenossenschaften) eine wichtige Rolle spielte. Aus diesem engen Politikbezug resultiert die Konzentration der Untersuchung vor allem auf die Tätigkeit von Gewerbeaufsicht und Unfallversicherungsträgern, die unter der Nullhypothese einer ineffizienten 'Doppelgleisigkeit' ('Dualismus') und Partialkonkurrenz stand. Ein einheitliches Arbeitsschutzgesetz wurde erstmals 1996 erlassen, die politischen Bemühungen darum reichen jedoch bis in die Weimarer Republik zurück (siehe hierzu die historisch angelegte Arbeit von Bauerdick 1994.

[8] Hiermit war die Diskussion um den Status von Experten- und Laienkompetenz (vgl. z.B. Hauss u.a. 1980: 572ff.) verbunden. Dieser Gesichtspunkt gewinnt heute erneut an Bedeutung (vgl. Martens 1992): Mit dem Bedeutungsverlust des „klassischen", vor allem maschinenbezogenen Unfallgeschehens zugunsten von verhaltensbedingten Unfällen, psychischen und psychosozialen Belastungen gewinnt auch die Beteiligung von Beschäftigten für die adäquate Analyse der bestehenden Belastungen und Beanspruchungen an Bedeutung (etwa Wattendorf 1990).

und Befugnissen (vgl. zur Konkurrenz der verschiedenen Organisationen im Arbeitsschutz die Untersuchung von Bauerdick 1994).

3.2.1 Arbeitssicherheit als Problem des Alltagshandelns von Arbeitsschutzexperten

Genaueren Aufschluß über die Gründe für das weitgehende Scheitern der politischen
Reformbemühungen geben Untersuchungen, die an der Sozialforschungsstelle in Dortmund durchgeführt wurden. Diese sind relativ vielfältig (vgl. die Sammelbände von
Peter 1988a; Pröll/Peter 1990; Martens u.a. 1992) und sollen deshalb nur exemplarisch
diskutiert werden. Die Autoren kommen übereinstimmend zu dem Ergebnis, daß die
Arbeitsschutzreform vor allem an der nur rudimentären und zögerlichen Umsetzung
gescheitert sei, was sie auf die kollektiv geteilten und jeweils individuell reproduzier-
ten Handlungsbedingungen und -orientierungen der betrieblichen und außerbetrieblichen Arbeitsschützer zurückführen.

Die theoretische Konzeption der Arbeiten beruht auf der begrifflichen Triade „Situa-
tion – Institution – System", wobei für die empirische Untersuchung des Handelns von
Arbeitsschutzexperten im betrieblichen Kontext der Begriff der Situation zentral ist.
Mit Ursprüngen bei Alfred Schütz basiert der Begriff der Situation in seiner in den
Dortmunder Arbeiten genutzten Ausformulierung auf einem Vorschlag von Thomas
(1969). Eine Definition findet sich bei Pröll (1991: 15):

> „... verwenden wir den Begriff Situation zur Kennzeichnung der ontischen Struktur subjek-
> tiv-bewußter Erfahrung von und handelnder Bezugnahme auf 'Welt'. Situation ist dabei die
> durch das Subjekt konstituierte raumzeitliche Gegebenheitsstruktur gegenständlicher, so-
> zialer und subjektiver Elemente für das handelnde Subjekt; keinesfalls aber etwa bloß 'Rah-
> men' oder 'Kontext', die äußerlich zur Handlung hinzutreten."

In Anlehnung an Schütz zielt der Ansatz darauf ab, typische Alltagssituationen (d.h.
„... typische Handlungen mit typischen Intentionen und Reflexionsakten, in einer Umgebung mit typischem Horizont und Hintergrund ...", Peter 1992b: 15) und nicht den
ganzen Strom ablaufender Handlungs- bzw. Situationsketten zu erheben und aufzuar-
beiten. Da die Autoren nicht davon ausgehen, daß das Handeln in einer Situation allein
intentional oder aus sich selbst heraus zu erklären ist, führen sie den Begriff der Institution ein: Institutionen regulieren die Handlungsvollzüge und stellen einen Akt der
Selbstbeschränkung zur Sicherung auf Dauer gestellter Regelmäßigkeiten im Handeln
dar. Für Institutionen wird angenommen, daß sie in einem doppelten Sinne organisati-
onshaft bzw. organisationsbasiert sind: Zum einen erfolgt ihre „Reproduktion in typischen Organisations- und Handlungsmustern", die beispielsweise durch Betriebe oder
Verwaltungen bereitgestellt und vollzogen werden und zum anderen verfügen sie
selbst über eine „organisatorische Anatomie" (Pröll 1991: 20f., vgl. auch Peter 1992a),
die ihre Dauerhaftigkeit sicherstellt. Solche räumlichen wie zeitlichen Kontinuierungen

und Stabilisierungen werden zumeist durch staatliche bzw. öffentliche Einrichtungen zur Verfügung gestellt, indem sie

- Machtbewehrungen für den institutionellen Regelbestand bereithalten,
- operativ und infrastrukturell Sozialisationsleistungen anbieten,
- Netzwerke zu anderen organisierten Einrichtungen aufbauen und
- die spezifische institutionelle Identität pflegen (Pröll 1991: 20).

Um die von den Akteuren erbrachten Vermittlungen zwischen den in das Alltagshandeln eingelagerten Situationen und den Institutionen konzeptionell zu fassen, wird der Begriff des Deutungsmusters eingeführt. Eine solche Vermittlung ist als je individuelle Übersetzungsleistung konzipiert, die den generalisierten (oder auch überbetrieblich allgemeingültigen) Institutionen in den konkreten Alltagssituationen handlungsleitende und -prägende Qualität verleiht. Deutungsmuster werden im Anschluß an Neuendorff und Sabel (1978: 842) definiert:

> „Unter Deutungsmustern verstehen wir die 'Theorien', in denen gesellschaftliche Gruppen oder Klassen ihre Wirklichkeit (Lebens- und Arbeitswelt) interpretieren. Die Deutungsmuster oder auch Alltagstheorien enthalten ein konsistentes Gefüge von Interpretationsregeln, die ihrer eigenen Logik gemäß die Erfahrungen der Subjekte zu einer für die Subjekte sinnvollen, ihre Relevanzbereiche bestimmenden Wirklichkeit ordnen."

Im Rahmen seiner instruktiven und in den Ergebnissen plausiblen Arbeit kann Pröll (1991) auf Basis des Ansatzes zeigen, worin die nur mangelhaft ausgebildete Reformfähigkeit des Arbeitsschutzes begründet liegt: Sie wird vor allem auf die handlungsstabilisierende Qualität der individuellen Situationsdefinitionen und Deutungsmuster der betrieblichen und überbetrieblichen Arbeitsschutzakteure zurückgeführt. An ihnen bricht sich jedes Reformbemühen, so daß Thon-Jacobi (1989: 179) resümiert: „Die Alltagsanalyse führt damit zu dem höchst ernüchternden Fazit, daß der Arbeitsschutz weder aus sich heraus noch qua Gesetz wirklich reformfähig erscheint."

Konzeptionelle Probleme weist der an der Sozialforschungsstelle Dortmund vertretene Ansatz jedoch auf, sobald die begriffliche Dyade Situation – Institution um den Begriff des Systems erweitert wird. So bleibt in der theoretisch-konzeptionellen Ausarbeitung von Peter (1992b) weitgehend unklar, worauf sich die mit dem Begriff System beschriebene Betrachtungsebene beziehen soll. Er selbst nennt als Beispiele „Marktfunktionen und Wertgesetze" oder auch „die systemische Seite der Technik" (18), weiter schreibt er:

> „Die Systemmechanismen auf Makroebene sind nicht im alltäglichen Blick der Handelnden. Ihre Strukturlogiken helfen höchstens mit, Prozesse zu erklären, jedoch nicht Handlungen." (18)

Die Ausarbeitung eines eigenständigen Systembegriffs bleibt jedoch auch im weiteren Verlauf der Peterschen Überlegungen unklar: weder die Verknüpfung mit den anderen beiden Begriffen der Triade noch die Abgrenzung von ihnen wird plausibel. So wird an einer Stelle der Arbeit (1992b: 215ff.) ein relativ enger Bezug zu Interaktionssystemen hergestellt, die jedoch bereits mit dem Begriff der „Situation" abgedeckt schienen. Fraglich scheint auch, für welche empirischen Aspekte des Gegenstandsbereiches der Systembegriff letztlich reserviert werden soll: So wird der Arbeitsschutz von Peter an anderer Stelle als ein differenziertes öffentliches System beschrieben, das aus einer Vielzahl von Rechtsvorschriften, technischen Regeln und Richtlinien „sowie zahlreichen Arbeitsschutzinstitutionen mit differenzierten, d.h. auch spezialisierten Kontrollfunktionen" (1992b: 32) besteht. Als Institutionen, die dem Arbeitsschutz zuzurechnen sind, werden die Gewerbeaufsicht, die Berufsgenossenschaften, der TÜV, das DIN sowie der VDI explizit erwähnt.

Will man den Systemansatz – wie von den Autoren (z.B. Peter 1992b) vorgeschlagen – in der Ausarbeitung von Luhmann nutzen, so bietet es sich an, dieses weitergehend zu tun. Das Beharrungsvermögen im Arbeitsschutz und das Scheitern von politischen Reformen ist dann auf die nur gering modifizierten organisatorischen Programme und Kommunikationsstrukturen sowie insbesondere auf „Personen" zurückzuführen (Luhmann 1988a: 176ff; zum Konzept der Person siehe Luhmann 1995). Es sind vor allem Personen, die von Luhmann – im Gegensatz zu den zwei anderen Formen des Kontinuierens organisatorischen Operierens (Programme und Festlegung von Kommunikationsstrukturen) – als „kaum veränderbar" eingeschätzt werden: sie ließen „... sich allenfalls als ein festverschnürtes Paket von Entscheidungsprämissen im System von einer Position auf andere versetzen" (Luhmann 1988a: 178). Personen sind bestimmt „als individuell attribuierte Einschränkung von Verhaltensmöglichkeiten" (Luhmann 1995: 148). Sie werden von den Organisationsmitgliedern „mitgebracht". Allen drei Formen der Kontinuitätsabsicherung ist gemeinsam, daß sie zu Erwartungssicherheit führen, also dazu dienen, den Möglichkeitsraum organisatorischen Entscheidens einzugrenzen. Programme und Kommunikationsstrukturen sind Mechanismen der Organisation, um den Entscheidungsspielraum ihrer Mitglieder zu beschränken und auf bestimmte Gegenstände zu lenken. Das Konzept der Person charakterisiert demgegenüber das Vermögen der Organisationsmitglieder, die Varianz möglicher Entscheidungsergebnisse der Organisation zu begrenzen.[9] Personen und organisatorische Programme stabilisieren sich so gegenseitig (vgl. Luhmann 1975a: 40).

Die geringe Anpassungsfähigkeit des betrieblichen und außerbetrieblichen Arbeitsschutzes wird in den an der Sozialforschungsstelle in Dortmund durchgeführten Arbeiten vor allem auf das Beharrungsvermögen der individuellen Akteure zurückgeführt. Die Kontinuität ihrer individuell vertretenen und in Alltagsroutinen reprodu-

---

9   Dieses Vermögen der Organisationsmitglieder verdeutlicht, warum Personalentscheidungen in Organisationen eine herausragende Bedeutung zukommt. Sie bestimmen mit darüber, welche Prämissen über die Personen der Mitglieder in das weitere Entscheiden der Organisation eingeführt werden.

zierten Deutungsmuster führe dazu, daß der Arbeitsschutz an den sich verändernden Handlungsbedingungen „vorbeioperiere". Mit Blick auf die Möglichkeiten und Grenzen von Steuerung stellt sich damit jedoch die Frage, in welchem Umfang von den Unternehmen selbst die Reformen im Arbeitsschutz durch Entscheidungen über veränderte Programme oder Kommunikationsstrukturen unterstützt wurden. Diese Seite des Reformprozesses wird in den Arbeiten der Sozialforschungsstelle nicht untersucht. Es dürfte kaum zu bezweifeln sein, daß die in den siebziger Jahren erfolgte fast ausschließliche Rekrutierung von Ingenieuren für die Arbeitsschutzabteilungen von Großbetrieben Auswirkungen auf den betrieblichen Arbeitsschutz hatte. Hier dürfte der Stabilisierungsfaktor „Person" sicher von Bedeutung gewesen sein. Gleichzeitig ist jedoch anzunehmen, daß auch die Routinen, Arbeitsabläufe und Themen der klassischen Organisationen im Arbeitsschutz (Gewerbeaufsicht und Berufsgenossenschaft) durch große Kontinuität und nur punktuellen Wandel geprägt sind. In bezug auf einzelne Entscheidungsgegenstände werden von den Akteuren nur relativ wenige Entscheidungsmöglichkeiten genutzt, es wird also weitgehend gleich entschieden.[10] Aber auch der Themenkanon, mit dem sich die Akteure in Entscheidungssituationen befassen, ist eher klein. Beides zusammen führt zu einer geringen Breite an betrachteten Gefahrenpotentialen bei einem engen Maßnahmenspektrum.

3.2.2 Die Aufrechterhaltung von Arbeitssicherheit durch Verwaltungshandeln

Versuche, den betrieblichen Arbeitsschutz auch für das „neue" Thema Gefahrstoffe bei der Lasermaterialbearbeitung zu interessieren, müßten also darauf hinauslaufen, den Themenkanon des organisatorischen Prozessierens zu erweitern und für neue Lösungsansätze zu sensibilisieren. Um die organisatorischen Entscheidungsprozesse und deren Limitierungen im Arbeitsschutz aufzubrechen, besteht eine Möglichkeit darin, daß die externen Aufsichtsinstanzen eine Revision im Betrieb durchführen und auf Mißstände (nicht erkannte Probleme oder inadäquate Lösungen) aufmerksam machen. Im folgenden sollen deshalb die außerbetrieblichen Instanzen des Arbeitsschutzes betrachtet werden: die Staatliche Gewerbeaufsicht und die Berufsgenossenschaften. Ihre Vertreter sind in den Arbeiten von Pröll (1991: 119-135, 1992) ebenfalls angesprochen und zeichnen sich - so jedenfalls die dargelegten empirischen Befunde - nicht durch grundlegend andere Handlungsorientierungen aus als ihre betrieblichen Gegenparts.

In Untersuchungen zum Handeln der Gewerbeaufsicht oder der Berufsgenossenschaft wird häufig ein Vollzugsdefizit beklagt. Einschlägig sind vor allem die Arbeiten von

---

10 Ähnliche Ergebnisse zeigen die Arbeiten zum Lasereinsatz (Steffensen/Barthel 1994): Bei vielen Betrieben ist ein ausschließlich auf die typischen Unfallgefährdungen bezogenes Vorgehen mit nur geringen Handlungsalternativen festzustellen. Mit Luhmann (1988: 173ff.) ließe sich in diesem Zusammenhang auf die Begriffe „Redundanz" und „Varietät" verweisen.

Windhoff-Héritier (1987a/b, Windhoff-Héritier u.a. 1990). Sie basieren auf einer deutsch-englischen Vergleichsstudie zur Ausbildung und Genese typischer Vollzugsformen der zwei deutschen Aufsichtsdienste sowie ihres britischen Pendants. Ich möchte mich im folgenden auf jene Ausführungen beschränken, die sich auf die deutsche Situation beziehen.[11]

Bei der Untersuchung des Gegenstandsbereiches Arbeitsschutz geht Windhoff-Héritier von der Frage aus, welche Aspekte zu Erfolg oder Mißerfolg bei der Implementation politischer Programme durch die Verwaltung beitragen. Als wesentlicher Einflußfaktor wird die „Klientel" der Verwaltung identifiziert:

> „Verwaltungsklientele sind Personengruppen oder private Organisationen, die bei der Abwicklung einer öffentlichen Maßnahme unmittelbar beteiligt sind, sei es als Nutznießer (Empfängerklientele) oder Erbringer (Zulieferklientele) in einem Leistungsprogramm oder als Leistungsadressat oder Regulierte im Rahmen der staatlichen Verhaltensregelung." (1987b: 52, ähnlich auch in Windhoff-Héritier u.a. 1990: 1f.)

Klientele entstehen mit der Verabschiedung von politischen Maßnahmen, indem durch die Maßnahme ein Bezug zwischen bestimmten Personengruppen und der Verwaltung hergestellt wird (Windhoff-Héritier u.a. 1990: 2). Die Klientele haben für die Programmimplementation Bedeutung, da sie versuchen, eigene Interessen zu vertreten, die durch die Inhalte regulativer – im vorliegenden Fall etwa verschärfte Arbeitsschutzbestimmungen – oder sonstiger Politik berührt sind: So bemühen sich im Sinne einer Interessengruppe „.... Arbeitgeber als wichtige Zielgruppe von Arbeitsschutzvorschriften darum, die an sie gerichteten Verhaltensanforderungen abzuschwächen, die die Gesundheit der Arbeitnehmer im Betrieb schützen sollen, während die Arbeitnehmer auf die aktive Einlösung von Schutzmaßnahmen drängen" (Windhoff-Héritier 1987b: 52). Verwaltungshandeln entfaltet sich im Arbeitsschutz damit zwischen den unterschiedlichen Klientelinteressen von Arbeitgebern und Arbeitnehmern, was dazu führt, daß der Vollzug nicht selten mit dem Widerstand einer oder beider Klientele zu rechnen hat.[12] Es geht folglich darum, jene Faktoren zu bestimmen, die beeinflussen, inwieweit es der

---

11 Im Vergleich beider Länder kommt Windhoff-Héritier (1987a) zu dem Schluß, daß sich zwar einerseits unterschiedliche institutionelle (so gibt es in Deutschland anders als in England zwei Aufsichtsdienste, die mit ihrer Dualität die typisch deutsche Lösung ausmachen) und normative (privatrechtliche versus öffentlich-rechtliche technische Normen) Strukturen, andererseits aber vergleichbare behördliche Handlungsformen entwickelt haben.

12 Daß sich diese Interessen nicht immer unvereinbar gegenüberstehen, ist bekannt. Wenn mit gesundheitsschädigenden Arbeitsbedingungen zugleich finanzielle Kompensationsleistungen verbunden sind, treffen Verbesserungsmaßnahmen häufig auch auf den Widerstand der durch die Reformen Begünstigten. So läßt sich in bezug auf die Reduzierung der Kinderarbeit in der Mitte des 19. Jahrhunderts das Zitat finden: „...against no persons do the children of both sexes so much need protection as against their parents" (Hutchins/Harrison; zitiert nach Windhoff-Héritier 1987a: 135f), da diese auf das durch die Kinderarbeit erbrachte Zubrot in erheblichen Maße angewiesen waren.

Verwaltung gelingt, bestimmte Arbeitsschutzbestimmungen gegen oder im Einklang mit den Klientelinteressen umzusetzen und in die betriebliche Praxis zu überführen.[13] Grundsätzlich wird die Möglichkeit, den Verwaltungsvollzug zu behindern und durch eigene Interessen zu überlagern, durch die zur Verfügung stehenden Ressourcen und die Organisationsfähigkeit der betroffenen Interessen bestimmt. So können im Bereich des Arbeitsschutzes die Arbeitgeber ihre Interessen zumeist in den unterschiedlichen politischen Handlungsarenen besser durchsetzen, zumal die Arbeitnehmervertreter nur ein relativ geringes Interesse für das Thema Arbeitsschutz aufbringen. Lohn und Arbeitszeit haben für die Gewerkschaften als Interessenverband einen wesentlich höheren Stellenwert. Ähnliches gilt ebenfalls für innerbetriebliche Aushandlungsprozesse in bezug auf die Qualität von Arbeit. Auch hier spielen die sicherheitsbezogenen Aspekte der Arbeitsgestaltung nur eine untergeordnete Rolle.

Der Bias zugunsten der Arbeitgeberseite verstärkt sich zusätzlich dadurch, daß die Gewerbeaufsichtsbeamten immer dann von der unternehmerischen Kooperationsbereitschaft abhängig sind, wenn ihnen die technischen Spezialkenntnisse für die sachgerechte Beurteilung der sicherheitstechnischen Ausgestaltung von Anlagenkonfigurationen fehlen. Diese Konstellation hat sich bereits mit der Einführung der Fabrikinspektion im letzten Jahrhundert herausgebildet und im Verlauf der Jahrzehnte verfestigt. Ein Ergebnis dieser Entwicklung ist, daß es den Beamten der Gewerbeaufsicht nur in seltenen Fällen gelingt, harte Auflagen gegen den Widerstand der Unternehmen durchzusetzen. So schreibt Windhoff-Héritier: In Deutschland, wie auch in England ...

> „...klaffte in der Tätigkeit der jungen Behörden im 19. Jahrhundert eine erhebliche Lücke zwischen gesetzlichem Anspruch und Durchführungswirklichkeit, die in erster Linie auf einen Mangel an administrativer Macht, an Erfahrung, an Ausstattung, an technischem Wissen und Personal zurückzuführen war." (1987a: 144f.)

Die starke Position der Unternehmerseite habe die Aufsichtsbeamten „auf die Dauer 'mürbe' gemacht" (Buck-Heilig u.a. 1988: 122) und einen Vollzugsstil geprägt, der bis heute von den Mitarbeitern der Aufsichtsinstanzen gepflegt wird.

> „Aufgrund der Schwäche ihrer Behörden sahen sich die Fabrikinspektoren schon im 19ten Jahrhundert in England wie in Deutschland dazu gezwungen, mit den Unternehmern zu verhandeln, was angesichts der Knappheit der zur Verfügung stehenden Ressourcen und der Stärke der Kontrahenten in den Unternehmen eine durchaus rationale Strategie darstellte. In beiden Ländern dominierten frühzeitig Überzeugungsversuche und Verhandlungsangebote, Gegengeschäfte zu wechselseitigem Nutz und Frommen." (Windhoff-Héritier 1987a: 147)

Im Zuge der Darstellung des empirischen Materials zeigen Windhoff-Héritier, Gräbe und Ullrich (1990: 123-144), daß es aufgrund dieser Situation zu einer Aushöhlung der

---

13 Diese Frage läßt sich auch anders wenden. So gehen Buck-Heilig u.a. (1988) der Frage nach, inwieweit in den behördlichen Maßnahmen der Gewerbeaufsicht Subventionsäquivalente verborgen sind, die ohne explizite gesetzliche oder normative Formulierung bei ihrer Anwendung zu finanziellen Vorteilen für die betroffenen Unternehmen führen können.

Arbeitsschutzvorschriften kommt, da die Klientel der Unternehmer in der Lage ist, sich gegen deren konsequenten Vollzug zur Wehr zu setzen. Damit stellt sich die grundsätzliche Frage, inwieweit die Verwaltung überhaupt die Möglichkeit besitzt, (verschärfte) rechtliche Bestimmungen in die Praxis umzusetzen. Grenzen hierfür sind zum Teil bereits in den Gesetzestexten vorgezeichnet, die „... nur eine minimale Verhaltensänderung seitens der Regulierten erfordern und/oder viele Schlupflöcher offen lassen" (Windhoff-Héritier u.a. 1990: 12). Aber auch die behördlichen Maßnahmen selbst lassen Ausnahmeregelungen zu oder beinhalten langfristige Vollzugszeitpläne. Hinzu kommt, daß die Durchführung der Vollzugspläne nur locker kontrolliert wird (ebd., vgl. auch Buck-Heilig u.a. 1988).

Es kommt also in zweifacher Hinsicht zu einer interessenmotivierten Klienteleinwirkung. Zum einen beeinflußen die Interessengruppen den Prozeß der Politikformulierung selbst (der bereits angesprochene Fall des Arbeitsschutzgesetzes ist hierfür ein Beispiel, vgl. aktuell Konstanty/Zwingmann 1995, sowie Bauerdick 1994). Insbesondere Interessenverbände versuchen, bestimmte Regelungen, die von politischer Seite getroffen werden sollen, zu verhindern, zu reformulieren oder abzuschwächen:

„Wir können deshalb im Arbeitsschutz von einer tiefen und fest verankerten Hineinlagerung von organisierten Klienteinteressen in Politikformulierungs-Institutionen sprechen. Arbeitgeber und Gewerkschaften sind an der Ausgestaltung von Sicherheitsnormen institutionell beteiligt, ... So zeigt die historische Entwicklung des deutschen Arbeitsschutzes, daß ehemals reine Klientelorganisationen, die Berufsgenossenschaften und der Technische Überwachungsverein (Dampfkessel-Überwachungsverein), die im 19. Jahrhundert von Arbeitgebern gegründet worden waren, langsam in staatliche oder parastaatliche Überwachungsfunktionen im Vollzug und in der Normsetzung (...) hineinwuchsen." (Windhoff-Héritier u.a. 1990: 5)

Zum anderen ist auf der Ebene des Vollzuges – also im Kontakt zwischen Behörde und Unternehmen – ein Wirksamwerden von Kientelinteressen zu erkennen. Die Arbeiten von Windhoff-Héritier verdeutlichen, daß es bei der Beschäftigung mit den Steuerungsmöglichkeiten im Arbeitsschutz darauf ankommt, sich nicht nur mit den Akteuren und den von ihnen praktizierten Formen der Politikformulierung (Gesetze, Vorschriften oder Normen) zu befassen. Genauso notwendig ist es, den Vollzug der politischen Programme zu betrachten. In den historischen Analysen wird deutlich, daß die in Gesetze gegossenen politischen Absichten im Arbeitsschutz sich nur zum Teil zu betrieblichen Prozeduren oder Zuständen verfestigten.

In einem Punkt greift die Argumentation von Windhoff-Héritier jedoch zu kurz. Sie unterstellt, daß die Behördenvertreter die Gesetze und Vorschriften umsetzen würden, wenn die Klientele sie nur ließen. Diese Annahme übersieht, daß der Einfluß von Gesetzen auch auf die Verwaltung nur bedingt garantiert ist. Gesetze und Vorschriften sind nicht nur an die betroffene oder begünstigte Klientele adressiert, sie richten sich auch an die Behörden, die diese umsetzen müssen. Gerade die im Kapitel 2 vorgestellten empirischen Befunde zum Lasereinsatz in der Materialbearbeitung, aber auch die Arbeit von Pröll zu neuen Technologien zeigen, daß gerade die außerbetrieblichen Arbeitsschutzakteure sich auf die veränderten Anforderungen noch nicht eingestellt haben. Steuerung im Arbeitsschutz hat damit auch das Problem, der Gewerbeaufsicht und der Berufsgenossenschaft neue Aufgaben und veränderte Vorgehensweisen nahezubringen.

Das zugrunde liegende Steuerungsproblem geht damit über das in der Literatur häufig beschriebene Vollzugsdefizit hinaus. Neben der Frage, ob Bemühungen um einen veränderten betrieblichen Arbeitsschutz an inadäquaten politischen Programmen, an dem Widerstand der betroffenen Betriebe oder an einem sich hierauf nur zögerlich einstellenden Vollzug durch die Behörden scheitern, stellt sich die grundsätzliche Frage nach den Möglichkeiten von politischer Einflußnahme. Dieses Problem soll im folgenden näher geprüft werden. Vorher ist es jedoch notwendig, einen letzten Forschungsstrang zu diskutieren, der im Zusammenhang mit der vorliegenden Untersuchung von Bedeutung ist: die technische Normung. Sie ist eines der offensichtlichsten Beispiele für die von Windhoff-Héritier u.a. (1990: 5) angesprochene „Hineinlagerung von organisierten Klientelinteressen in die Politikformulierungsinstitutionen".

3.3 Die technische Normung

Betrachtet man die sozialwissenschaftlichen Untersuchungen der letzten zehn Jahre zur technischen Normung, so standen vor allem die sozial-historische Herausbildung des Normungswesens (z.B. Bolenz 1987, Lundgreen 1979, 1981, 1986), die Funktionen der Normung (Voelzkow u.a. 1987), die Funktionsweise der Normungsinstanzen und die Verfahren der Normungsarbeit sowie damit verbundene demokratietheoretische Probleme (bspw. Eichener/Voelzkow 1992; Voelzkow 1993/1996) im Mittelpunkt. Hinzu kommen eine Reihe von Arbeiten, die sich mit speziellen Normungsbereichen befaßt haben; am bekanntesten dürften hier die Untersuchungen zur Normung von CIM-Schnittstellen sein (Eichener 1990/1991; Voelzkow 1989), die am Sonderforschungsbereich 187 an der Ruhr-Universität in Bochum durchgeführt wurden. Zu nennen ist auch die Arbeit von Kleinaltenkamp und Marra (1994) zur Normung im Bereich der Lasertechnik. Im folgenden soll das Schwergewicht einerseits auf die Funktion der technischen Normung sowie andererseits auf den Umstand gelegt werden, daß die Normung durch Verbände erfolgt.

3.3.1 Die Normung als Aufgabe von Verbänden

Ausgangspunkt vieler der oben genannten Untersuchungen ist die Frage, welche Bedeutung hat die technische Normung? Wie ist es zu erklären, daß der Staat in einem gesellschaftlich so bedeutsamen Feld, wie der Regelung technischer Sachverhalte, von seiner Befugnis Abstand nimmt, allgemein verbindliche Entscheidungen zu fällen und dieses Recht einer privatrechtlich verfaßten Vereinigung wie etwa dem DIN überträgt? Wieso entstehen neben den demokratisch und territorial legitimierten, politischen Instanzen privatrechtlich organisierte Verbände? Diesen gelingt es zumeist nur bedingt, eine funktionale Repräsentation sicherzustellen, sie sind jedoch mit so weitreichenden regelsetzenden Befugnissen ausgestattet, daß Streeck und Schmitter (1985) in diesem Zusammenhang von „privatinteressierten Regierungen" bzw. von „private interest governments" sprechen.

Wissenschaftliche Arbeiten, die sich mit diesen Fragen beschäftigen, gehen zumeist davon aus, daß in bezug auf die Regelung technischer Sachverhalte sowohl ein Staats- als auch ein Marktversagen feststellbar ist (etwa Voelzkow 1993: 20, Bolenz 1987: 102). Weder der Staat noch der Markt könnten sicherstellen, daß es zu einer angemessenen Regelung technischer Sachverhalte sowie zu einer Koordinierung der technischen Entwicklung komme. In bezug auf die Begrenztheit möglicher Steuerungsleistungen des Staates werden in der Literatur vor allem die folgenden Anmerkungen gemacht; sie verweisen auf Defizite in zeitlicher, sachlicher und sozialer Hinsicht (Bolenz 1987: 5ff.):

- Angesichts einer dynamischen technischen Entwicklung erweist sich das zumeist eher statische Recht in zeitlicher Hinsicht als ein dem Sachverhalt unangemessenes Instrument, das die technische Entwicklung eher hindern denn in wirtschaftlichen oder darüber hinausgehenden Belangen tatsächlich fördern könne (vgl. auch: Berg 1985; Breuer 1976/1988; Eichener/Voelzkow 1991; Ossenbühl 1982; Sonnenberg 1968; Voelzkow 1993; Wolf 1986/1987).

- In sachlicher Hinsicht wird angemerkt, daß die vorhandene technische Kompetenz der staatlichen Instanzen nicht ausreiche, um sachadäquate technische Lösungen im Normungsprozeß festzuschreiben. Ein solches Defizit ergibt sich bereits aus dem Umstand, daß auf einer Vielzahl von Einzelgebieten gleichzeitig Regelungen getroffen werden müßten, was die sachlichen und auch personellen Kapazitäten des Staates in gravierendem Maße belasten würde (Bolenz 1987: 96ff.; Eichener/Voelzkow 1991: 24).

- Mit Blick auf die soziale Dimension wird darauf verwiesen, daß bei einer durch staatliche Instanzen vollzogenen Regelung technischer Sachverhalte damit zu rechnen sei, daß von seiten der Regulierten ein erhebliches Obstruktionspotential mobilisiert wird, das zu einem Unterlaufen der getroffenen Regelungen führen kann. Erwartet wird eine Verwässerung staatlicher Vorschriften oder gar die Verlagerung von Betriebsstätten (Bauerdick 1994: 25; Bolenz 1987: 95; Eichener/Voelzkow 1991: 25).

Die ein Staatsversagen begründenden Argumente sprechen dafür, die Regelung technischer Probleme nur im Ausnahmefall durch staatliche Instanzen vornehmen zu lassen. Gleichwohl wird in der sozial- wie auch rechtswissenschaftlichen Literatur vielfach eingeräumt, daß es aufgrund der bestehenden Eigeninteressen ebenso unzuträglich sei, den Wirtschaftsakteuren die alleinige Befugnis auf diesem Terrain zu überlassen. Defizite werden aufgrund eines Marktversagens insbesondere bei Regelungsgegenständen erwartet, die auf eine Internalisierung von externen Effekten zielen.[14] Es sei kaum anzunehmen, daß die Internalisierung externer Effekte der technischen Entwicklung sowie des Technikeinsatzes von jenen Akteuren aus eigenem Antrieb vorgenommen werde, die diese Effekte hervorbringen. Das Versagen von Staat und Markt soll mit Hilfe der Verbandslösung kompensiert werden. Sie läuft darauf hinaus, den Wirtschaftsakteuren zwar die Regelungsbefugnis zu überlassen, ihnen jedoch Verpflichtungen aufzuerlegen und Verfahrensregeln vorzugeben.

Begründungen für die Annahme, daß die verursachenden (Wirtschafts-) Akteure ohne Verpflichtungen und die Vorgabe von Verfahrensregeln nur im Ausnahmefall dazu tendieren, externe Effekte zu reduzieren oder zu vermeiden, werden in den meisten Arbeiten spieltheoretisch begründet (Bauerdick 1994: 26f.; Eichener/Voelzkow 1991: 21ff.; Hilbert/Voelzkow 1984; Voelzkow 1993). Ein Marktversagen ist bei dem gleichzeitigen Vorliegen von externen Effekten und kompensierenden öffentlichen Gütern zu erwarten, es resultiert „aus dem Vorhandensein von gesundheitlichen Gefährdungen durch Arbeit und staatlich garantierter körperlicher Unversehrtheit" (Bauerdick 1994: 26). So erscheint es dann für den einzelnen Arbeitgeber rational, Arbeitsschutz nur minimal in die eigenen Planungen einzubeziehen, da zum einen die zu erbringenden Leistungen relativ hoch, andererseits jedoch die zu erzielenden Wirkungen eher gering sind. Für den einzelnen Betrieb ist es deshalb kurzfristig nicht interessant, sich beispielsweise für den Arbeitsschutz (etwa im Rahmen der Normung) einzusetzen, solange die bei einem solchen Engagement entstehenden Kosten externalisiert und damit vermieden werden können (Bauerdick 1994: 26). Hierin wird ein Kollektivgutproblem sichtbar, bei dem individuell rationales Handeln kollektiv irrational ist und zu einem erheblichen Schaden führen kann (Olson 1968).

Zur Lösung wird auf die Regulierungsfähigkeit von in Verbänden organisierten Interessen verwiesen, deren besonderer Beitrag zur Politikformulierung und -umsetzung in der Korporatismusdebatte hinlänglich diskutiert wurde (vgl. zusammenfassend Alemann/Heinze 1979; v. Beyme 1991; aktuell Streeck 1994; Czada 1994). Dabei wird den Verbänden eine Mittlerrolle zugewiesen: Einerseits sollen sie die Interessen ihrer Mitglieder bündeln und dem Staat gegenüber formulieren, andererseits haben sie die Aufgabe, die zwischen Staat und Verband ausgehandelten Vereinbarungen ihren Mitgliedern gegenüber zu vertreten und durchzusetzen. Es ist diese Verpflichtungsfähigkeit der Verbände, in der die besondere Leistungsfähigkeit verbandlicher Lösungen gesehen wird (Voelzkow u.a. 1987: 102f., 105ff.).

So wird im Arbeitsschutz versucht, mit dem Rückgriff auf verbandliche Lösungen die behördlichen Vollzugsdefizite zu vermeiden, die im letzten Abschnitt angesprochen

---

[14] Zu denken ist an Fragen der Arbeitssicherheit, des Umweltschutzes, oder – ungeachtet aller begrifflichen Vorbehalte – der sozialverträglichen Technikgestaltung.

wurden. Während einseitig hoheitliche Bemühungen um den Arbeitsschutz vielfach am Widerstand der Betriebe scheitern, wird mit dem „Umweg" über die Verbände die Hoffnung verknüpft, eine Verbesserung der Arbeitssituation in den Betrieben zu erreichen. Es sollen also vor allem Akzeptanzprobleme reduziert werden. Der staatlichen Bereitschaft, an die Verbände Kompetenzen bei der Regelsetzung zu übereignen, steht die ebenfalls staatliche Erwartung gegenüber, zum großen Teil auf eine verbandlich garantierte Maßnahmenumsetzung vertrauen zu können. In diesem Sinne wird der staatliche Rekurs auf verbandliche Problembearbeitungen vor allem als Staatsentlastung (Voelzkow 1993: 19ff.) durch Reduzierung von Steuerungs- und Eingriffsanforderungen gewertet.

3.3.2 Die Funktion der technischen Normung

Die ersten „gesetzlichen Normen" lassen sich auf ca. 4000 v. Chr. datieren und wurden in Ägypten erlassen. Das Römische Reich kannte einheitliche Abmessungen für Wasserrohre. Diese Festlegungen stellen zwar Vereinheitlichungen dar, beruhen jedoch auf einem einseitigen (königlichen) Dekret. Welche Bestandsdauer auch solche Bestimmungen entwickeln können, belegt die erst im Oktober 1995 erfolgte Umstellung der traditionellen englischen Maßeinheiten[15] auf das metrische System. Insbesondere seit dem 15. Jahrhundert setzten sich verstärkt technische Vereinheitlichungen durch, aber erst die Industrialisierung des 19. und frühen 20. Jahrhunderts brachte den endgültigen Durchbruch, da gerade die Massenproduktion, wie sie von Henry Ford erstmals entwickelt wurde, ohne standardisierte Teile nicht möglich gewesen wäre.[16] Die endgültige Institutionalisierung der deutschen Normung erfolgte im Jahre 1917, als die Kriegssituation für die Waffen- und Munitionsherstellung eine abgestimmte arbeitsteilige Produktion erforderlich machte (vgl. zur historischen Entwicklung Bolenz 1987; Hartlieb 1993; Schuchardt 1979).

In diesen einleitenden Ausführungen war mehrfach von Vereinheitlichung als Zweck der Erarbeitung von Normen[17] die Rede. Es soll nun genauer beleuchtet werden, was

---

15 Diese Maßeinheiten wurden um 1100 n. Chr. von König Henry I verkündet. Er „... legte seine Daumenbreite als '1 Inch' (1 Zoll) fest. Seine Fußlänge ergab die nächstgrößere Einheit 'Foot' und der Abstand der Nasenspitze seiner Majestät zum Daumen der ausgestreckten Hand wurde als 'Yard' definiert." (Kämpfer 1992: 11f.)

16 So betonen beispielsweise Womack u.a. (1992) oder Hirschhorn (1984), daß die besondere Bedeutung von Henry Ford nicht so sehr in der Erfindung des Fließbandes zu sehen sei, als vielmehr in dem Bestreben, in seiner Fabrik gleiche und einheitliche Teile zu nutzen, also feste Standards für die verbauten Komponenten zu etablieren.

17 Auf eines ist an dieser Stelle explizit hinzuweisen: Wenn ich im folgenden den Begriff „Norm" benutze, so bezeichnet er das Ergebnis der Arbeit von Normenausschüssen, die in der Regel unter dem Dach privatrechtlicher Verbände zusammenkommen. Nicht gemeint sind soziale Normen,

technische Normung ist und welche Funktion sie erfüllt. Erste Hinweise beinhalten zwei Definitionen, die im Kontext des DIN entstanden:

> „Normung ist das einmalige Lösen einer sich wiederholenden technischen und/oder organisatorischen Aufgabe unter Mitarbeit möglichst aller Beteiligten mit dem Ergebnis einer, dem jeweiligen Stand der Technik/Organisation auswertenden zeitlich begrenzten Bestlösung." (Kienzle 1950: 622)

> „Normung ist die planmäßige, durch die interessierten Kreise gemeinschaftlich durchgeführte Vereinheitlichung von materiellen oder immateriellen Gegenständen zum Nutzen der Allgemeinheit ... Sie fördert die Rationalisierung und Qualitätssicherung in Wirtschaft, Technik, Wissenschaft und Verwaltung. Sie dient der Sicherheit von Menschen und Sachen sowie der Qualitätsverbesserung in allen Lebensbereichen. Sie dient außerdem einer sinnvollen Ordnung und der Information auf dem jeweiligen Normungsgebiet." (DIN 820, Teil 2)

In den beiden Definitionen sind jene Aspekte sehr deutlich benannt, die als zentrale Aufgaben der Normung angesehen werden: Es geht darum, den „Stand der Technik" in „anerkannten Regeln der Technik" zu fixieren. Dies impliziert, daß sich eine in einem Normentext niedergeschriebene technische Lösung zumindest in relevanten Ausschnitten der Praxis durchgesetzt haben muß (Bolenz 1987: 126).[18] Die technische Lösung soll erprobt sein. Mit einer Norm stehen jedermann Informationen oder eine technisch bewährte Problemlösung zur Verfügung. Über diesen Weg setzt sich dann nach und nach ein allgemeiner Standard in der gesamten Breite der Wirtschaft, Technik, Wissenschaft und Verwaltung zu einem bestimmten Thema durch. Da Normen aber keinen verpflichtenden Charakter besitzen, besteht für Unternehmen, denen die in einer Norm gefaßte Lösung nicht zusagt, die Möglichkeit, andere Lösungen zu wählen. Gleichwohl wird im Falle eines Rechtsstreits – etwa zwischen Gewerbeaufsicht und Unternehmen – vielfach auf Normen zurückgegriffen, um die in Gesetzen genutzten unbestimmten Rechtsbegriffe auszufüllen (Breuer 1976; Nicklisch 1982).

Was ist nun die Funktion von Normen? Voelzkow u.a. (1987), die einen der wesentlichen Texte zu dieser Frage vorgelegt haben, benennen drei Funktionen (siehe auch Voelzkow 1993: 44ff.): Erstens tragen Normen durch die Vereinheitlichung von Gütern und Produkten zur „Marktkonstitution" bei. Ausgehend von einer idealtypischen

---

wie sie in vielen sozialwissenschaftlichen Arbeiten eine Rolle spielen. Der Begriff „Norm" wird also in einem eingeschränkten, technischen Verständnis benutzt. Der Begriff technische Normung beinhaltet jedoch einen weiten Technikbegriff, der sich einerseits auf die Sachtechnik (Maschinen, Geräte, Apparate oder gebaute Anlagen) bezieht, andererseits aber auch „Verfahrensweisen eines Handelns und Denkens ..., die methodischen Operationsregeln folgen und strategisch einen bestimmten Zweck anstreben" (Rammert 1993: 11), einschließt. Rammert spricht in Abgrenzung zur „Sachtechnik" von „Handlungstechnik" (ebd.).

[18] Es ist explizit ausgeschlossen, daß eine technische Lösung in einer Norm festgehalten wird, die lediglich eine Minderheitenmeinung darstellt bzw. nur von einem kleinen Ausschnitt der betroffenen Akteure geteilt wird.

Definition des Marktes, den sie von dem Begriff „Basar" abgrenzen[19], formulieren sie folgendes Paradox:

„Standards konstituieren Märkte, indem sie durch Beschränkung des Wettbewerbs, durch Einschränkung der möglichen Vielfalt, Wettbewerb erst ermöglichen." (Voelzkow u.a. 1987: 97f.)

Ob man diesem weitreichenden Argument folgen kann, ist davon abhängig, wie man den Begriff „Markt" definiert. Für die vorliegende Arbeit ist diese Funktion der Normung jedoch von untergeordnetem Interesse. Neben der Marktkonstitution sprechen die Autoren als zweites die Funktion der „Marktkompatibilisierung" an. Sie gehen davon aus, daß ein ausdifferenzierter Markt sich erst dann voll entwickeln kann, wenn es gelingt, über die einzelnen Marktstufen hinweg insoweit Vereinheitlichungen zu treffen, daß verschiedene Vor- und Halbprodukte miteinander kompatibel sind:[20] Schrauben müssen sich in die Muttern drehen lassen, die Einbauhöhe von Küchenschränken muß mit der von Herden und Kühlschränken übereinstimmen, und es muß sichergestellt sein, daß Briefbögen in Briefumschläge passen. Voelzkow, Hilbert und Bolenz formulieren auch diese Funktion der Normung als ein Paradox: Marktdifferenzierung wird durch Vereinheitlichung ermöglicht (1987: 98).

Die dritte Funktion der Normung ist in dem Zitat aus der DIN-Norm 820 angesprochen. Hierin werden als Anforderungen an die Normung formuliert, daß sie dem „Nutzen der Allgemeinheit" sowie der „Sicherheit von Menschen und Sachen" dienen soll. Die Verpflichtung der Normungsarbeit auf diese beiden Kriterien soll einer Dominanz rein ökonomischer Kalküle Einhalt gebieten. Die in der DIN-Norm 820 (sie ist die „Norm der Norm" und regelt die Grundsätze der Normungsarbeit) festgelegten Anforderungen eröffnen die Möglichkeit, nicht nur rein technische Sachverhalte zu normen, sondern unter anderem auch Fragen des Arbeits- und Umweltschutzes oder der technischen Sicherheit zu behandeln. Die Normung hat damit auch die Aufgabe, die Produktion externer Effekte zu reduzieren (Voelzkow 1993: 48, kritisch Beck 1988: 191; Wolf 1987: 365ff.).[21]

---

[19] Ein Basar zeichnet sich durch die große Heterogenität der Güter aus, so daß ein Käufer nur durch Inaugenscheinnahme und genaue Prüfung jedes einzelnen angebotenen Stücks eine optimale Kaufentscheidung treffen kann.

[20] Auf diese Funktion hatte ich bereits mit Bezug auf die Entstehung der Massenproduktion zu Beginn des 20. Jahrhunderts verwiesen. Lösungen wurden in dieser Entwicklungsphase vielfach in der Erarbeitung sogenannter Werksnormen gesucht, die nur begrenzte Gültigkeit aufwiesen, in vielen Fällen jedoch auch heute noch Bedeutung haben. Zu nennen ist beispielsweise die IBM-Kompatibilität, die nicht durch ein Normungsgremium festgelegt wurde.

[21] In einer etwas anderen begrifflichen Fassung unterscheidet Mayntz (1990) die Funktionen der Normung: Mit ihr würden technische und ökonomische Zwecke sowie die Verhinderung negativer Externalitäten verfolgt.

Diese dritte Funktion der technischen Normung – die „Internalisierung externer Effekte" (Voelzkow u.a. 1987: 99) – ist für die hier anzustellenden Überlegungen zu den Möglichkeiten und Grenzen der Steuerung im Arbeitsschutz von besonderer Bedeutung. Die bislang vorliegenden sozialwissenschaftlichen Studien orientieren sich insbesondere an Normungsgegenständen und Norminhalten, die sich auf die Erfüllung der beiden ersten Funktionen beziehen. In bezug auf die Funktionen Marktkonstitution und -kompatibilisierung soll im folgenden nicht geprüft werden, ob von einer erfolgreichen Funktionserfüllung der technischen Normung auszugehen ist. In diesem Zusammenhang soll nur auf ein Zitat verwiesen werden, das dem ehemaligen Bundesforschungsminister Riesenhuber zugeschrieben wird: „Wer die Norm hat, hat die Märkte". Das Zitat deutet zumindest an, daß auch die mit der technischen Entwicklung befaßten Akteure davon ausgehen, daß technische Normen eine marktsichernde Wirkung haben.

In bezug auf die Funktion der Internalisierung externer Effekte scheint die Wirksamkeit von Normen fraglich: Die empirischen Ergebnisse zur Sicherheit beim Lasereinsatz in der Materialbearbeitung zeigen, daß ein positiver Befund in diesem Bereich des Arbeitsschutzes nur bedingt festzustellen ist. So ist der von Voelzkow (1993) formulierte Schluß eher postuliert als belegt, da – ähnlich argumentiert auch Hiller (1990: 3) in bezug auf ähnliche Postulate in früheren Arbeiten Voelzkows – keinerlei Kriterien angegeben sind, mit deren Hilfe die sicherheitserhöhende Wirkung der technischen Normen ermittelt werden könnte. Voelzkow schreibt:

> „Aufgrund des konditionalen Zusammenhangs von institutionellen Strukturen und substantiellen Politikergebnissen kann der Staat dem Handeln von gesellschaftlichen Gruppen einen 'finalisierten' Handlungsrahmen schaffen, der ökonomischen Machtmißbrauch begrenzt und beispielsweise bei regulativen Normen für den Arbeits-, Verbraucher- und Umweltschutz auch durch korporatistische Arrangements ein vergleichsweise hohes Sicherheitsniveau erreichen kann." (1993: 108)

Voelzkow befaßt sich vorrangig mit dem Problem, welche Motive zugrunde liegen, wenn sich Wirtschaftsakteure an der Erarbeitung und Formulierung von Normen beteiligen. Hierbei ist natürlich richtig, daß die technische Normung sich auch mit Fragen der Arbeitssicherheit befaßt (siehe aktuell KAN 1995). Bei deren Umsetzung scheint es – das zeigten die empirischen Ergebnisse im Kapitel 2 – jedoch zu hapern. Mit Hiller (1990) könnte man davon ausgehen, daß es beim Erlaß von technischen Normen zur Arbeitssicherheit (jedenfalls soweit sie sich auf Aspekte der betrieblichen Einsatz- und Nutzungsformen von Technik beziehen) vor allem darum geht, symbolische Politik zu betreiben. Diese liegt erstens dann vor, wenn das geforderte Sicherheitsniveau so niedrig ist, daß dessen Einhaltung keinerlei Probleme aufwirft. Zweitens kann auch die Möglichkeit bestehen, daß hohe Schutzziele vereinbart werden, ohne deren Einhaltung zu kontrollieren, so daß eine Nichtbeachtung ohne Folgen bleibt.

Für Normen, die sich auf die Sicherheit der betrieblichen Arbeitsprozesse und nicht auf die Gestaltung von Produkten[22] beziehen, scheint die Verpflichtungsfähigkeit der Normungsverbände nur defizitär entwickelt (ich komme hierauf in Abschnitt 4.4.5 explizit zurück). Auch Bauerdick kommt mit Blick auf den durch Verbände geprägten Arbeitsschutz zu einem weniger positiven Ergebnis:

> „Dieser Befund einer recht defizitären Regelungs- und Problemlösungskapazität mag zunächst überraschen, weil bei gesellschaftlichen Problemen die mögliche Überlegenheit verbandlicher Lösungsversuche – gegenüber staatlichen – in der sozialwissenschaftlichen Forschung verschiedentlich nachgewiesen wurde (...). Verbandliche Regulierungen können staatlichen Reglementierungen vorgreifen, wobei der Staat seine Interventionsabsicht glaubhaft machen muß (...)." (Bauerdick 1994: 16)

Anders als bei produktbezogenen Normen, deren Befolgung in vielen Fällen durch den Markt oder durch ein verschärftes Produkthaftungsrecht sanktioniert wird, ist bei den prozeßbezogenen Normen die bei Nichtbeachtung drohende Sanktion relativ gering. Es ist für Betriebe vielfach ökonomischer, Normen zur Arbeitssicherheit, die sich auf die Umgangsformen mit Technik beziehen, zu ignorieren und vergleichsweise geringe Geldbußen im Falle einer behördlichen Auflage zu zahlen, als die Norminhalte durch Sicherheitsmaßnahmen zu befolgen. Für die Sicherheitsnormen fehlt offensichtlich ein sanktionierender „Begleitschutz", der ihre Befolgung effektiv abzusichern vermag.

In dem Zitat von Bauerdick ist jedoch ein Hinweis gegeben, der die weiteren Überlegungen begleiten wird. Er schreibt, daß verbandliche Regulierungen staatlichen Eingriffen dann vorgreifen können, wenn eine Interventionsabsicht des Staates glaubhaft im Raume steht. So findet sich in der Literatur gelegentlich das Argument, der Staat habe im Bereich des Arbeitsschutzes bewußt ausreichende Schlupflöcher eingeräumt, so daß von einer ernsthaften Interventionsabsicht nicht ausgegangen werden könne.

Im vorliegenden Zusammenhang – Arbeitssicherheit beim Einsatz der Lasertechnik in der industriellen Materialbearbeitung – ist angesichts des beschriebenen politischen Programmes davon auszugehen, daß staatliche Akteure sehr wohl eine ernsthafte Interventionsabsicht hegen. Wenn die programmatische Aussage ernst zu nehmen ist, daß von politischer Seite beabsichtigt wird, die Diffusion der Lasertechnik über ein hohes Sicherheitsniveau zu fördern, so bleibt zu fragen, entlang welcher Kanäle diese Interventionsabsicht realisiert werden könnte. Es geht folglich darum, die Möglichkeiten zur Erbringung staatlicher wie auch verbandlicher Steuerungsleistungen zu verdeutlichen. Es soll deshalb im folgenden anhand theoretischer Überlegungen geprüft werden, welche Optionen bestehen, um im „Arbeitsschutzsystem" durch Steuerungsleistungen Veränderungen zu bewirken und die verschiedenen Akteure (Betriebe, Aufsichtsinstanzen, Verbände etc.) für ein neues Thema zu sensibilisieren.

---

[22] Bei dieser zweiten Art von Sicherheitsbestimmungen sind die Sicherheitsmaßnahmen ein Teil des Produktes selbst. Zu denken wäre etwa an die Überhitzungssicherung einer Kaffeemaschine oder den Notausschalter einer industriellen Produktionsanlage.

„Die Ökonomie hat die theoretischen Grenzen der funktions-
fähigen Marktkoordination so eng gezogen, daß der überwie-
gende Teil tatsächlichen Wirtschaftens auf dem weiten Feld
des Marktversagens stattfindet; die Politikwissenschaft be-
schreibt eher die Erosion der hierarchischen Koordinations-
kapazitäten nationalstaatlicher und hegemonialer Politik als
die Effizienz supranationaler Steuerungskapazitäten; und die
soziologische Theorie liefert plausiblere Argumente für die
prinzipielle Unmöglichkeit der Kommunikation über System-
grenzen hinweg als für die effektive Koordinationsleistung
von Diskursen."

(Scharpf 1993: 57)

4 Arbeitsschutzpolitik – theoretische Überlegungen und empirische Befunde

Die vorliegenden Untersuchungen zum Arbeitsschutz kommen mit Blick auf das Verhältnis zwischen Aufsichtsinstanzen und Betrieben zu dem Befund, daß im Feld seit
Jahrzehnten ein Vollzugsdefizit festzustellen ist. Im letzten Kapitel habe ich insbesondere auf die Arbeiten von Windhoff-Héritier (z.B. 1987a) hingewiesen. Ein Vollzugsdefizit wird insofern erkannt, als es den Vertretern der Aufsichtsinstanzen nicht gelingt, in den Betrieben Maßnahmen zur Verbesserung des Sicherheitsniveaus in einer
Form anzuordnen, die zu einem Beachten der behördlichen Auflagen führt. Der staatlichen Kontrollinstanz Gewerbeaufsichtsbehörde, die zumindest zum Teil die Überwachung des Sicherheitsniveaus in den Betrieben durchführt, ist es kaum möglich, zur
Abstellung ermittelter Mängel auf der Grundlage von Rechtsvorschriften oder DIN-
Normen Maßnahmen durchzusetzen.

Das Vollzugsdefizit ist, so werde ich im folgenden argumentieren, Ausdruck eines gesellschaftlichen Steuerungsproblems. Zugleich möchte ich jedoch über diesen gewissermaßen klassischen Befund hinausblicken und die Frage anschließen, warum die Behördenvertreter auf Emissionsgefährdungen, wie sie etwa mit dem Ersatz der Lasertechnik in der Materialbearbeitung einhergehen, fast gar nicht reagieren. Es stellt sich
also nicht nur die Frage, warum vielfach weder Rechtsvorschriften noch die von Verbänden erarbeiteten Normen eine Erhöhung des Sicherheitsniveaus in den Betrieben
bewirken (so das Resümee von Steffensen u.a. 1994). Genauso stellt sich die Frage,
warum die Vorschriften keinen Einfluß auf die Problemwahrnehmung der Aufsichtsinstanzen haben.

Um diese Fragen näher zu untersuchen, möchte ich anhand einer systemtheoretisch angeleiteten Steuerungstheorie (vgl. aktuell Willke 1995) die realistischen Möglichkeiten aber auch die Grenzen von Steuerungsversuchen im Arbeitsschutz ermitteln. Der vergleichsweise negative Befund überrascht ja auch insofern, als den intermediären Verbänden, die das Feld Arbeitssicherheit prägen, und den von ihnen erstellten technischen Normen in der Literatur die Fähigkeit zur Gewährleistung eines hohen Sicherheitsniveaus auch im Arbeitsschutz zugeschrieben wird (etwa Voelzkow 1993: 108, 1996: 328f.). Der staatliche Rückgriff auf Verbände bei der Formulierung und Umsetzung politischer Programme rechtfertigt sich schließlich aufgrund der Unterstellung, daß diese im Vergleich zum Staat die notwendigen Regelungen kompetenter erarbeiten und effektiver umsetzen können (Streeck 1994).

Anhand theoretischer Überlegungen und empirischer Befunde soll deshalb geprüft werden, auf welche Handlungsoptionen die Akteure bei der Einflußnahme zurückgreifen können. Damit ist gleichzeitig die Frage verbunden, welche Widerstände die verschiedenen Akteure, an die sich die Steuerungsbemühungen richten, gegen politische Maßnahmen mobilisieren können bzw. welche Restriktionen bei der Umsetzung von Maßnahmen deren eigene Handlungsprogramme beinhalten. Dieser zweite Aspekt zielt nicht allein auf die Wirtschaftsunternehmen, die zum Ergreifen von Arbeitsschutzmaßnahmen angeregt werden sollen. Offen ist genauso, wie Steuerungsversuche konzipiert sein könnten, die die Staatliche Gewerbeaufsicht, die Berufsgenossenschaft oder die Instanzen der Normung zur Behandlung und Beachtung neuer Themen veranlassen. Welche Optionen stehen bereit, um diese Akteure dazu zu bewegen, dem Problem potentieller Gesundheitsgefährdungen durch Emissionen bei der Lasermaterialbearbeitung Aufmerksamkeit zu schenken?

Das Zusammenwirken der Einflußoptionen der um Steuerung bemühten Akteure einerseits und der Widerstandspotentiale der durch Steuerung angesprochenen Akteure andererseits muß erklären können, warum die erhofften Einwirkungen der betriebsexternen Instanzen auf die betriebliche Arbeitssicherheit nur zum Teil von Erfolg gekrönt sind. Zugleich muß es Aufschluß darüber bieten, warum es im Fall der Lasermaterialbearbeitung nicht zu einer größeren Aufmerksamkeit der Aufsichtsinstanzen für das Thema Lasersicherheit kommt. Bereits bei der Übermittlung von Überwachungs- und Kontrollaufgaben, die in politischen Programmen festgeschrieben werden, kommt es zu Defiziten, die einem intensiveren Bemühen um Lasersicherheit entgegenstehen.

Es soll im folgenden versucht werden, den Gegenstandsbereich Arbeitsschutz und das vorliegende empirische Material mit Hilfe steuerungstheoretischer Überlegungen zu analysieren. Im Umkehrschluß sollte daraus jedoch auch ableitbar sein, welche Erklärungskraft die gewählte Steuerungstheorie in bezug auf den betrachteten empirischen Fall besitzt. Vorab sollen allerdings einige kurze Überlegungen dargelegt werden, um die grundlegenden gesellschaftstheoretischen Prämissen zu verdeutlichen, die mit dem gewählten theoretischen Zugang verbunden sind.

4.1 Gesellschaftstheoretische Prämissen

Faßt man die Gewährleistung von Lasersicherheit nicht nur als innerbetriebliches Problem, so wird deutlich, daß unterschiedliche gesellschaftliche Akteure sich mit diesem Themenkomplex befassen und aus unterschiedlicher Sicht und aufgrund abweichender Interessen definieren, was Lasersicherheit ist. Während politische Akteure sich von einem hohen Sicherheitsniveau eine Beschleunigung der Technikdiffusion erhoffen, sind die lasernutzenden Betriebe vielfach bemüht, einen möglichst unfall- und damit störungsfreien Produktionsablauf sicherzustellen.

Akteure des politischen Systems[1] sind darum bemüht, wissenschaftliche Informationen über die arbeitshygienische Bewertung von Laseremissionen zu erhalten, um dann mit Vorschriften, Verwaltungsverfahren und -entscheidungen Wirtschaftsunternehmen dazu zu veranlassen, sich ebenfalls mit diesem Arbeitssicherheitsthema zu beschäftigen. Um dieses zu erreichen, versuchen staatliche Akteure nicht nur direkt auf Wirtschaftsunternehmen einzuwirken. Sie gehen vielfach auch den indirekten Weg über die intermediären Organisationen, wie etwa Berufsgenossenschaften oder normsetzende Verbände. Mit den ergriffenen Arbeitsschutzmaßnahmen verbinden die staatlichen Akteure die Hoffnung, den Wirtschaftsakteuren Hilfestellungen bei der auf Sicherheit bezogenen Gestaltung des Arbeitsprozesses zu bieten, um diese in die Lage zu versetzen, die Gesundheitsbeeinträchtigungen der Arbeitnehmer möglichst gering zu halten: Die als externe Effekte entstehenden Nebenfolgen der industriellen Produktion sollen internalisiert werden oder – besser noch – gar nicht erst entstehen.

Arbeits- bzw. Lasersicherheit kann folglich als ein gesellschaftliches Problem verstanden werden, mit dem sich neben den Betrieben selbst auch verschiedene wissenschaftliche Einrichtungen oder politische Instanzen befassen. Wie bereits angedeutet, verfolgen die gesellschaftlichen Teilbereiche Wirtschaft, Politik und Wissenschaft bei der Beschäftigung mit Lasersicherheit unterschiedliche Interessen. Ich gehe deshalb bei der Untersuchung der Möglichkeiten und Grenzen von Steuerung im Arbeitsschutz von der theoretischen Prämisse aus, daß sich die Gesellschaft in einem fortgeschrittenen

---

[1] Im Anschluß an Luhmann (1994c: 66) soll hier das politische System als intern differenziert betrachtet werden. Zu unterscheiden sind die politische Politik und die Verwaltung: Während die politische Politik sich vor allem mit der Formulierung von Recht und Gesetz und deren legitimatorischer Absicherung durch Macht befaßt, hat die Verwaltung es mit der Umsetzung der politischen Programme in konkrete Einzelfallentscheidungen zu tun. Luhmann rechnet als drittes das „Publikum", also den Adressatenkreis zum Teilsystem der Politik hinzu (1970: 163ff.).

Stadium funktionaler Differenzierung befindet.[2] Eine Gesellschaftsgliederung nach den Prinzipien funktionaler Differenzierung beinhaltet, daß Gesellschaften einzelne „Teilsysteme in Hinblick auf spezifische Probleme bilde(n), die dann in dem jeweils zuständigen Funktionssystem gelöst werden müssen" (Luhmann 1987a: 34). Die primäre[3] Orientierung gesellschaftlicher Gliederung an wichtigen Problemen[4] impliziert, daß die einzelnen funktionalen Teilsysteme zwar ungleichartig aber gleichrangig sind. Die Funktionen – seien sie nun Politik, Wirtschaft, Wissenschaft, Gesundheit, Religion oder Kunst – haben den gleichen Stellenwert und lassen sich nicht in einer Hierarchie ordnen: Keines der Probleme kann unbearbeitet bleiben. Im Umkehrschluß folgt daraus, daß keines der Probleme wichtiger als alle anderen ist. Damit ist verbunden, daß keines der Teilsysteme den gesellschaftlichen Primat beanspruchen kann. Es gibt kein gesellschaftliches Leitsystem, das für die Beachtung der übergreifenden Belange einstehen kann.

Funktionale Differenzierung ermöglicht eine erhebliche Optionssteigerung, die die Funktionssysteme aufgrund einer sich ausbildenden Eigenständigkeit ihres Prozessierens erzielen können. Sie resultiert vor allem aus der Möglichkeit „legitimer Indifferenz", die mit der Differenzierung eröffnet wird: Jedes Teilsystem kann seiner eigenen Funktion, dem von ihm zu lösenden gesellschaftlichen Problem, die höchste Priorität zumessen, da darüber hinausgehende Probleme in anderen Gesellschaftsbereichen bearbeitet werden. Unter dieser Bedingung sind die einzelnen Teilsysteme davon entbunden, bei ihrem Prozessieren die Belange anderer Teilsysteme zu beachten. Für die Teilsysteme besteht so die Möglichkeit, ihren eigenen Belangen zu folgen und deren inhärentes Potential ausgreifend zu nutzen, indem sie die sich bietenden Handlungsoptionen ausschließlich aus der systemeigenen Perspektive beurteilen. Wirtschaft kann sich auf erfolgreiches Wirtschaften beschränken und Wissenschaft sich exklusiv dem Forschungsprozeß zuwenden.

Für das betrachtete Teilsystem sind die anderen Funktionssysteme oder die Gesellschaft insgesamt Umwelt, deren Anforderungen und Bedürfnisse nicht zwingend auch Kriterien für die eigenen Operationen darstellen. Zwischen (Teil-)System und Umwelt

---

2   Diese Grundannahme ergibt sich mehr oder weniger zwangsläufig aufgrund der vorab getroffenen Entscheidung, das Thema mit Hilfe einer systemtheoretisch inspirierten Steuerungstheorie anzugehen.

3   Ein anderes Gliederungskriterium stellt beispielsweise soziale Schichtung dar. Sie wird aber in systemtheoretischen Überlegungen nicht als primärer Aspekt gesellschaftlicher Differenzierung verstanden. In der Prägung durch funktionale Differenzierung wird zum Teil gerade die Modernität einer Gesellschaft erkannt (Luhmann 1992; Willke 1993).

4   Die Klassiker (Smith, Durkheim oder auch Spencer) der Theorie sozialer Differenzierung setzten am Prozeß der gesellschaftlichen Arbeitsteilung an, um die zu ihrer Zeit moderne Gesellschaft zu beschreiben. Sie stellten die immer weiter fortschreitende Etablierung neuer Berufe und produktiver Tätigkeiten als Moment der Differenzierung in den Vordergrund.

wird lediglich eine lose Kopplung (Luhmann 1987a: 35; grundlegend Weick 1976) angenommen. Ereignisse in der Umwelt können, müssen aber nicht für das betrachtete System in einer Form Bedeutung gewinnen, daß sie die weiteren Operationen beeinflussen.[5]

Die Ausführungen verdeutlichen, daß ein vorangeschrittenes Stadium (funktionaler) Differenzierung ein gesellschaftliches Folgeproblem birgt: Es wirft die Frage auf, wie die autonomen Teile einer Gesellschaft, deren erfolgreiches Prozessieren gerade auf den hohen Grad an Autonomie zurückzuführen ist, zu einem gesellschaftlichen Ganzen integriert werden kann (vgl. z.B. Mayntz 1988: 33; Schimank 1985: 421; Willke 1993: 55). Die moderne Gesellschaft – so ließe sich zusammenfassen – entwickelt sich im Rahmen eines Spannungsmomentes, das aus der effizienzsteigernden Autonomisierung der Teilsysteme durch Differenzierung einerseits und der damit verbundenen Gefährdung der gesellschaftlichen Integration andererseits resultiert. So schreibt Willke (1993: 48):

> „Zwei Evolutionsprinzipien werden sich zunehmend wechselseitig zum Problem: zum einen das Prinzip der funktionalen Differenzierung, wonach mit steigender Spezialisierung und thematischer Verengung der Funktionen ihre Interdependenzen zunehmen, weil jeder gesellschaftliche Funktionsbereich nur im Zusammenspiel mit den anderen Teilen eine funktionsfähige Gesellschaft konstituieren kann. Und zum anderen das Prinzip operativer Geschlossenheit, wonach mit steigender Autonomie, Indifferenz und Rekursivität der Subsysteme ihre Independenzen zunehmen, weil mit basaler Zirkularität und Selbstreferentialität diese Bereiche zu 'innengeleiteten' Systemen werden, welche sich nur noch sehr schwer von außen beeinflussen und beeindrucken lassen."

Dieses „tiefgreifende Dilemma moderner Gesellschaften" (Willke 1993: 48) wird auch als Problem der Verselbständigung gesellschaftlicher Funktionssysteme gefaßt. Es kann – so die systemtheoretische Diagnose – zu so tiefgreifenden Inkompatibilitäten zwischen den Teilsystemen führen, daß beispielsweise von der Notwendigkeit der „Re-Integration der Ökonomie" (Willke 1987b) in die Gesellschaft gesprochen wird. Es ist „die Dialektik von Autonomie und Interdependenz der Funktionssysteme" (Willke 1995: 205), die die Gesellschaft vor Integrationsprobleme stellt. Da die Funktionssysteme autonom ihren eigenen Kriterien folgen und sich nur auf diese beziehen, ist die Gesellschaft kaum noch als eine Einheit zu verstehen oder von einem der Funktionssysteme als solche zu repräsentieren (Luhmann 1987a: 35). Die Integrationsproblematik wird sichtbar an dem „Auseinandertreiben" der gesellschaftlichen Teilsysteme, die – aufgrund der zugestandenen Legitimität von Indifferenz – nur unzureichend das über-

---

5   Eine genauere Klärung erfährt das ursprüngliche Konzept der „losen Kopplung" in dem Aufsatz von Douglas Orton und Karl Weick (1990). Sie betonen, daß es sich bei loser Kopplung nicht um einen Endpunkt auf einem Kontinuum handelt, dessen anderes Ende durch feste Kopplung markiert wird. Lose Kopplung sei zwischen Einheiten vielmehr dann gegeben, wenn sie sich gleichzeitig unabhängig (distinctiveness) von einander verhalten aber auch aufeinander Bezug nehmen (responsiveness).

geordnete Ganze der Gesellschaft im Blick behalten und ihre Operationen ausschließlich an eigenen, nicht an gesamtgesellschaftlichen Belangen orientieren.

Der vielfach feststellbare Befund des Auseinandertreibens unterschiedlicher Gesellschaftsbereiche wirft die Frage auf, wie sich die Gesellschaft als Einheit zusammenhalten läßt. Im Alltagsverständnis wird in diesem Zusammenhang dem gesellschaftlichen Funktionssystem der Politik eine besondere Rolle zugemessen. Ihr wird als Funktion die Ausrichtung von Handlungen auf gesellschaftliche Ziele („goal attainment"; Parsons 1985: 26ff.) zugeschrieben oder die Erzeugung gesellschaftlicher Macht zur Sicherstellung der Legitimität von kollektiv verbindlichen Entscheidungen, die durch die Verwaltungen hergestellt werden (Luhmann 1970: 154, 159; Teubner/Willke 1984: 5). Doch wie kann die Politik diese Aufgabe erfüllen, wenn sie nicht an der Spitze einer hierarchisch strukturierten Gesellschaft steht?[6] Empirische Erfahrungen seit den sechziger Jahren zeigen, daß die Politik die ihr zugewiesenen Aufgaben der Gesellschaftsgestaltung nur unzureichend erfüllen kann. Auch wenn grundsätzlich davon auszugehen ist, daß die Gesellschaft das Ergebnis vorangegangener Gestaltungsbemühungen ist, bleibt das Problem, daß den Gestaltern das Instrumentarium fehlt, um eine gezielte Gestaltung vorzunehmen. Die sich an diese Erkenntnis anschließende Diskussion der siebziger und achtziger Jahre zur Rolle des Staates und der Politik bei der Planung und Steuerung der gesellschaftlichen Entwicklung schließt dann auch mit einer eindeutigen und allgemein geteilten Diagnose: „Staatsversagen" (z.B. Jänicke 1987). Durchgängig wird eine Überlastung des Staates mit immer neuen Aufgaben festgestellt, die vermehrte Steuerungsleistungen bei offensichtlich abnehmenden Steuerungskapazitäten erforderlich machen. Diese Entwicklung führt zu einer „Entzauberung des Staates" (Willke 1983) und provoziert beispielsweise Offe (1986) zu dem Vorschlag der „Null-Option": Hierin fordert Offe einen Verzicht auf das Initiieren von gesellschaftlichen Entwicklungen, deren Folgen nicht übersehen werden können bzw. bei deren Verwirklichung nicht ausgeschlossen werden kann, daß neue Steuerungsanforderungen entstehen, die nicht zu befriedigen sind (kritisch hierzu Japp 1992: 180).

Die voranstehenden theoretischen Überlegungen offerieren zwei Erklärungen für das Staatsversagen: Erstens führt die Autonomie der Funktionssysteme, also ihre Independenz dazu, daß sie auch von der Politik nur noch begrenzt angesprochen werden können. Aufgrund der zugestandenen legitimen Indifferenz müssen Wirtschaft oder Wissenschaft auch die Belange der Politik beim teilsystemischen Operieren nicht mehr zwingend beachten. Politische Maßnahmen und Programme stellen für die angespro-

---

6   Die hervorgehobene und besondere Bedeutung, die dem Funktionssystem der Politik zugeschrieben wird, ist insbesondere im kontinentaleuropäischen Denken verankert und läßt sich in der angloamerikanischen Tradition nicht in vergleichbarer Weise finden. Willke spricht von einer Staatszentriertheit des Denkens (vgl. 1992a: 119f., 1995: 22).

chenen Teilsysteme Umweltereignisse unter anderen dar. Ob sie Bedeutung erlangen hängt nicht von den politischen Maßnahmen selbst, sondern von deren Wahrnehmung durch die Adressaten ab. Zweitens stellt auch die Politik selbst ein Funktionssystem dar, das seiner eigenen Logik folgt. Politik ist nicht länger als Synonym für den Staat[7] zu begreifen, also als ein die gesellschaftliche Einheit garantierendes übergeordnetes Ganzes. Daß sich die Politik an so etwas wie dem „öffentlichen Wohl" oder dem „öffentlichen Interesse" – wie immer dies zu bestimmen ist – orientiert, kann weder unterstellt noch anderen Teilsystemen gegenüber legitimerweise behauptet werden. Politische Aktivität ist (so Offe 1975: 13) von einem Interesse „an sich selbst" motiviert und orientiert sich vorrangig an politischer Opportunität und weniger an der sachlichen Lösung gesellschaftlicher Probleme (etwa Mayntz 1983b).

Das auf Gleichrangigkeit aufbauende Zusammenspiel von Autonomie und Interdependenz der Teilsysteme erfordert ein verändertes Verständnis von Politik (vgl. Willke 1995: 32). Inwieweit und in welcher Form ist eine Politik möglich, die sich darum bemüht, in anderen Funktionssystemen gezielt Veränderungen zu bewirken und dabei den Anspruch vertritt, im allgemeinen Interesse gesellschaftliche Probleme lösen oder zumindest reduzieren zu wollen. Die hier behandelten Fragen des Arbeitsschutzes und der negativen Folgen der als ungenügend beurteilten Arbeitssicherheit werden als ein solches Problem verstanden.

4.2 Steuerungstheoretische Implikationen

Die voranstehenden Überlegungen zur Interdependenz und Independenz der Teilsysteme und der daraus resultierenden Rolle der Politik deuten bereits Grenzen der Gesellschaftssteuerung an. Ich möchte nun einige steuerungstheoretische Überlegungen vorstellen, die sich aus den vorgestellten gesellschaftstheoretischen Prämissen ableiten lassen. Ausgangspunkt ist die Frage: Wie kann gesellschaftliche Steuerung überhaupt funktionieren, wenn grundsätzlich von der Independenz der einzelnen Teilsysteme auszugehen ist? Wie kann die Politik ihre Funktion, kollektiv verbindliche Entschei-

---

7   Der Begriff des Staates ist unter diesen theoretischen Prämissen anders zu fassen. Er steht nicht mehr für die Repräsentation gesellschaftlicher Einheit, an der sich jedwede teilsystemische Räson – sei sie nun wirtschaftlich, wissenschaftlich oder politisch – zu orientieren habe. Der Begriff Staat bezeichnet vielmehr eine Vorstellung über das prozedurale Vorgehen der Politik und beinhaltet politische Entscheidungsverfahren, Beteiligungsrechte oder Mindeststandards. In der systemtheoretischen Fassung bei Luhmann und Willke wird der Staat verstanden „als Formel für die Selbstbeschreibung des politischen Systems der Gesellschaft" (Luhmann 1987b: 78; ähnlich auch Willke 1992a: 24ff.,1992b: 54ff., 1994: 14ff., kritisch dazu Bußhoff 1993). Der Staat symbolisiert dann die Gesamtheit prozeduraler Rationalitätsanforderungen, die als Maßstab an politisches Prozessieren anzulegen sind.

dungen herzustellen, angesichts der Autonomie der Teilsysteme, auf die sie einzuwirken versucht, überhaupt noch ausfüllen?

In den frühen Arbeiten zu einer systemtheoretischen Steuerungstheorie (Willke 1983, 1987a/b) wird die aus der Autonomie der Teilsysteme abgeleitete Problemdiagnose relativ stark zugespitzt. Die Verselbständigung der Teilsysteme gewinnt Konturen als ein Auseinandertreiben der verschiedenen Gesellschaftsbereiche bei einem gleichzeitigen Verlust der gesellschaftlichen Leitfunktion auf seiten der Politik bzw. des Staates. Angesichts der bestehenden gesellschaftlichen Problemlagen seien einseitige, vor allem hierarchisch ansetzende politische Steuerungsversuche zum Scheitern verurteilt. In Abgrenzung zu den genannten systemtheoretischen Überlegungen schlagen Rosewitz und Schimank (1988) vor, zumindest die folgenden drei Indikatoren für Verselbständigung zu unterscheiden: Diese leiten sie aus der Art der Probleme ab, die die Beziehungen zwischen einzelnen Funktionssystemen beeinträchtigen können (296f.).[8] Erst wenn eine der folgenden Belastung der Interdependenzbeziehung zwischen den Teilsystemen vorläge, könne man von Verselbständigung sprechen:

1. Leistungserwartungen, die von anderen Teilsystemen an das betrachtete Teilsystem gestellt werden, werden nicht oder nur ungenügend befriedigt.

2. Die Leistungsproduktion des betrachteten Teilsystems birgt Folgen, die als gesellschaftliche Risiken einzustufen sind.

3. Die Leistungsproduktion verbraucht in zu großem Maße gesellschaftliche Ressourcen (vor allem finanzieller Art).

Damit ist allerdings noch kein stichhaltiges Argument gegen die generelle Annahme von Verselbständigung und einen sich daraus ableitenden „Steuerungspessimismus" formuliert. Was Rosewitz und Schimank (1988) allerdings anbieten, ist eine Kategorisierung von belasteten Interdependenzbeziehungen zwischen einzelnen Teilsystemen: Es ist die negative Seite der teilsystemischen Autonomie, die die Autoren als Verselbständigung herausarbeiten. Die Autonomie bringt es mit sich, daß die wechselseitige Abhängigkeit der Teilsysteme untereinander von diesen bei ihrem Prozessieren nicht genügend beachtet wird. Die Folge dieser Nichtbeachtung kann, muß aber nicht einer der drei von Rosewitz und Schimank benannten Problemtypen sein. So können die Leistungen,[9] die das Bildungssystem für das Wirtschaftssystem (etwa einsetzbare Qualifikationen der Beschäftigten) erbringt, unzureichend sein, da sie deren Bedürfnissen nicht (mehr) entsprechen. In der Folge kann sich dann die Notwendigkeit ergeben,

---

8   Es wird deutlich, daß Rosewitz und Schimank negative Konnotationen mit dem Begriff Verselbständigung verbinden. Verselbständigung kann sich jedoch auch in teilsystemischer Autonomie bzw. Unabhängigkeit äußern, ohne mit negativen Folgen für andere Teilsysteme einherzugehen.

9   Es ist kurz auf den Begriff der Leistung einzugehen, der von dem der Funktion abzugrenzen ist (vgl. Luhmann 1988b: 63f.): Während „Funktion" den Bezug eines Funktionssystems zur Gesellschaft beschreibt, bezeichnet der Begriff „Leistung" die wechselseitigen Beiträge der Funktionssysteme untereinander.

daß die Wirtschaftsorganisationen selbst vermehrt Qualifizierungsanstrengungen unternehmen müssen, was zusätzliche finanzielle Belastungen mit sich bringt. In diesem Sinne sind die genannten Problemtypen nicht Formen der Verselbständigung, sondern lediglich deren negative Folgen.

Allgemein gesprochen können die von Rosewitz und Schimank (1988) genannten verschiedenen Formen der Verselbständigung von Teilsystemen zu negativen Folgewirkungen in anderen Funktionssystemen führen. Verselbständigung kann aber auch eine darüber hinausgehende gesamtgesellschaftliche Störanfälligkeit aufgrund einer exklusiven aber defizitären Leistungserbringung durch das betrachtete Funktionssystem hervorrufen. Solche Störungen können ignoriert werden, solange die negativen Belastungen nicht überhand nehmen. Sie machen allerdings dann Gegenmaßnahmen erforderlich, wenn der beeinträchtigte Gesellschaftsbereich nicht über ausreichende Reparaturpotentiale oder Kompensationsmittel verfügt, um die entstehenden Probleme selbst abzufangen.[10]

Belastete Interdependenzbeziehungen führen zur Entstehung eines gesellschaftlichen Steuerungsbedarfs, der zumeist mit Hilfe politischer Maßnahmen befriedigt werden soll. Wie ließe sich der Arbeitsschutz hier verorten? Arbeitsschutzprobleme bzw. die Nebenfolgen der industriellen Produktion insgesamt (Arbeitslosigkeit, Krankheit oder Invalidität) waren in der frühen Phase der Industrialisierung ein Beispiel für den zweiten von Rosewitz und Schimank (1988) genannten Fall: Sie stellten ein gesellschaftliches Risiko dar. Im Gefolge des gesellschaftlich positiv bewerteten wirtschaftlichen Fortschritts verschlechterten sich die Lebensbedingungen der Beschäftigten in einem Maße, das zu einer Bedrohung der sozialen Ordnung führte. Die entstehende gesellschaftliche Konstellation wurde unter dem Begriff der „Sozialen Frage" gefaßt. Sie gefährdete nicht nur die weitere wirtschaftliche Entwicklung, sondern auch die Stabilität der politischen Ordnung insgesamt (ich komme hierauf im Abschnitt 4.2.1 zurück).[11]

Für die heutige Zeit ist eine Verankerung des Themas Arbeitsschutz innerhalb der drei Arten von belasteten Interdependenzbeziehungen wesentlich schwieriger. So könnte man beispielsweise annehmen, daß ein mangelnder Schutz der Arbeitnehmer vor Ge-

---

[10] Mit der Differenzierung der Gesellschaft ist also nicht ausschließlich ein evolutionärer Zugewinn verknüpft. Die Optionssteigerung im Sinne der Ausweitung des Möglichkeitshorizontes und ihre Nutzung durch die einzelnen Teilsysteme kam auch mit negativen Folgen verknüpft sein (Willke 1993: 34ff.).

[11] Bezogen auf die Schwere der Gefährdung hat in der gesellschaftlichen Beurteilung der Umweltschutz die Position des Arbeitsschutzes eingenommen. Die ungewünschten Nebenfolgen der Industrialisierung werden heute eher mit einer Bedrohung der natürlichen denn der sozialen Ordnung verknüpft. Deutliche politische Veränderungen sind am Ende des zwanzigsten Jahrhunderts wohl eher im Zusammenhang mit dem Umwelt- als mit dem Arbeitsschutz zu erwarten.

sundheitsgefährdungen zu einem zu großen Verbrauch gesellschaftlicher Ressourcen führt. Gesundheits- und Rentensystem wären bei einem generellen Absinken des Arbeitssicherheitsniveaus negativ betroffen. Gleichzeitig wird sicher an die Funktionserfüllung der Wirtschaft der Anspruch gestellt, daß die beschäftigten Arbeitskräfte gesundheitlich – wann immer möglich – nicht geschädigt werden. Die Verortung des Themas Arbeitsschutz bleibt in bezug auf die teilsystemische Leistungserbringung diffus. Von einem schlechten Arbeitssicherheitsniveau scheinen andere gesellschaftliche Teilbereiche nicht in einem Maße tangiert, daß diese die Leistungserstellung der Wirtschaft als unzureichend beurteilen könnten. Dieser Befund könnte erklären, warum der Arbeitsschutz zur Zeit kein sehr aktuelles Thema darstellt und nur aufgrund von gravierenden Unfällen auf eine gesellschaftliche Resonanz stößt.[12] Damit ist die Relevanz des Themas zugleich unterschätzt. Hierfür sollen nur zwei Indizien angeführt werden.

- Erstens wird dem Thema Gefahrstoffe am Arbeitsplatz bislang von den inner- und außerbetrieblichen Arbeitsschützern noch nicht jene Aufmerksamkeit geschenkt, die dem Themenkomplex grundsätzlich zukommt (siehe hierzu die Ausführungen in Kapitel 1). Hinzu kommt, daß Umweltschutzprobleme, die direkt von der industriellen Produktion ihren Ausgang nehmen, häufig zuerst einmal Arbeitssicherheitsprobleme darstellen. Zu Umweltschutzproblemen werden sie erst, sobald sie jenseits der räumlich abgegrenzten Produktionsstätte zu Belastungen bzw. zu Schäden führen.

- Zweitens weist beispielsweise Bauerdick (1994: 14) darauf hin, daß die Bundesanstalt für Arbeitsschutz und Unfallforschung ermittelt hat, daß in der Bundesrepublik Deutschland jährlich ungefähr 37 Millionen Arbeitstage aufgrund von rheumatischen Erkrankungen ausfallen, die vorwiegend auf Verschleiß und Überbeanspruchung zurückzuführen sind.

Es ist also heute weniger die Zahl der jährlichen Arbeitsunfalltoten, die die Relevanz des Themas Arbeitsschutz begründet, als vielmehr ein verstecktes Schädigungspotential, das nicht plötzlich, wie ein Unfall, sondern schleichend über einen langen Zeitraum auf die betroffenen Personen wirkt. Somit scheint es gerechtfertigt, daß das Thema Arbeitsschutz auch heute noch teilsystemübergreifend bearbeitet wird: So beschäftigen sich Wirtschaft, politische Politik und Verwaltung sowie Wissenschaft mit unterschiedlichen Gesichtspunkten. Offen soll hier allerdings bleiben, ob die beteiligten Akteure dies in ausreichendem Maße tun.

Die Interdependenzen zwischen den Teilsystemen stellen nur die eine Seite des Spannungsmomentes dar, das die Entwicklung moderner Gesellschaften aufgrund funktionaler Differenzierung prägt. Die andere Seite war mit den Begriffen Independenz, Verselbständigung, Autonomie sowie Eigenständigkeit des teilsystemischen Operierens bezeichnet. Während die Interdependenzen zwischen den Teilsystemen die Anlässe liefern, die einen Bedarf an steuernden Eingriffen hervorrufen (Willke 1995: 22), ist es die Independenz der Teilsysteme, die grundsätzlich die Möglichkeiten und Grenzen

---

12 Eine Reihe wissenschaftlicher Autoren sprechen gar von einem drohenden Funktionsverlust (Pröll 1991/1992; Peter 1988a) des Arbeitsschutzes.

von Steuerung bestimmt. Es ist also zu klären, wie das Einwirken eines Teilsystems auf ein anderes Teilsystem erfolgen kann. Konkret ist zu überprüfen, wie Maßnahmen gestaltet sein müßten, die die als notwendig erachteten Veränderungen im Arbeitsschutz herbeiführen können?

Mit der Ausdifferenzierung eines Teilsystems ist – so das theoretische Argument – auch dessen selbstreferentielle operationale Geschlossenheit verbunden, die es von direkten externen Beeinflussungen grundsätzlich abschottet (Teubner/Willke 1984). Die Autonomie der Teilsysteme wird theoretisch mit der Bezugnahme auf das Autopoiese-Konzept begründet. Dies besagt: „Ein System produziert die Elemente, aus denen es besteht, mit Hilfe der Elemente, aus denen es besteht" (Luhmann 1982: 369). Das Autopoiese-Konzept betont die selbstreferentielle operative Geschlossenheit von Systemen. Systeme operieren streng nach ihrer eigenen Logik und Selektivität. Sie beziehen lediglich selbsterzeugte Operationen aufeinander und können aufgrund dieser Autonomie ihre Funktion effizient erfüllen und auf diesem Weg Leistungen für andere (Teil-) Systeme erbringen. Es ist die Herausbildung von Autonomie, die als Verselbständigung der Teilsysteme begriffen wird.[13]

Die Autonomie bewirkt neben einer Optionssteigerung zugleich, daß die Teilsysteme auf Umweltreize selektiv nach ausschließlich eigenen Kriterien reagieren. Um überhaupt wahrgenommen zu werden, muß ein Steuerungsversuch genau jene systemeigenen Kriterien ansprechen und sich als anschlußfähig erweisen. Selbst wenn dies grundsätzlich gelingt, ist nicht sichergestellt, daß das angesprochene System auf das Steuerungsbemühen reagiert. Zwei Fragen leiten sich daraus ab: Erstens, wie wahrscheinlich ist es, daß ein solcher Anschluß an die systemeigenen Operationen gelingen kann? Zweitens, wieviel Indifferenz können sich die Teilsysteme bei aller Independenz legitimerweise erlauben?

Rosewitz und Schimank gehen davon aus, daß die einzelnen Teilsysteme in unterschiedlichem Maße durch Steuerungsbemühungen ansprechbar sind. Sie beschreiben Verselbständigung deshalb als ein gradualistisches Phänomen und führen aus, daß man von Verselbständigung im systemtheoretischen Sinne erst dann sprechen könne, wenn eine festgestellte Umweltinadäquanz (eine belastete Interdependenzbeziehung) sich als interventionsresistent erweise.

> „Erst interventionsresistente Umweltinadäquanz konstituiert Verselbständigung. Bevor sie attestiert wird, müssen also ernsthafte Versuche insbesondere politischer Akteure, die wahrgenommene Umweltinadäquanz des betreffenden Teilsystems durch entsprechende Steuerungsmaßnahmen zu beheben, fehlgeschlagen sein. Verselbständigung liegt somit in dem Maße vor, wie zwischen den Steuerungsansprüchen und -kapazitäten politischer Akteure und den Steuerungserfordernissen, die ein gesellschaftliches Teilsystem aufgrund der Um-

---

13 Die Tatsache, daß die Mehrzahl der Beziehungen zwischen Teilsystemen ungestört verlaufen, läßt sich – das betont Willke (1995: 94f.) – als nicht zu unterschätzender Erfolg von Selbststeuerungsleistungen auffassen; ebenfalls eine Folge der Verselbständigung der Teilsysteme.

weltinadäquanz seiner Operationen aufwirft, ein Mißverhältnis besteht." (Rosewitz/ Schimank 1988: 297)

Und an anderer Stelle schreibt Schimank:

„Das Bild scheinbar unüberwindbarer Steuerungsbarrieren ist freilich nur solange stimmig, wie man davon ausgeht, daß politische Gesellschaftssteuerung tatsächlich direkt auf die basalen Operationen des zu steuernden gesellschaftlichen Teilsystems einzuwirken versucht. Genau besehen erklärt die systemtheoretische Perspektive damit etwas für unmöglich, was in der gesellschaftlichen Realität normalerweise sowieso von niemandem zu tun versucht wird." (1991: 506)

Diese Kritik verfehlt den Kern des systemtheoretischen Argumentes. Die systemtheoretischen Analysen, auf die sich Rosewitz und Schimank beziehen (Willke 1983, 1987a/b), betonen vor allem die grundsätzlich gegebene Möglichkeit von Interventionsresistenz der Teilsysteme aufgrund ihrer Autonomie: ein Argument, das sich insbesondere gegen den politik- und rechtswissenschaftlichen Mainstream in den siebziger und achtziger Jahren richtet. In seiner „steuerungspessimistischen" Zuspitzung setzt sich das systemtheoretische Kontrastprogramm vor allem von Konzepten ab, die sich durch eine ausgesprochene „Planungseuphorie" auszeichnen. Diese Konzepte (sie kennzeichnen die Diskussion der 60er und 70er Jahre) fußen auf der Annahme, „mit dem Aufbau von Planungseinheiten, Planungsverfahren und Informationssystemen für politische Entscheider ... die Wirksamkeit politischen Handelns ... verbessern zu können ..." (Mayntz 1987: 97). Durch Schaffung adäquater Planungs- und Entscheidungsinstrumente sollte die Politik in die Lage versetzt werden, zielorientiert bestimmte Gesellschaftszustände erreichen zu können, um so die Regierbarkeit der Gesellschaft zu erhöhen. Hiermit war die Hoffnung verbunden, die zwischen politischer Realität einerseits und einem ausgeprägten politischen Gestaltungswillen andererseits sich auftuende Kluft zu verkleinern.

Im Gegensatz hierzu betont der systemtheoretische Ansatz, daß politische Steuerungsversuche nicht adäquat auf die Komplexität jener Probleme und problemgenerierenden Prozesse reagieren (können), die sie zu bearbeiten versuchen. Steuernde Eingriffe fallen deshalb notorisch unterkomplex aus und scheitern fast zwangsläufig. Mayntz benennt die grundlegenden Problembereiche (1987: 95ff.):

- Varietätsproblem: das politische System ist dem zu steuernden System gegenüber nicht differenziert genug gestaltet;

- Komplexitätsproblem: die Problemzusammenhänge in dem zu steuernden System werden nicht oder nur unzureichend durchschaut;

- Wissensproblem: es fehlen Informationen generell oder die richtigen Informationen oder ihre richtige Bewertung etc.;

- Motivationsproblem: die Programmbefolgung wird durch jene Akteure verweigert, die durch die Steuerungsversuche angesprochen werden sollen;

- Implementationsproblem: die zuständigen Verwaltungen setzen die Vorhaben unzureichend um;

- es treten nicht-intendierte Folgen auf.

Informationsdefizite, Interventionsresistenz und mangelnde Ernsthaftigkeit bei der Umsetzung politischer Programme werden als Gründe für das Versagen von hierarchisch ansetzender bzw. einseitig politischer Steuerung aufgelistet. Die „unüberwindbaren Steuerungsbarrieren" beim Zugriff „auf die basalen Operationen" (Schimank) werden insbesondere als Kritik an einem rechtsdogmatischen Festhalten an der Verortung der Politik als Spitze der Gesellschaft mit – vielleicht übertriebener – Beharrlichkeit hervorgehoben. Daß nicht unbedingt von unüberwindbaren Steuerungsbarrieren ausgegangen wird, verdeutlicht die von Teubner und Willke als „technologische Form der Steuerung" benannte Eingriffsmöglichkeit. Sie gehen davon aus, daß „... über den Einbau von Strukturvorgaben, Nebenzwecken, Leistungsstandards, Haftungsvorschriften, etc. eine zwar selektive aber doch handlungssteuernde Internalisierung externer Vorgaben zu erreichen" (1984: 32) sei. In diesem Sinne sind Wirkungen von politischen Steuerungsversuchen durchaus zu erkennen, auch wenn sie eventuell anders oder nur zum Teil so ausfallen, wie die politischen Akteure es sich erhofft haben.

Für das Potential von Steuerung bleibt als Konsequenz erhalten, daß sie – und hier treffen sich dann Willke und Schimank wieder – nicht als direkte Beeinflussung (etwa in der Form einer Determinierung wirtschaftlichen Entscheidens durch politische Vorgaben) zu verstehen ist, sondern indirekt ansetzen muß. Politische Maßnahmen können sich nur darum bemühen, den relevanten Handlungskontext der angesprochenen Akteure zu verändern. Durch das Generieren relevanter Umweltereignisse zielen politische Maßnahmen darauf ab, die Kontextbedingungen der angesprochenen Systeme so zu verändern, daß diese hierauf mit einer Modifikation ihrer Handlungsprogramme reagieren. Diesem konzeptionellen Zuschnitt trägt Schimank Rechnung, wenn er Steuerung definiert:

> „Soziale Steuerung ist also ein doppelt indirektes zielorientiertes Handeln. Ein Steuerungsakteur führt den von ihm angestrebten Weltzustand dadurch herbei, daß er den strukturellen Kontext anderer Akteure so gestaltet, daß sie diesen Zustand herbeiführen." (1992: 167)

Auch Schimank betont, daß durch Steuerung nicht ein bestimmtes Handeln von Akteuren determiniert werden kann. Durch Steuerung kann versucht werden, ein bestimmtes Handeln in anderen Systemen anzuregen. Erst als Resultat dieses Handelns kann jener Zustand hervorgerufen werden, der als erwünscht beurteilt wird.[14]

Genau dieses Zusammenspiel ist auch in der systemtheoretischen Steuerungstheorie von Bedeutung, wenn hervorgehoben wird, „... daß die Möglichkeiten der Steuerung komplexer Systeme scharf begrenzt sind auf die beiden Formen der (internen) Selbststeuerung und der (externen) Kontextsteuerung" (Willke 1995: VII). Mit Blick auf die

---

14 Ähnlich auch Luhmann: „Gegenstand von Steuerungen sind nicht Systeme, sondern spezifische Differenzen (und nur wenige eignen sich). So gesehen mögen in komplexen Systemen Steuerungsmöglichkeiten zunehmen und, proportional im Verhältnis zu unzähligen erzeugten und verstärkten Differenzen, abnehmen." (1989: 8)

autonomieverbürgende Geschlossenheit systemischen Operierens wird klargestellt, daß Systeme nicht als ausschließlich selbstbezügliche Monaden zu verstehen sind. Das Autopoiese-Konzept beinhaltet deshalb neben der Geschlossenheit auch die Offenheit von Systemen ihrer Umwelt gegenüber: Wirtschaftsorganisationen müssen beispielsweise Informationen über Marktveränderungen, also über den Wandel ihrer Umwelt, sammeln, auch wenn sie dann selbst entscheiden, wie sie sich zu den gefundenen Informationen verhalten wollen. Die Grenze zwischen System und Umwelt erlaubt zumindest eine gewisse Osmose, auch wenn das System entscheidet, was die Grenze passieren und in welcher Form es Bedeutung erlangen darf. Das Kernproblem sozialer Systeme besteht deshalb darin, ein viables Gleichgewicht von operativer Geschlossenheit und externer Anregung aufzubauen.

Dies ist auch der Weg, den politische Steuerung nehmen muß.[15] Auch politische Steuerungsbemühungen müssen durch das Nadelöhr der begrenzten Aufmerksamkeit und der selektiv wirkenden Relevanzkriterien der angesprochenen Systeme hindurch, wenn sie Veränderungen bewirken sollen. Trotz der „steuerungsoptimistischeren" Untertöne der letzten Überlegungen bleibt zu konstatieren, daß Steuerungshandeln bei aller Intentionalität des Steuernden nicht zwingend auch die angestrebte Steuerungswirkung erzielt. Auch bei der Steuerung durch Kontextveränderung führen Wissensdefizite, Interventionsresistenz und die mangelnde Ernsthaftigkeit der Bemühungen zu Mißerfolgen. Vielfach ist nicht zu entscheiden, welche Akteure den gewünschten Zustand herbeiführen können, welche Intentionen diese haben (d.h. welche Richtungsänderung notwendig ist) und welche Ansatzpunkte für Kontextveränderungen und damit für Steuerung überhaupt vorhanden sind (Schimank 1992). Alles Gründe dafür, daß viele Steuerungsbemühungen scheitern, nicht das gewünschte Ziele erreichen oder aber unübersehbare und nicht beabsichtigte Nebenwirkungen erzeugen.

Ich habe nun die ersten theoretischen Überlegungen zum grundsätzlichen Verständnis von Gesellschaft und zu den daraus resultierenden Möglichkeiten von Gesellschaftssteuerung dargelegt. Sie werden im folgenden entlang der historischen Entwicklungslinien der Ausbildung des Politikbereiches Arbeitsschutz mit empirischem Leben gefüllt. Es soll der „Verselbständigungsprozeß" des Wirtschaftssystems unter dem Gesichtspunkt von Interdependenz und Independenz in bezug auf das Thema Arbeitssicherheit betrachtet werden. Bereits entlang der geschichtlichen Entwicklungslinien im 19. Jahrhundert läßt sich aufzeigen, wie sich jene institutionellen Strukturen herausgebildet haben, die auch heute noch den Arbeitsschutz und sein Gefüge prägen. Es geht mir nicht darum, eine detailgenaue historische Beschreibung der Herausbildung des deutschen „Arbeitsschutzsystems" anzufertigen (siehe hierzu aktuell Bauerdick 1994; Buck-Heilig 1989; Windhoff-Héritier u.a. 1990). Ziel ist vielmehr, das für die steue-

---

15   Ziel der indirekt ansetzenden Einflußnahme ist es dann, „die Wahrscheinlichkeit des Zustandekommens unwahrscheinlicher Selektionszusammenhänge zu steigern" (Luhmann 1975b: 12).

rungstheoretischen Überlegungen Symptomatische des Entwicklungsprozesses aufzuzeigen. An den sich herausbildenden Strukturen läßt sich beispielhaft die Problematik gesellschaftlicher Steuerung in der funktional differenzierten Gesellschaft beleuchten. Die folgenden historischen Ausführungen zur Entstehung des Arbeitsschutzes als politische, verbandliche und betriebliche Aufgabe sollen deshalb auch dazu dienen, Anschlußmöglichkeiten für die weiteren theoretischen Überlegungen zu den gesellschaftlichen Steuerungsmöglichkeiten aufzuzeigen

4.2.1 Von der hierarchischen Steuerung zur Steuerung in einer polyzentrischen Gesellschaft

Die Modernisierung der Gesellschaft im frühen 19. Jahrhundert (vgl. hierzu Polanyi 1978), die insbesondere durch die Industrialisierung gekennzeichnet war, warf bereits nach kurzer Zeit gravierende Probleme auf. Es erwies sich als zusehends problematischer, die soziale Integration in die Gesellschaft und die Gerechtigkeit in ihr der „invisible hand" individueller Interessenverfolgung zu überlassen. Die immer offensichtlicher werdenden negativen Seiten des wirtschaftlichen Fortschritts forcierten einen Handlungsdruck und führten zu einem erheblichen Bedarf an politischen Steuerungsleistungen (Grimm 1993: 43ff.; Willke 1992a: 99f.), der den Staat – als Synonym für das politische System – innerhalb kurzer Zeit in eine prekäre Lage brachte:[16]

> „Er soll einerseits die hierarchische Spitze und das Zentrum einer Gesellschaft repräsentieren, welche der staatlichen Aufsicht und Kontrolle bedarf, ... Er soll andererseits genau diese autoritative und hierarchische Kontroll- und Entscheidungsbefugnis aufgeben, um die Autonomie und Selbstorganisation einer machtvollen und selbstbewußten Gesellschaft nicht zu stören." (Willke 1992a: 22)

Der Arbeitsschutz zählt zu einem der ersten Bereiche politischer Eingriffe in die individuelle ökonomische Freiheit (Bauerdick 1994: 21). Bereits früh wurde die Notwendigkeit erkannt, die individuellen ökonomischen Kalküle der Unternehmer insoweit zu begrenzen, daß sie nicht zu erheblichen Belastungen der Beschäftigten führten. Ursprung der Entwicklung war die Etablierung einer Bau- und Gewerbepolizei, verstanden in der Tradition des wohlfahrtsstaatlichen „Policey-Begriffs" des 18. Jahrhunderts: Er unterscheidet „zwischen einer Polizei im engeren Sinne als Sorge für die innere Ordnung und Sicherheit einerseits und einer vielfältigen öffentlichen Sorge um das

---

[16] Die von Teubner und Willke 1984 (11f.) für das Wirtschaftssystem bereits im 19. Jahrhundert angenommene Komplexität stellte die Politik dieser Zeit, entgegen ihrer Annahme, sehr wohl vor Steuerungsprobleme. Ihre Diagnose ist nur zutreffend, sofern allein die Funktionserfüllung der Wirtschaft, nicht jedoch ihre Leistungserstellung betrachtet wird. Die mit der Optionssteigerung einhergehenden externen Effekte provozieren eine Reihe von Steuerungsversuchen, die jedoch vielfach an der teilsystemischen Indifferenz des Wirtschaftssystems ihre Schranken fanden oder aber nicht mit der nötigen Konsequenz durchgesetzt wurden.

Gemeinwohl (auch in wirtschaftlicher Hinsicht) andererseits" (Bolenz 1987: 33). Damit waren die staatlichen Akteure im Arbeitsschutz jedoch auf konfligierende Ziele festgelegt: Sollten sie doch die Sicherheit für die in der Industrie beschäftigten Arbeitskräfte erhöhen und gleichzeitig die Förderung der wirtschaftlichen Entwicklung sicherstellen.

Für die Politik stellte die Industrialisierungsphase eine große Herausforderung dar. Sie machte Veränderungen im politischen Selbstverständnis erforderlich und verdeutlichte, daß der Politik nicht länger die Rolle der zentralen gesellschaftlichen Integrationsinstanz zukam. Hatte die Politik – als Staat – mit dem Wechsel vom Prinzip stratifikatorischer auf funktionale gesellschaftliche Differenzierung noch den Primat der gesellschaftlichen Spitze für sich beanspruchen können,[17] so wurde diese herausgehobene Position mit der sich entwickelnden bürgerlichen Gesellschaft des 19. Jahrhundert zusehends fraglicher. Mit der wachsenden Autonomie der gesellschaftlichen Teilsysteme wurde zugleich auch die Gleichrangigkeit von Politik und Wirtschaft immer offensichtlicher. Mit wachsender Vehemenz gelangen Politik und Wirtschaft in einen Gegensatz, der aus dem Umstand erwuchs, daß die Wirtschaft es „mit den positiven Folgen der Eigensucht zu tun" hatte, während die Politik sich um die Regulierung der „schlimmen Folgen der guten Absichten" (Luhmann 1987: 70) bemühen mußte. Für die Politik bzw. für „diejenigen politischen Akteure, welche nach der Verfassung der politischen Ordnung verbindliche Entscheidungen treffen" (Willke 1994: 15), wurde immer deutlicher, daß sie zugunsten der Wirtschaft immer mehr „an Boden verlieren".

Inhaltlich bedeutete dies für die Politik, daß ihre Aufgabe sich darauf beschränken mußte, nur noch die erforderlichen Rahmensetzungen (Vertrags- und Gewerbefreiheit etc.) vorzunehmen und stützende Institutionen (Steuersystem) zu errichten. Auf diese Weise sollte eine stabile und ansonsten autonome Wirtschaftsentwicklung ermöglicht werden. An die Stelle der Gestaltung und Konturierung der wirtschaftlichen Aktivitäten rückt zunehmend die Kompensation der negativen Folgen, die in kurzer Zeit zum beginnenden Aufbau des Wohlfahrtsstaates führte (Willke 1995: 189f.). Prozedural – so schreibt Mayntz – bewirkten diese Veränderungen, daß das politische System seinen Operationsmodus im Zuge der Entwicklung moderner Industriegesellschaften von Herrschaft auf Steuerung umstellen mußte. Während in der vorangegangenen Periode Politik in der Lage war, die Funktionssysteme zu zwingen, „das Mögliche als Notwendiges zu akzeptieren", entstand für die Wirtschaft mit der Industrialisierung die Option, „das Notwendige als Mögliches zu behaupten" (Willke 1994: 21).

---

17 Mit dem langsamen Übergang von der stratifikatorischen auf funktionale Differenzierung war verbunden, daß die Politik von jener Gesellschaftsschicht als Domäne für sich beansprucht werden konnte, die bereits in der Vergangenheit die Spitze der stratifikatorisch gegliederten Gesellschaft eingenommen hatte: vor allem der Adel.

Das in dem Zitat von Bolenz angedeutete Dilemma spiegelt die im Abschnitt 4.1 umrissenen Problemlagen funktionaler Differenzierung (Independenz und Interdependenz) plastisch wieder: Einerseits stellten Industrialisierung und Gewerbeförderung wesentliche gesellschaftliche Ziele im innerdeutschen wie auch europäischen Wettlauf der sich entwickelnden Nationen dar. Es galt als Zeichen der Zeit, den wirtschaftlichen Entwicklungsprozeß voranzubringen und die zunehmend selbstbewußteren Wirtschaftsakteure bei der Nutzung der sich vermehrenden Optionen nicht zu bremsen, sondern zu ermutigen. Gerade aus der ausschließlichen Konzentration auf die wirtschaftliche Effizienzsteigerung, also aus der Möglichkeit, der eigenen Handlungslogik zu folgen, resultierten Optionssteigerungen, die als gesellschaftlicher Fortschritt bewertet wurden. Andererseits entwickelte sich als externer Effekt und negative Folge der Industrialisierung die „Soziale Frage", die in den späten siebziger und in den achtziger Jahren des letzten Jahrhunderts die Interdependenzen zwischen Wirtschaft und Politik verdeutlichte. Die Funktionserfüllung durch die Wirtschaft stellte für die Politik ein gesellschaftliches Risiko dar, da sie zu einer Bedrohung der politischen Gesellschaftsordnung insgesamt führte und den Bestand der bestehenden politischen Ordnung in Frage stellte.

Bereits in der frühen Industrialisierungsphase stand die Arbeitsschutzpolitik damit vor den sich widersprechenden Anforderungen, zum einen bestimmte Schutzziele im Arbeitsschutz anzustreben, zum anderen aber die wirtschaftliche Entwicklung nicht durch zu hohe Kosten für Schutzmaßnahmen zu behindern. Dies zeigte sich bei den ersten personenbezogenen Schutzmaßnahmen, die auf eine Begrenzung der Arbeitszeiten von Kindern und Jugendlichen[18] abzielten, genauso wie bei den technikbezogenen Maßnahmen, die sich auf die Verhinderung von Dampfkesselzerknallen[19] (Bauerdick 1991, 1994; Sonnenberg 1968) und die Reduzierung der unübersehbaren Umweltschädigungen durch die Kohlefeuerung sowie die Hüttenindustrie richteten (Spelsberg 1984; Andersen/Brüggemeier 1987).[20]

---

[18] Die erste Thematisierung der personenbezogenen Arbeitssicherheitsproblematik wird mit der verringerten Wehrtüchtigkeit preußischer Rekruten in Verbindung gebracht. Deren körperliche Beeinträchtigung wurde besonders auf die Kinderarbeit zurückgeführt, die in Preußen im Jahre 1839 erstmals für Kinder unter neun Jahren verboten und für Jugendliche auf 10 Stunden begrenzt wurde (Windhoff-Héritier u.a.1990: 17).

[19] Gerade die Dampfkesselzerknalle machten eindrucksvoll deutlich, daß das Wissen über die Einsatzmöglichkeiten dieser neuen Techniken dem Wissen über die Beherrschung der mit dem Einsatz verbundenen Risiken weit voraus war. Erst im Verlauf des späten 19. Jahrhunderts war man in der Lage, die Druckbeständigkeit der Kessel anhand der „Kesselformel" zu berechnen und mit diesem Hilfsmittel auch adäquate Sicherheitsstandards zu gewährleisten (Bolenz 1987: 59ff.).

[20] Der rechtlich als Nachbarschaftsschutz verankerte Schutz der Umwelt war vielfach ein wesentlich stärkeres Argument, um Schutzmaßnahmen einzuleiten, als die direkte Schädigung der Arbeiter. Aber für die Entwicklung des Nachbarschaftsschutzes wie auch für den Arbeitsschutz galt, daß bestimmte Risiken hinzunehmen seien, da sie ursächlich mit der Industrie verbunden sind; so je-

Bereits 1831 wurde in Preußen das erste Gesetz zur Sicherstellung der Dampfkessel-überwachung verabschiedet,[21] das sich als nicht sehr effektiv erwies. 1845, 1848, 1856 und 1871 kam es zu Überarbeitungen des Gesetzes, die zur Einführung von Genehmigungs- und Überwachungspflichten durch staatliche Baubeamte führten (Bauerdick 1994: 71). Die häufigen Novellierungen machen deutlich, wie unzureichend die gesetzlichen Vorschriften und deren Umsetzung war. Mit der Revision des Gesetzes im Jahre 1872 wurden dann die Weichen neu gestellt, da damit die Möglichkeit eröffnet wurde, die Dampfkessel durch private Verbände vor allem durch die Vereinssachverständigen der neugegründeten Dampfkesselüberwachungsvereine zu kontrollieren. Hierin ist ein erster Rückzug staatlicher Akteure aus der Steuerung der weiteren technischen Entwicklung in der Industrie zu erkennen. Eine zweite Rücknahme politischen Gestaltungswillens läßt sich identifizieren: Es etablierte sich in bezug auf technische Sachverhalte eine veränderte Form der Gesetzesformulierung, bei der die Politik sich in wachsendem Maße auf die Festlegung allgemeiner Sicherheitsstandards beschränkte. Anstatt detaillierte Regelungen zu erlassen, wurde lediglich die Einhaltung der „anerkannten Regeln der Technik" vorgeschrieben. Die Präzisierung konkreter Konstruktionsvorschriften erfolgte durch einen Verweis auf technische Normen, die von Ingenieuren oder Verbänden entwickelt wurden (vgl. Lukes 1982: 18f.). Lundgreen sieht hierin das Eingeständnis der Politik, nicht „den obersten Sitz technischen Sachverstands zu verkörpern" (1981: 85).

Es zeigte sich schon in der Phase bis 1860 an den nur mäßigen Erfolgen der staatlichen Überwachung durch die Gewerbepolizei oder die Baubeamten, daß der personen- wie auch der technikbezogene Arbeitsschutz ein relativ stumpfes Instrument darstellte, um die Zustände in den Fabriken zu verbessern (vgl. Bolenz 1987: 101). Die von Windhoff-Héritier (1987a) in bezug auf die Aufsichtsbehörden festgestellte große Lücke zwischen gesetzlichem Anspruch und der Wirklichkeit verwaltungstechnischer Kontrollen ist darauf zurückzuführen, daß zwar politische Maßnahmen (Erlaß gesetzlicher Vorschriften) ergriffen wurden, diese aber nur sehr halbherzig umgesetzt werden konnten. So blieb die personelle Ausstattung der staatlichen Überwachungseinrichtungen ein dauerhaftes Problem,[22] das zu der nur geringen Wirksamkeit der Maßnahmen

---

denfalls eine fast durchgängige Interpretation in der damaligen Rechtsprechung (Andersen/Brüggemeier 1987: 69ff.).

21 Diese Rechtsvorschrift wird vielfach als erster Schritt der Etablierung eines technischen Sicherheitsrechtes in Deutschland angesehen (vgl. Berg 1985: 403). Gleichwohl lassen sich ältere Vorschriften finden, die sich auf die Sicherheit beim Umgang mit technischen Geräten oder Entschädigungspflichten bei eingetretenen Schadensfällen beziehen. Bereits um 1300 werden die ersten Bergordnungen mit Sicherheitsbestimmungen erlassen und um 1400 entstehen in verschiedenen Regionen berufsbezogene Krankenladen (Weber 1988).

22 Fehlendes Personal stellt auch heute noch die zentrale Problembeschreibung dar, wenn es darum geht, Erklärungen für ein festgestelltes Vollzugsdefizit im Arbeitsschutz zu liefern. Diese Problemlage hat sich insofern in den letzten zehn Jahren verschärft, als in der vergangenen Dekade in

beitrug. In diesem Zusammenhang machen die in der Literatur vielfach zu findenden Überlegungen zum Vollzugsdefizit im Arbeitsschutz durchaus Sinn.[23] Man ist versucht, vom Vorliegen „symbolischen Rechts" zu sprechen (Buck-Heilig u.a. 1988: 117, 124ff.), das im wesentlichen darauf abzielte, Regierungsaktivität vorzutäuschen, auf der Ebene ihrer Umsetzung jedoch eher schwach blieb und auch deshalb die personellen Ausstattungsdefizite in Kauf nahm. Gleichzeitig liegen aber auch Implementations- und Motivationsprobleme (Mayntz 1987: 95ff.) vor. So zeigen historische Untersuchungen sowohl auf seiten der Verwaltung wie auch der Unternehmen teilweise eine mangelnde Bereitschaft zur Maßnahmenumsetzung. In der Vollzugspraxis erfolgten zudem Aufweichungen der gesetzlich fixierten Rechtspositionen, da Wirtschaftlichkeitserwägungen zu Lasten der Schutzziele anzustellen waren. Auf die besonderen Bedingungen der Umsetzung von Vorschriften im Arbeitsschutz aufgrund der gesetzlichen Situation gehe ich im weiteren Verlauf der Argumentation ein.

Damit zeigen sich bereits im ersten Schritt der historischen Betrachtung eine Reihe von Steuerungsproblemen im Arbeitsschutz, die sich als Folge der zunehmenden funktionalen Differenzierung der Gesellschaft ergaben. Schon in dieser historischen Phase wurde den beteiligten Akteuren deutlich, daß die politischen Bemühungen um die Verbesserung der betrieblichen Arbeitsbedingungen weitgehend erfolglos blieben. Dieser Befund ist vor allem auf ein Umsetzungsdefizit auf Seiten der Behörden und auf ein Motivationsdefizit bei den Betrieben zurückzuführen. Im Kontakt zwischen den Betrieben und den Verwaltungen läßt sich bereits die Möglichkeit zur relativ weitgehenden Indifferenz der Wirtschaftsakteure erkennen. Den Kontrollbemühungen und den Versuchen der Implementation der politischen Programme konnten die Betriebe sich weitestgehend entziehen. Schon früh war offensichtlich, daß es der Politik bzw. den Verwaltungen als organisatorische Einheiten des politischen Teilsystems vor Ort kaum oder nur in Ausnahmefällen gelang, mit den Steuerungsversuchen bis zu den Steuerungsobjekten – Wirtschaftsunternehmen – vorzudringen.

Die Entwicklung führt plastisch vor Augen, daß Steuerungsversuche, die in Rechtsvorschriften „verpackt" sind, nicht entlang einfacher Kausalitäten ihre Wirkung entfalten.

---

den bestehenden staatlichen Gewerbeaufsichtsämtern ein zweites Standbein ausgebildet wurde: Umweltschutzabteilungen. Sie sind nicht auf Basis zusätzlicher Ressourcen, sondern ursprünglich als neue Teilaufgabe entstanden. Den Umweltschutzabteilungen ist es jedoch gelungen, aus der großen Bedeutung des Themas in der Öffentlichkeit und der gleichzeitig geringen und nur im Ausnahme- oder Katastrophenfall medienträchtigen Bedeutung des Arbeitsschutzes Kapital zu schlagen.

23 Wenn ich in späteren Abschnitten auf die Situation bei der Überwachung von Betrieben, die Laseranlagen zur Materialbearbeitung einsetzen, eingehe, wird sich zeigen, daß der Rekurs auf ein Vollzugsdefizit nicht ausreicht. Hier spielt dann auch eine Rolle, daß die vollziehenden Instanzen vielfach selbst gar nicht auf die potentiell bestehenden Gefährdungen bei der Lasermaterialbearbeitung eingestellt sind.

Denn – so ist mit Teubner (1991: 531) im Sinne der hier vorgetragenen Steuerungstheorie zu schließen – „(d)er Gang der Uhren des Rechts ist keine effektive Ursache für den Gang der Uhren der Wirtschaft, sondern nur eine causa occasionalis." Auch wenn sicherlich zu Recht davon ausgegangen werden kann, daß in vielen Politikfeldern die Politik noch als starker bzw. durchsetzungsfähiger Staat anzusehen war, bleibt bereits für diese Periode festzuhalten, daß ein in der Sprache des Rechts formulierter Steuerungsversuch von den Akteuren im Wirtschaftssystem nur im begrenzten Umfang wahrgenommen werden mußte. In diesem Sinne fragten die Wirtschaftsakteure schon damals danach, ob es ökonomischer ist, eine Vorschrift zu befolgen oder nicht. Das in den Unternehmen vorhandene Obstruktionspotential[24] reichte aus, um im interorganisatorischen Kontakt zwischen Betrieb und Verwaltung die politischen Arbeitssicherheitsprogramme soweit zu blockieren, daß von einer „erfolgreichen" Programmumsetzung kaum die Rede sein konnte.

Mit Schimank hatte ich im Kapitel 4.2 in bezug auf die Verselbständigung von Teilsystemen den Begriff der „interventionsresistenten Umweltinadäquanz" angeführt. Um diese zu konstatieren, wurde einerseits die Resistenz der angesprochenen Teilsysteme gegen Interventionsversuche (Motivationsproblem), andererseits das Vorliegen ernsthafter Steuerungsbemühungen vorausgesetzt. Es kann an dieser Stelle dahingestellt bleiben, ob die Umweltinadäquanz des Wirtschaftssystems bereits als interventionsresistent anzusehen ist. Historische Analysen zeigen zwar ein Versagen der Politik angesichts der Widerstände der Wirtschaftsakteure, fragen aber nicht danach, mit welcher Vehemenz von politischer Seite versucht wurde, die Arbeitsschutzpolitik auch umzusetzen. Betrachtet man die einschlägige Literatur (vgl. etwa Buck-Heilig u.a. 1988 oder Teubner 1989), so werden die Umsetzungschancen gesetzlicher Regelungen vor allem auf zwei Dinge zurückgeführt: (1) auf die Stärke der Sanktionen, die mit einer Nichterfüllung von Arbeitsschutzanforderungen verbunden wird und (2) auf die Wahrscheinlichkeit, mit der es der Aufsichtsinstanz gelingt, eine Nichterfüllung der gesetzlichen Vorschriften in den Betrieben zu entdecken.[25] Sowohl die Sanktionshärte als auch die

---

24 Historische Untersuchungen zeigen allerdings, daß es nicht nur die Unternehmen waren, die sich den Arbeitsschutzauflagen widersetzten. Vielfach wurde auch im Umfeld der durch die Fabrikinspektoren kontrollierten Betriebe Kritik laut. So schreibt Bauerdick, daß die Fabrikinspektoren „auch von den örtlichen Behörden und sogar von katholischen Geistlichen behindert" (1994: 80) wurden. Widerstand regte sich auch bei den durch die Arbeitsschutzbestimmungen geschützten Arbeitern. Insbesondere das Verbot der Kinderarbeit führte bei ihnen zu einer erheblichen finanziellen Einbuße, die ein Leben am Rande des Existenzminimums in Frage stellte (Bauerdick 1994: 79, Windhoff-Héritier 1987a: 135f.).

25 So schreiben etwa Buck-Heilig u.a. mit Bezug auf den heutigen Arbeitsschutz: „Diese Sanktionierungspraxis hat kaum abschreckende Wirkung: Zunächst einmal ist die Sanktionswahrscheinlichkeit so gering, daß es für die Unternehmer selbst bei höheren Strafen wirtschaftlicher wäre, sich nicht an die Bestimmungen zu halten, sondern das Risiko einer Entdeckung des Verstoßes einzugehen. Aber die zu erwartenden Sanktionen sind auch noch so niedrig, daß es sich selbst bei der

Kontrolldichte werden in den historischen Untersuchungen als nicht sehr schlagkräftig beurteilt. Damit bleibt offen, ob die nur geringen Erfolge im Arbeitsschutz auf die Interventionsresistenz der Wirtschaft oder auf ein fehlendes Interesse der Politik „an sich selbst" (Offe 1975) zurückzuführen ist. Möglicherweise hatte die Politik in der beschriebenen ersten Phase kein sehr ausgeprägtes Interesse an diesem Thema und unternahm deshalb keine „ernsthaften Steuerungsanstrengungen".

Für die weiteren Überlegungen scheint es allerdings sinnvoll, zwei unterschiedliche Politikbereiche zu unterscheiden: die Politik- oder Programmformulierung einerseits und deren Umsetzung durch die Verwaltungen andererseits. Der Blick in die Literatur legt die Vermutung nahe, daß es den politischen Akteuren in der ersten Phase politischer Bemühungen um den Arbeitsschutz noch gelang, Gesetze zu verabschieden, die auf den Schutz der Arbeiter zielten und der unbegrenzten Verfügung der Betriebe über die individuelle Arbeitskraft Schranken setzen sollten. Es bleibt allerdings die darüber hinausgehende Frage: Welches Interesse hatte die Politik, ihre Programme auch umzusetzen? Die in allen historischen Quellen genannte geringe personelle Ausstattung der Fabrikaufsicht kann hier als Indiz angesehen werden. Nicht zu verkennen ist, daß die Politik bei allem Bemühen um Arbeitssicherheit zugleich ein Interesse an der Weiterentwicklung der Wirtschaft hatte: Wirtschaftliche Aktivitäten stellten über das Steueraufkommen in der sich entwickelnden bürgerlichen Gesellschaft einen wachsenden Teil der Ressource zur Verfügung, auf die politische Akteure angewiesen sind, wenn sie nicht mehr herrschen können, sondern steuern müssen: Geld (vgl. Willke 1995: 187f.).

Einschneidende Veränderung im Beziehungsgefüge von Politik und Wirtschaft zeigten sich in der nächsten Phase des „Ringens" um den Arbeitsschutz. Sie begann mit der Reichsgründung im Jahre 1871 und mündete in die Sozialgesetzgebung der Ära Bismarck. Es besteht in der Literatur weitgehende Einigkeit darüber, daß in dieser Periode die Eckpfeiler des auch heute noch bestehenden Systems der Sozialversicherung, aber auch des „Arbeitsschutzsystems" (Deppe u.a. 1980) und seines Institutionengefüges errichtet wurden (z.B. Machtan 1985 oder Bauerdick 1994). Unterschiede in der Beurteilung lassen sich allerdings in bezug auf die Beziehung zwischen Politik und Wirtschaft feststellen. So läßt sich fragen, ob die sich herauskristallisierende Lösung der Sozialen Frage für eine „Entzauberung des Staates" (Willke 1983) steht, der überfordert das Feld den Wirtschaftsverbänden zur Selbststeuerung überließ, oder eher für eine „List des Staates" (Voelzkow 1993: 23f.), der geschickterweise das Eigeninteresse der Wirtschaftsakteure zu instrumentalisieren verstand und es in die entsprechenden Bahnen oder Entwicklungskorridore lenkte.

Aufdeckung eines Verstoßes finanziell auszahlt, sich nicht an die Bestimmungen gehalten zu haben" (1988: 132).

Doch kurz zu den historischen Hintergründen. In den späten sechziger Jahren des letzten Jahrhunderts wurden die von Marx (1975: 384) als „industrielle Pathologie" beschriebenen Folgen der Wirtschaftsentwicklung virulent und führten in den Jahren 1869-1873 zu einer großen Streikwelle mit über 1.000 Streiks (Machtan 1985: 422). Immer häufiger wurde in Zeitungsartikeln über dramatische Arbeitsunfälle berichtet und auch die sich formierende Gewerkschaftsbewegung fand vor allem über die Thematisierung der Verelendung und gesundheitlichen Beeinträchtigungen der Arbeiter (weniger über das eigentliche politische Programm) einen Zugang zu ihrer Klientel. So war den 1873 formulierten programmatischen Forderungen zur Verbesserung der Situation der Arbeiter kaum die politische Berechtigung abzusprechen. Denn:

> „(d)er Unterwerfungszwang unter unmenschliche und z.T. auch unwürdige Ausbeutungsverhältnisse schloß eine hohe Risiko- und Hinnahmebereitschaft ein gegenüber den mannigfachen Gefahren für Gesundheit und Leben, die der Betriebsalltag stets in sich barg. Wie jedoch die Arbeitskampfwelle schlagartig demonstrierte, war diese Hinnahmebereitschaft ein gesellschaftspolitisch höchst unsicheres Spekulationsobjekt und wohl auch eine – schon allein aus humanitären Erwägungen heraus – unverantwortliche Zumutung." (Machtan 1985: 422)

Die sich destabilisierende politische Lage und die aufgrund solcher Instabilität erwartbaren Beeinträchtigungen der wirtschaftlichen Entwicklung machten Arbeitsschutzmaßnahmen unabweisbar. Zwei alternative Lösungswege kennzeichneten die Diskussion der siebziger und achtziger Jahre des letzten Jahrhunderts. Der eine – er konnte sich nicht durchsetzen – zielte auf die Etablierung einer präventiven Arbeitsschutzorientierung, mithin auf die Einführung von betrieblichen Schutzmaßnahmen zur Vermeidung von Schädigungen an Leib und Leben der Arbeiter. Politische Vorstöße richteten sich vor allem gegen die in der 1869 verabschiedeten Gewerbeordnung festgelegte „freie Vereinbarung" zwischen Arbeitgeber und Arbeitnehmer bei der Gestaltung des Arbeitsverhältnisses (Bauerdick 1994: 83; Machtan 1985: 424). Verständigen konnten sich die verschiedenen Interessenvertreter aus Politik, Wirtschaft und Arbeiterschaft jedoch nur auf Maßnahmen, die die Freiräume, die von der Arbeitgeberseite bei der Gestaltung der Arbeitsverhältnisse extensiv genutzt wurden, auf indirektem Wege einschränkten. So kam es nicht zur Festlegung und konkreten Regelung von Ausschlußtatbeständen, sondern zur Einführung einer Haftpflicht des Unternehmers. Konnte dem Unternehmer im Schadensfall ein Verschulden nachgewiesen werden, so mußte dieser für die beim Anlagenbetrieb entstehenden Gesundheitsbeeinträchtigungen der Arbeiter Entschädigungsleistungen zahlen.[26] Darüber hinausgehende Anstren-

---

[26] Eine Verschuldenshaftpflicht wurde eingeführt, da eine Gefährdungshaftpflicht, die im Schadensfall ein grundsätzliches Verschulden des Betriebsinhabers unterstellte, als „ruinöse Schikane" durch die Industrie zurückgewiesen wurde. Die letztlich etablierte Lösung erwies sich für die Geschädigten vielfach als unpraktikabel, da ihnen damit die Beweislast auferlegt wurde und die Betriebsinhaber zumeist nur auf der Basis eines rechtskräftigen Urteils Ansprüche gegen sich akzeptierten. Einen solchen Rechtsstreit zu führen, sahen sich schon aus finanziellen Gründen nur die wenigsten Geschädigten in der Lage (vgl. Machtan/Ott 1987: 135f.). Die sich an den Erlaß der

gungen, eine präventive Orientierung im Arbeitsschutz zu verankern, ließen sich weder gegen den Willen Bismarcks noch gegen den der deutschen Wirtschaft durchsetzen (Tennstedt 1981).

Zu einer spürbaren Verbesserung der Situation kam es auf diese Weise nicht. Aufgrund der sich zuspitzenden sozialen Frage und des daraus resultierenden politischen Drucks ließen sich langfristig auf Prävention gerichtete Arbeitsschutzmaßnahmen – so die Ansicht Bismarcks – nur verhindern, wenn die Regierung sich selbst darum bemühte, einen „richtigeren Weg zu finden, bei dem die Möglichkeit des Bestehens der Industrie gewahrt blieb" (Votum Bismarcks in einer Sitzung des Preußischen Staatsministeriums am 28. 8. 1880, zitiert nach Machtan 1985: 433). Es war der Großindustrielle Louis Barre, der den entscheidenden Lösungsvorschlag unterbreitete. Der richtigere Weg orientierte sich an der Sicherstellung kompensatorischer Leistungen im Falle von Schadenseintritten und zielte im Kern darauf ab, die Soziale Frage nicht durch Verbesserung der Arbeitsbedingungen aus der Welt zu schaffen, sondern durch Versicherung eines „ungedeckten Existenzrisikos" (Ullmann 1982: 145) zu entschärfen.[27] Damit ging zugleich die Anerkennung des Umstandes einher, daß das in der Arbeitssituation bestehende Gesundheitsrisiko zum „normalen Lebensrisiko" der Arbeiter gehöre (Machtan 1985; Machtan/ Ott 1987; Milles 1989):

> „Im System einer gesetzlichen Zwangsversicherung der Arbeiter gegen die Risiken Unfall und Invalidität sah er (Bismarck, BS) die Möglichkeit, jenseits von Prävention und Verschärfung der Haftpflicht einen Kurs zu steuern, der als wohlfahrtsstaatlich ausgegeben werden konnte und doch nicht mit den Interessen der Industrie kollidierte." (Machtan/Ott 1987: 137)

Die Sozialgesetzgebung nahm unter der Regie Bismarcks die letzten politischen Hürden. Ein erster von ihm eingebrachter Entwurf scheiterte. Dieser sah eine zentrale Unfallversicherung in der Trägerschaft einer Reichsversicherungsanstalt sowie deren Finanzierung durch die Arbeitgeber und einen Staatszuschuß vor. Letztlich setzten sich jene Industrievertreter durch, die eine dezentrale genossenschaftliche Lösung präferierten und die alleinige Finanzierung durch die Unternehmen vorschlugen. Damit war der Startschuß für die Etablierung der Unfallversicherungsträger gefallen, die in der Folgezeit für verschiedene Wirtschaftszweige und Branchen gegründet wurden. 1887

Gesetze anschließenden Gerichtsverfahren bestätigten vielfach die Position der Geschädigten und bewirkten, daß das Haftpflichtgesetz als umstrittenes Arbeitsschutzinstrument in der Diskussion blieb.

[27] Ganz in diesem Sinne zeigt Hien (1989), daß es um die Jahrhundertwende beispielsweise in der Chemischen Industrie nicht darum ging, die Sicherheit der Anlagen zu erhöhen, sondern durch entsprechende Personalauslese möglichst Mitarbeiter einzustellen, die gegen die bekannten Chemikaliengefährdungen resistent sind. In der Chemieindustrie lassen sich bereits früh intensive Maßnahmen zur Gefahrenabwehr feststellen, Hien schreibt jedoch hierzu: „Dieser Begriff meint weniger die Verhütung der für Leib und Leben der Arbeiter bedrohlichen Situation als vielmehr die Vorsorge für einen möglichst reibungslosen Betriebsablauf und die Organisation einer weitgehend optimalen Krankheits- und Krankheitsfolgenverwaltung." (132)

wurde dann der „Verband der Deutschen Berufsgenossenschaften" ins Leben gerufen, dem sich in den folgenden 20 Jahren nahezu alle Berufsgenossenschaften anschlossen (Bauerdick 1994: 86).

Für die dargestellten Abläufe war prägend, daß sich das Gesicht der Wirtschaft wandelte: Im Verlauf der Entwicklung kam es zur verstärkten industriellen Konzentration und Zentralisierung sowie zur langsamen Formierung der Großindustrie. Diese Prozesse veränderten zugleich das Verhältnis zwischen Politik und Wirtschaft in der zweiten Phase der Institutionalisierung des deutschen Arbeitsschutzregimes. So ist mit Blick auf die Verselbständigungstendenzen des Wirtschaftssystems die Herausbildung und Stärkung einer ausgeprägten Selbststeuerungskompetenz festzustellen. Parallel zur politischen Entwicklung, die in der Reichsgründung gipfelte und zu einer wachsenden Integration führte, versuchte die Industrie, über den Weg umsichgreifender Verbandsgründungen ihre Möglichkeiten zur eigenen Interessenvertretung auszudehnen. Hierbei handelte es sich etwa um die Dampfkesselüberwachungsvereine (als Vorläufer der heutigen Technischen Überwachungsvereine, TÜV), die darauf abzielten, die staatliche Fabrikinspektion zurückzudrängen und in eigener Regie die technische Anlagensicherheit in den Betrieben zu überwachen. Zu nennen sind aber auch Verbände wie der „Centralverband Deutscher Industrieller", der die Wirtschaftsinteressen in die Politik einbringen sollte.

Die sich an der Sozialen Frage verdeutlichende Veränderung der politischen Lage stellte die Teilsysteme Politik und Wirtschaft gleichermaßen vor gravierende Anforderungen und führte schließlich zu Maßnahmen. Ohne abschließende Beurteilungen anstellen zu können, ist zu vermuten, daß die Reformen der achtziger Jahre des letzten Jahrhunderts nur möglich wurden, weil es zwischen Politik und Wirtschaft eine Interessenkongruenz gab. Die Soziale Frage beinhaltete nicht nur eine Kritik an den Arbeitsbedingungen in der Industrie und war nicht ausschließlich als ein teilsysteminternes Problem des Wirtschaftssystems zu verstehen. Sie stellte auch den Bestand des politischen Systems und seiner Ordnung (also den Staat als Selbstbeschreibung des politischen Systems) in Frage. So kam der etablierten Sozialgesetzgebung vor allem eine gesellschaftliche Befriedungsfunktion zu (vgl. Bauerdick 1994; Simons 1984; Windhoff-Héritier u.a. 1990): Die eingeführten Verbesserungen der sozialen Absicherung der Industriearbeiter sollten nicht nur diese besserstellen, die politischen Akteure verbanden mit diesen Maßnahmen zugleich auch die Hoffnung, daß sie zu einer Stabilisierung des politischen Systems beitragen würden.

Das auch an der Arbeitsschutzfrage sichtbare Zutagetreten von Interdependenzen zwischen Politik und Wirtschaft führte sowohl zu ernsthaften Steuerungsbemühungen durch politische Akteure als auch zur Aufgabe einer möglicherweise vorher bestehenden Interventionsresistenz. Für die Politik stellte das gefundene sozialpolitische Instrumentarium – so unbefriedigend es im Einzelfall für die betroffenen Individuen auch gewesen sein mag – den gelungenen Versuch dar, die Einheit der Gesellschaft durch Etablierung der ersten Ansätze des Sozial- und Wohlfahrtsstaates zu stabilisieren, ohne die voranschreitende Industrialisierung in größerem Maße zu behindern. Es ist zu vermuten, daß auch der Wirtschaft an einer solchen politischen Stabilisierung des noch jungen Reiches gelegen war, waren damit doch gleichzeitig die Weichen für die weitere wirtschaftliche Prosperität gestellt.

Die historisch angeleitete Betrachtung soll hier beendet werden. Sie vermittelt einen Eindruck von gesellschaftlichen Steuerungsproblemen, die aus der Gleichzeitigkeit teilsystemischer Independenz und Interdependenz resultieren. Die weitere Entwicklung des Arbeitsschutzes war seit 1890 durch ausgeprägte Beharrungstendenzen gekennzeichnet. Das institutionelle Arrangement, das staatliche und verbandliche Kompetenzen regelt, konnte in verschiedenen Reformversuchen nicht grundlegend erneuert werden (siehe hierzu Bauerdick 1994). Das zähe Ringen um das im August 1996 endgültig verabschiedete Arbeitsschutzgesetz stellt den Abschluß eines etwa 70 Jahre dauernden politischen Verhandlungs- und Entscheidungsprozesses dar. Bereits in der Weimarer Republik gibt es erste Bestrebungen, eine gesetzliche Vorschrift zu verankern, die als spezielle Rahmensetzung für den Bereich Arbeitsschutz fungiert. Mehrere Anläufe hierfür sind in der Vergangenheit fehlgeschlagen. Auch der Erarbeitung der jetzigen endgültigen Fassung gingen langwierige Diskussions- und Abstimmungsprozesse zwischen Politik, Wirtschaft und Gewerkschaften voraus.

Es ging bislang vor allem um das institutionelle Gesamtgefüge im Arbeitsschutz, um die Zuständigkeiten von Betrieben, Verwaltungen oder von Verbänden sowie um die Beziehungen zwischen Politik und Wirtschaft. Damit ist nur ein erster Schritt getan, um die Steuerungsprobleme im Arbeitsschutz zu untersuchen. Die Frage, wie Betriebe, Verwaltungen oder Verbände zur Beachtung des Themas Lasersicherheit angehalten werden können, stellt ein vergleichsweise weniger brisantes Problem dar als die Aushandlungsprozesse, die der grundlegenden Etablierung der Sozialgesetzgebung im letzten Jahrhundert vorangingen. Im folgenden sollen nun die steuerungstheoretischen Überlegungen weiter vorangetrieben werden. Hiermit ist zugleich verbunden, daß sich wieder eine engere Tuchfühlung zu jenen Befunden ergibt, die im Kapitel 3 als Stand der Forschung diskutiert wurden.

4.2.2 Regulative Politik am Ende?

Die voranstehenden theoretischen und empirischen Darlegungen verdeutlichen, daß ein hierarchischer Zugriff der Politik auf andere gesellschaftliche Teilsysteme unmöglich und auch Kontextveränderungen nur im begrenzten Umfang erfolgreich sind. Schon bei der Formulierung politischer Programme versuchen Akteure in den mit Eingriffen rechnenden Teilsystemen Einfluß auf deren Ausgestaltung zu nehmen, möglicherweise diese sogar völlig zu verhindern. Gelingt es, die Hürde der Programmformulierung zu nehmen, so ist zu erwarten, daß sich der politische Wille bei der Umsetzung der Programme durch die Verwaltung zumindest an den teilsystemspezifischen Übersetzungsleistungen bricht, im ungünstigsten Falle an der Ignoranz des angesprochenen Teilsystems scheitert. Das durch Steuerung angesprochene System muß selbst entscheiden, ob und wie eine politisch initiierte Kontextänderung für sein Operieren relevant werden soll. Politische Maßnahmen, die Veränderungen des Operierens anderer Systeme bewirken wollen, zeitigen nur dann irgendeine Wirkung, wenn sie die Barriere des systemeigenen Entscheidens überspringen können. Hierarchie, die vielfach als direkter Durchgriff verstanden wird, hat als politischer Steuerungsmechanismus – das zeigen vielfältige empirische Untersuchungen – in vielen Fällen seine Wirksamkeit eingebüßt. Mit Braun (1993: 199) läßt sich festhalten, daß es sich hierbei um einen heute weitgehend geteilten Befund handelt:

> „Trotz aller theoretischen Differenzierungen beginnt sich in der deutschen, durch die Systemtheorie wiederbelebten Staatsdiskussion (...) ein Konsens über die abnehmende Bedeutung einseitig hoheitlicher Entscheidungen des Staates in modernen, funktional differenzierten Industriegesellschaften und die zunehmende Bedeutung von mit der Gesellschaft vernetzten Handlungssystemen für die staatliche Entscheidungsproduktion abzuzeichnen."

Politische Steuerung ist zunehmend darauf angewiesen, im Kontakt mit jenen Akteuren Maßnahmen zu entwickeln, von denen veränderte Handlungsweisen erwartet werden. Genau hierin besteht der wesentliche Unterschied zwischen Herrschaft und Steuerung.

Die Diskussion der letzten drei Jahrzehnte zum Staatsversagen, zur Frage der „Regierbarkeit" oder auch zu Vollzugsdefiziten beim Verwaltungshandeln bezieht sich vor allem auf den Bereich der regulativen Politik, dem auch der Arbeitsschutz zuzuordnen ist (siehe etwa Mayntz 1979; Windhoff-Héritier 1987b). Vom Steuerungsanspruch her betrachtet, stellt regulative Politik einen relativ anspruchsvollen Programmtypus dar, der konkrete "... Handlungsanforderungen verbindlich festlegt und dabei mit Geboten, Verboten, Genehmigungsvorbehalten und Strafandrohungen arbeitet" (Voigt 1990: 84). „Regulierung bedeutet somit Einschränkung von Handlungsfreiheit" (Vobruba 1992: 174). Mit regulativer Politik wird versucht, vergleichsweise eindeutig formulierte Ziele zu erreichen, ein gewünschtes Verhalten zu bewirken oder bestimmte Entwicklungen in Gang zu setzen. Die Effektivität der Programmumsetzung wird damit zum wichtigsten Beurteilungskriterium, das sich durch einen Abgleich des bewirkten Verhaltens oder der erzielten Effekte mit den angestrebten Zielen verhältnismäßig einfach ermitteln läßt. Vielfach wird konstatiert (für den Arbeitsschutz etwa Windhoff-Héritier u.a. 1990), daß die Wirksamkeit von Maßnahmen dieses Typs zum überwiegenden Teil defizitär ist.

Mayntz (1979), die sich mit der Frage auseinandersetzt, ob regulative Politik in einer Krise steckt und als politisches Instrument seine Wirksamkeit eingebüßt hat, nutzt folgendes Schema (siehe Abbildung 5), um diesen Politiktypus zu beschreiben:

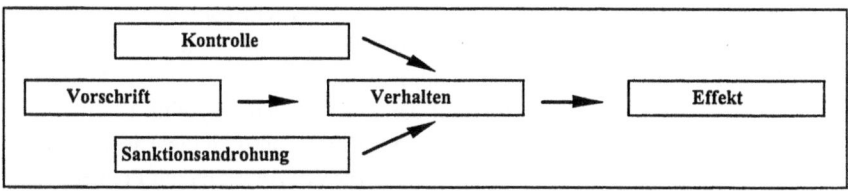

Abb. 5: Wirkprinzip regulativer Politik (nach: Mayntz 1979: 67)

Jede der mit Pfeilen markierten Beeinflussungsbeziehungen stellt zugleich eine Möglichkeit dar, die zum Versagen einer regulativen Maßnahme führen und die Effektivität der Regulierung in Frage stellen kann: Erstens können die angesprochenen Akteure eine Vorschrift schlicht ignorieren, so daß das gewünschte Verhalten von ihnen nicht realisiert wird. Zweitens kann sich die Kontrolle des Verhaltens als schwierig erweisen, da es nicht direkt beobachtbar ist. Drittens besteht die Möglichkeit, daß die Sanktionsandrohung ein stumpfes Instrument bleibt, da die Aufdeckung eines Fehlverhaltens unwahrscheinlich ist oder die Sanktion nicht in einem angemessenen Verhältnis zu dem mit der Verhaltensänderung verbundenen Aufwand steht. Viertens: Selbst wenn das erhoffte Verhalten eintritt, hat es möglicherweise nicht den angestrebten Effekt zur Folge. Ursache (Verhalten) und erhoffte Wirkung (Effekt) sind möglicherweise gar nicht oder nur beschränkt kausal miteinander verknüpft, so daß die politische Maßnahme schon aus diesem Grund das erhoffte Ergebnis verfehlen mußte.

Für die Themen des klassischen Arbeitsschutzes, die die im vorangehenden Abschnitt dargestellten Anfänge dieses Politikbereiches prägten, stellen der handlungsprogrammierende Zusammenhang von rechtlicher Vorschrift und betrieblichem Verhalten einerseits sowie der diesen unterstützende Einsatz von Kontrollen und Sanktionsandrohungen andererseits die wesentlichen Defizitbereiche dar. Bei Gefährdungen, die nicht dem Unfallgeschehen zuzuordnen sind, zu denen die Emissionen bei der Lasermaterialbearbeitung gehören, sind auch die Gründe weniger deutlich, die eine Intervention notwendig werden lassen (der Zusammenhang zwischen einem geforderten Verhalten und den hierdurch bewirkten Effekten ist den Betrieben häufig nicht eindeutig ersichtlich). Ein kausaler Zusammenhang, der im Arbeitsschutz in der Regel als klar definierte Ursache-Wirkungs-Beziehung den Betrieben nahegebracht werden muß, ist nicht auf den ersten Blick zu erkennen. Damit reduzieren sich die Umsetzungschancen der auf Arbeitssicherheit bezogenen Regelung, da nur auf Basis wissenschaftlicher Untersuchungen zu belegen ist, daß aufgrund gegebener Gesundheitsschädigung eine berechtigte Interventionsabsicht durch die Aufsichtsinstanzen besteht. Schwache Sanktionsinstrumente und eine geringe Kontrollintensität tun dann ihr übriges.

Die Diskussion des Forschungsstandes einerseits, aber auch die vorangehende historische Betrachtung haben gezeigt, daß beim Thema Arbeitssicherheit als Gegenstandsbereich regulativer Politik Effektivitätsmängel zu erkennen sind. Während die generelle Debatte um die „Regierbarkeit" in der Bundesrepublik erst in den siebziger Jahren einsetzt, scheint dieses Problem in bezug auf die Arbeitssicherheitspolitik bereits früher erkennbar. Gestützt auf die Analyse von Mayntz (1979) läßt sich die These formulieren, daß die Politik auf dem Feld des Arbeitsschutzes von Anbeginn mit Problemen der Steuerung in der modernen Gesellschaft zu tun hatte. Als einige gesellschaftliche Veränderungen, die in jüngerer Zeit (in den 70er Jahren dieses Jahrhunderts) regulative Politik zwar nicht in eine Krise, aber doch vor neue Herausforderungen stellten, werden von Mayntz benannt: die Komplexität der Regelungsgegenstände und das fehlende Wissen auf seiten der Politik, unzureichende Möglichkeiten der Kontrolle und ungenügende Sanktionsandrohungen, die schwächer werdende Anbindung regulativer Politik an bestehende soziale Normen sowie die gewachsene Bedeutung von Organisationen als Normadressaten. Wenn Mayntz (1979: 76) resümierend festhält, daß die Grenzen für die effektive Anwendung regulativen Rechts heute enger gezogen sind, „wobei die Gründe vor allem in Eigenheiten der zur Regelung anstehenden Probleme, in Merkmalen moderner Gesellschaftsstruktur und -dynamik und in damit wieder in Zusammenhang stehenden Reaktionstendenzen der Normadressaten bei regulativer Politik liegen", so besteht diese Konstellation für den Arbeitsschutz bereits seit langem. Die Politik stößt im Arbeitsschutz bereits früh an die Grenzen hierarchisch ansetzender Steuerungsleistungen und ist gezwungen, auf andere, „modernere" Koordinations- und Steuerungsformen umzuschwenken. Dies betrifft sowohl die Verfahren der Politikformulierung als auch die Modi der Umsetzung politischer Programme mittels behördlicher Maßnahmen. Folgt man diesem Gedanken, so läßt sich Arbeitsschutz – steuerungstheoretisch betrachtet – als immer schon modernes Thema begreifen.

Ist regulative Politik in der Krise oder gar am Ende? Mayntz verneint dies, betont allerdings, daß regulative Politik angesichts der gewachsenen Bedeutung von Organisationen als Steuerungsadressat anspruchsvoller anzusetzen habe. Etwas überraschender ist hier ein Zitat von Willke. Er schreibt:

> „Die erprobten Mittel direkter Intervention und extern verfügter Veränderung, nämlich Macht und Geld, genügen angesichts der Komplexität, Undurchsichtigkeit und Innen-Orientierung korporativer Systeme nicht mehr (...). Damit haben diese Mittel nicht ausgedient; für die Masse der Routineprobleme und Alltagsinterventionen in überschaubaren und individualisierbaren Problemlagen sind sie auf der Höhe der Zeit und inzwischen gewissermaßen perfektioniert." (1995: 32)

Im Vergleich mit jenen Problemen, bei denen die Mittel regulativer Politik sich ausmachen „wie die Tomahawks der Indianer gegenüber den Winchester der Siedler"

(Willke 1995: 32) – Umweltzerstörung, Massenarbeitslosigkeit, soziales Elend etc. – dürfte es sich beim vorliegenden Thema der Emissionsgefährdungen bei der Lasermaterialbearbeitung um eines der Routineprobleme handeln. Entgegen der im Zitat geäußerten Erwartung, versagt regulative Politik allerdings auch hier – jedenfalls im speziellen Fall.

Das voranstehende Zitat legt die Frage nahe, ob die von Willke betonte Annahme, daß es nur zwei Formen der Steuerung gäbe – von außen ansetzende Kontextsteuerung und systeminterne Selbststeuerung – ansatzweise wieder aufgelöst wird. Oder wird unterstellt, daß es regulativer Politik als Ergebnis der angesprochenen Perfektionierung gelingt, die Kontexte der Steuerungsadressaten in einer Weise und Zielgenauigkeit zu verändern, daß diese kaum anders können als operativ jene Selbststeuerung vorzunehmen, die die erwünschten Effekte zeitigt? Die Unterscheidung von Routineproblemen und qualitativ neuartigen Problemlagen erscheint als theoretischer Schachzug, der sich einerseits empirischer Beispiele bedient, um den – eher „steuerungspessimistischen" – Theorieüberlegungen entsprechende Plausibilität zu verleihen,[28] andererseits jene Gegenbeispiele entkräftet, mit denen eine Generalisierbarkeit der beschriebenen Steuerungsprobleme in Abrede gestellt werden soll.

Das Argument, daß Steuerung im Sinne einer Verhaltensänderung eines Systems nur als Selbststeuerung funktionieren kann, soll im folgenden für ein Routineproblem präzisiert und entwickelt werden. Ihm ist angesichts der Prämisse operativer Geschlossenheit von (Teil-) Systemen wenig entgegenzusetzen. Ganz offensichtlich gibt es von außen auf (Teil-) Systeme zielende politische Steuerungsversuche durch Kontextveränderungen, die nicht immer wirkungslos bleiben. Systeme müssen – und das ist auch der einzige Zugang, den politische Steuerungsversuche nehmen können – eine Balance zwischen operativer Geschlossenheit und externer Anregung aufbauen. Es soll im folgenden detailliert werden, wie ihnen dies gelingen kann, und welche Ansätze sich daraus für Steuerungsversuche als Beispiel für externe Anregung ergeben.

4.3 Theoretische Ansatzpunkte für aufgeklärte Steuerungsversuche

Die Annahme einer notwendigen Balance zwischen operativer Geschlossenheit und umweltsensibler Offenheit ist gleichzeitig der Ansatzpunkt, um die Möglichkeiten einer von außen ansetzenden Kontextsteuerung (verstanden als absichtsvolle Anregung

---

28 In einer früheren Arbeit gehen Teubner und Willke von der Idee der Kontextänderung als absichtsvolle Anregung zur Selbststeuerung aus (1984). In diesem Aufsatz sind eine ganze Reihe unterschiedlicher Optionen für Interventionsversuche angedeutet. In den neueren Arbeiten wird auf diese – offensichtlich dem etablierten und perfektionierten Instrumentarium zugerechneten– Instrumente nicht mehr eingegangen.

zur Selbststeuerung) zu präzisieren. Systeme unterhalten Umweltkontakte, die es ihnen erlauben, relevante Veränderungen in der Umwelt wahrzunehmen und als Informationen für das weitere Operieren zu nutzen. Es stellt sich allerdings eine Frage: Wie offen sind Systeme für die Wahrnehmung und anschließende interne Beachtung von extern erzeugten, in ihrer Umwelt auftretenden Ereignissen? Wie offen ist für Systeme offen genug?

In Abhängigkeit von der Betrachtungsebene ergeben sich etwas unterschiedliche theoretische Antworten. Die Überlegungen von Willke (1993: 111ff., 1995) beziehen sich vorrangig auf die Ebene der funktional differenzierten gesellschaftlichen Teilsysteme und fokussieren die zwischen ihnen zu bewältigenden Abstimmungsprobleme. In einigen Passagen betrachtet Willke allerdings auch den Systemtyp Organisation. Hierbei steht die Annahme im Hintergrund, daß die Gesellschaft in bezug auf ihre Koordinationsprobleme von den Wirtschaftsunternehmen lernen könne. Gerade die in den letzten Jahren offensichtlich werdenden Veränderungen der Wettbewerbsbedingungen hätten in den Industrieunternehmen zur Einführung modifizierter Koordinations- und Steuerungsinstrumente geführt. Diese seien durch ein Zurückdrängen von Hierarchie zugunsten diskursiv basierter Abstimmungsprozesse geprägt. Damit gehe gleichzeitig eine stärkere Betonung von Selbststeuerungskapazitäten der einzelnen organisatorischen Teilsysteme in den Unternehmen einher, die sich „eigensinniger" ihren verschiedenen Teilaufgaben zuwenden können, jedoch im Rahmen „diskursiver Koordinierungsprozesse" an den Belangen des Gesamtunternehmens orientiert werden (siehe hierzu Braczyk 1994).[29]

Diese Argumentationen bleiben bei Willke allerdings eher kursorisch und sollen belegen und illustrieren, daß es grundsätzlich Optionen einer kommunikativ gestützten intersystemischen Abstimmung gibt. Ein Vergleich der organisatorischen Vorgehensweisen mit den politischen Prozeduren bei der Behandlung der angeführten qualitativ neuartigen gesamtgesellschaftlichen Problemlagen zeigt dann, daß die Unternehmensprobleme mit den moderneren Mitteln bearbeitet werden. Hier könne die Politik hinzulernen und die Chancen verbessern, Teilsysteme dazu zu veranlassen, sich durch eine größere Offenheit den gesellschaftlichen Problemen gegenüber irritieren zu lassen.

---

[29] Damit ist zugleich ein alter organisationssoziologischer Befund angesprochen: Differenzierung führt zur Ausbildung lokaler Rationalitäten (Cyert/March 1963). Die einzelnen Abteilungen orientieren sich, dieser Argumentation zu Folge, stärker an eigenen Belangen, als an denen der Organisation insgesamt. Die in einigen Unternehmen durch Profit-Center neu etablierten Strukturen tragen diesem Rechnung und versuchen, hieraus größere Gewinne zu ziehen. Die lokale Rationalität soll effizienzsteigernd perfektioniert werden und die Integration der Teile zu einer Organisation durch interne Marktbeziehungen, die sich an den organisationsinternen Kundenwünschen orientieren, sichergestellt werden. Effizienzsteigerung durch Autonomie und Integration der Teile sollen gleichzeitig erreicht werden.

Etwas anders setzen Schimank oder Mayntz an. Auch sie behalten (zumindest in den älteren Arbeiten) die Ebene der Teilsysteme im Blick, betrachten allerdings vorwiegend die Aktivitäten von und Beziehungen zwischen handlungsfähigen Akteuren (Organisationen), die den Teilsystemen zugeordnet werden. Ihnen geht es darum, die empirisch feststellbaren Aushandlungsprozesse zwischen den organisierten Repräsentanten unterschiedlicher Gesellschaftsbereiche als Beispiele strategischer Interaktion und wechselseitiger Einflußnahme zu rekonstruieren. Hierbei gewinnen zunehmend spieltheoretische Argumente an Bedeutung. Auch dieser auf den ersten Blick „steuerungsoptimistischer" anmutende Ansatz setzt für die Untersuchung des hier zugrunde gelegten Arbeitsschutzproblems Laseremissionen zumindest eine Problemebene zu hoch an. Es stehen damit schließlich nicht die Eckpunkte des deutschen Arbeitsschutzes zur Disposition. Ganz anders wäre dies, wenn sich die angestellten Überlegungen auf die Debatten um das Arbeitsschutzrahmengesetz beziehen würden.

In den beiden genannten Ansätzen wird vor allem die Frage behandelt, wie die Politik Probleme bei der Formulierung von gesellschaftlichen Handlungsprogrammen lösen kann. Damit sind die Möglichkeiten von gesellschaftlicher Steuerung jedoch nur zum Teil erschlossen. Die im Kapitel 2.4 dargestellten empirischen Befunde wie auch die historische Betrachtung im Kapitel 4.2.1 zeigten, daß die Formulierung von Handlungsprogrammen allein nicht ausreicht, um eine erfolgreiche kontextuale Steuerung zu ermöglichen. Gerade bei der Umsetzung wird vielfach das Defizit regulativer Politik deutlich. Ein Steuerungserfolg kann schließlich erst als Ergebnis der Umsetzung des vereinbarten Programms verbucht werden (wird auf die Umsetzung verzichtet, so liegt der Verdacht symbolischer Politik nahe). Die theoretischen Überlegungen sollen deshalb vor allem in bezug auf Probleme der Programmumsetzung vorangetrieben werden. Jene Prozesse, die sich auf die gesellschaftlichen Abstimmungen auf der Ebene von Teilsystemen beziehen, treten damit in den Hintergrund. Zugleich wird es erforderlich, die einzelnen Organisationen in den Blick zu nehmen, die durch eine Änderung ihres Verhaltens die erwarteten Wirkungen erzielen sollen.

4.3.1 Teilsysteme und Organisationen

Teilsysteme und Organisationen gehen nicht ineinander auf: Wirtschaftsorganisationen sind nicht Teil des Teilsystems Wirtschaft und die Wirtschaft ist nicht mit der Summe aller Wirtschaftsorganisationen gleichzusetzen. Organisationen entstehen und bestehen aus Kommunikationen vom Typ Entscheidung (Luhmann 1988a). Demgegenüber sind die den einzelnen Teilsystemen zugeordneten Kommunikationen inhaltlich aufgrund der jeweils genutzten spezifischen Kodierungen bestimmt: Wissenschaft orientiert sich an Differenzen mit dem Code wahr/falsch, Wirtschaft reagiert auf Differenzen, die im

Code Zahlung/Nicht-Zahlung erscheinen etc.[30] Gerade dieser ausschließliche Bezug auf einen Code verdeutlicht die operative Geschlossenheit der Teilsysteme. Diese strikte Orientierung am eigenen Code wird von den Teilsystemen jedoch gelegentlich gelockert. Einerseits impliziert funktionale Differenzierung, daß jedes gesellschaftliche Teilsystem jedes andere Teilsystem von der eigenen Funktionserfüllung ausschließt (Exklusion). Andere Teilsysteme können folglich zur Funktionserfüllung nicht direkt beitragen. Zugleich kommt es zu einem gesellschaftsweiten Absuchen der Umwelt nach relevanten Ereignissen, die sich in den eigenen Code übersetzen lassen und Chancen für eine veränderte respektive verbesserte Funktionserfüllung bieten können (Inklusion):

> „Dies (die Inklusion, BS) zwingt die Funktionssysteme dazu, gewissermaßen den Raum möglicher Ereignisse kontinuierlich abzulesen und auf spezifische Relevanz hin abzusuchen. Dies kann dazu führen, daß es auf 'an sich' unscheinbare Ereignisse hin zu überraschenden Reaktionen kommt, weil sich Funktionssysteme gegen Ereignisse die *in ihrer Sprache und nach ihren Selektionskriterien* relevant sind, nicht wehren können: ..." (Willke 1993: 113, Herv. im Text)

Zu bedenken ist, daß solche Umweltereignisse nicht eins-zu-eins übernommen werden: Wissenschaftliche Erfindungen werden von der Wirtschaft dementsprechend nicht am Erkenntnisfortschritt, sondern an den sich eröffnenden ökonomischen Möglichkeiten gemessen. Die Ereignisse werden folglich nach jeweils systemeigenen Kriterien wahrgenommen und beurteilt.

Es ist zu vermuten, daß es gerade Organisationen sind, die die Kommunikationen unterschiedlicher funktionaler Teilsysteme aufeinander beziehen und so die Inklusion ursprünglich teilsystemfremder Operationen ermöglichen. Organisationen unterscheiden sich von Teilsystemen vor allem dadurch, daß sie die einzigen Sozialsysteme darstellen, „die ... 'im eigenen Namen' kommunizieren können" (Luhmann: 1994a: 191), oder mit den Worten Schimanks (1985), die handlungsfähig sind. Teilsysteme haben diese Fähigkeit nicht, ihnen wird lediglich das Vermögen zur Handlungsprägung zugemessen (Schimank 1985, 1992).

Während Luhmann sich auf Kommunikation bezieht, stellt Schimank den Begriff der Handlung in den Vordergrund. Die beiden Begriffe werden zumeist unterschiedlichen Theorietraditionen zugewiesen, indem der Begriff Kommunikation als systemtheoretischer Begriff mit dem der Handlung in einen Gegensatz gebracht wird (vgl. Heidenescher 1992). Der Systemtheorie ermangele es in diesem Verständnis an einem Handlungskonzept, mit dem die Interessen und Intention handelnder Akteure angemessen

---

[30] Während die Geschlossenheit des Wirtschaftssystems aus der ausschließlichen Verknüpfung von Zahlungskommunikationen resultiert, ergibt sie sich bei Organisationen aus der Verknüpfung von Entscheidungen. „Das Organisationsprinzip 'entscheidungsmäßige Selbststeuerung' heißt dann nicht Eingeschlossensein in die Selbstreferenz des Teilsystems Wirtschaft, sondern betont gerade die Eigenrationalität der beiden Prozeßebenen." (Wehrsig/Tacke 1992: 230)

berücksichtigt werden können. Zurecht verweist Heidenescher darauf, daß das Argument kaum aufrechtzuerhalten sei, daß es der Systemtheorie an einem angemessenen Akteurbezug (Schimank 1985) fehle. Sowohl Kommunikation wie auch Handlung haben einen zentralen Platz im theoretischen Gebäude der Systemtheorie. Luhmann schreibt:

> „Auf der Basis des Grundgeschehens Kommunikation und mit ihren Mitteln konstituiert sich ein soziales System demnach als Handlungssystem. ... Und in dieser verkürzten, vereinfachten leichter faßlichen Selbstbeschreibung dient Handlung, nicht Kommunikation, als Letztelement.
> Handlungen werden durch Zurechnungsprozesse konstituiert. Sie kommen dadurch zustande, daß Selektionen, aus welchen Gründen, in welchen Kontexten und mit Hilfe welcher Semantiken ('Absicht', 'Motiv', 'Interesse') immer, auf Systeme zugerechnet werden." (1984: 227ff.)

Handlungen sind damit zugerechnete Kommunikationen. Also Kommunikationen, für die bestimmten Systemen die „Verantwortung" zugemessen wird. Wenn Kommunikationen als Handlungen Sozialsystemen zugerechnet werden, so werden diese zumeist nicht auf Teilsysteme, sondern auf bestimmbare Organisationen als Akteure zugeschrieben. Ganz in diesem Sinne soll der Begriff Handlung im weiteren verstanden werden,

> „... als Reduktion kommunikativer Komplexität zu dem Zweck, vereinfachte Schemata der (...) Bestimmbarkeit von Akteuren, Zielen, Absichten, Folgen etc. zu schaffen. So nimmt die Tätigkeit der Verwaltung die Regelform des 'Verwaltungsaktes' an, welcher als einzelne, zurechenbare Handlung gut beobachtbar und entsprechend klar im justiziellen Verfahren kontrollierbar ist." (Willke 1992a: 215)

Der Vorteil des Konzeptes der Transformation von Kommunikation in Handlung mittels Zurechnung besteht in seiner „Willkür". Zurechnung ist ein Modus, der den endlosen Regreß von Wirkungen auf immer weiter zurückliegende Ursachen begrenzt, indem die rekonstruierbaren Kausalketten von den zurechnenden Akteuren dadurch abgeschnitten werden, daß sie bestimmte Handlungen als abgegrenzte Einheiten fassen (Heidenescher 1992: 447). Bei der generalisierenden theoretischen Beschreibung der Funktionsweisen und Operationsbedingungen sozialer Systeme kommt der Betrachtung von Handlungen, die von angebbaren Akteuren mit bestimmten Motiven, Interessen und Absichten vorgenommen werden, eine untergeordnete Rolle zu.[31] Das Konzept Handlung steht bei den theoretischen Überlegungen entsprechend im Hintergrund: Solange keine Zurechnungen vorgenommen werden, läßt sich von Kommunikationen sprechen. Sobald allerdings empirische Phänomene also die Operationsweisen einzel-

---

[31] Der Rückgriff auf das Konzept Handlung bietet zudem die Möglichkeit, Akteure zu benennen, und von steuernden und gesteuerten Akteuren zu sprechen. Dabei bleibt zu bedenken, das steuern nur den Versuch beinhaltet, den Handlungskontext anderer Akteure zu verändern, und daß die gesteuerten Akteure die eigentlich angestrebte Veränderung nur selbst vornehmen können. Luhmann (1989) spricht im Zusammenhang von Steuerung lediglich von Versuchen der Differenzminderung. Hieraus ergibt sich der „Vorteil", eben nicht die Akteure benennen zu müssen. Für eine empirische Analyse ist dieser abstraktere Zugriff allerdings weniger handlich.

ner Sozialsysteme untersucht werden, kommt es zu Zurechnungen durch den wissenschaftlichen Beobachter. So verfolgt die wissenschaftliche Beobachtung von Arbeitssicherheitsproblemen und des Umgangs mit ihnen durch die (un-)beteiligten inner- und außerbetrieblichen Akteure gerade das Ziel, die wechselseitigen Bezugnahmen untereinander zu rekonstruieren. Zumeist geht es dabei um Zurechnungen von Handlungen, die die Akteure untereinander vornehmen bzw. um die Zurechnung von Handlungen zu den beobachteten Akteuren, die der beobachtende Wissenschaftler vornimmt.

Adressat von zugerechneten Handlungen sind im vorliegenden Zusammenhang Organisationen: Sie sind handlungsfähig bzw. können auf eigene Rechnung kommunizieren. Teilsystemen wird demgegenüber vor allem das Potential zur Handlungsprägung zugemessen, indem angenommen wird, „daß gesellschaftliche Teilsysteme, verstanden als Komplexe generalisierter sinnhafter Handlungsorientierungen, handlungsprägende Fiktionen der gesellschaftlichen Akteure sind" (Schimank 1988: 620). Teilsysteme geben einen Referenzrahmen vor, indem sie normative, evaluative und kognitive Vorgaben bereithalten, die das Handeln der Akteure entscheidend prägen. Sie definieren mit, welche Handlungen grundsätzlich möglich sind, wenn diese als wirtschaftliche oder aber politische gelten und von anderen Akteuren als solche erkannt werden sollen (Schimank 1988; 1992). Die Vorgaben entfalten ihre handlungsprägende Kraft, indem die vorangegangenen teilsystemischen Kommunikationen sich in der Wahrnehmung der Akteure zu einer Vorstellung von teilsystemspezifischer Handlungsrationalität verdichten. Aus der Sicht der handelnden Akteure stellen sich gesellschaftliche Teilsysteme damit folgendermaßen dar:

> „Funktionelle Teilsysteme lassen sich als gesellschaftsweit institutionalisierte, funktionsspezifische Handlungszusammenhänge definieren. Ihr Konstitutionskriterium ist ein spezieller Sinn, der auf der normativ-kognitiven Ebene als besondere Handlungslogik oder Handlungsrationalität und auf der Handlungsebene als eine besondere Tätigkeit identifizierbar ist (wobei es der spezielle Sinn ist, der die Ausgrenzung der Tätigkeit erlaubt)." (Mayntz 1988: 17f.)

Fassen wir die Überlegungen kurz zusammen. Steuerungsbemühungen sind zwar auf der Ebene von Teilsystemen theoretisch zu rekonstruieren, sie gehen jedoch von Organisationen als handlungsfähigen Systemen aus und richten sich im Arbeitsschutz auch an sie. Der Unterschied zwischen dem Teilsystem Wirtschaft und Wirtschaftsorganisationen liegt gerade darin, daß Wirtschaftsorganisationen nicht ausschließlich wirtschaftlichen Kommunikationen folgen, sondern auch für Differenzen sensibel sein können, die anders codiert sind. Als „Multireferenten" (Wiesenthal 1990b) können sie sich auch anderen Codes zuwenden, differenzieren hierfür zumeist sogar spezialisierte Abteilungen aus und stellen entsprechend ausgebildete Mitglieder ein. Diesen Mitgliedern wird als „Person" (Luhmann 1995) die Fähigkeit zugemessen, bestimmte Umweltsegmente von Wirtschaftsunternehmen auch auf relevante nicht-ökonomische Kommunikationen hin abzusuchen. So haben große Wirtschaftsunternehmen nicht nur einen Bedarf an Experten für Produktions- und Buchhaltungsfragen, sie brauchen genauso Experten für Rechts- oder Umweltfragen sowie für Öffentlichkeitsarbeit.

Will man die Möglichkeiten regulativer Politik weiter ausleuchten, so scheint es sinnvoll, Organisationen und ihr Handeln in den Mittelpunkt zu stellen. In diesem Sinne scheint der wesentliche Punkt der Mayntzschen (1979) Diagnose zur möglichen Krise der regulativen Politik die Feststellung zu sein, daß Organisationen eine gewachsene Bedeutung im Regulationsfeld zukommt. Sie schreibt in bezug auf die Auswirkung des Entstehens von Organisationen auf Steuerungspotentiale in den Teilsystemen selbst wie auch auf seiten der Politik:

> „Mit der institutionellen Verfestigung sozialer Teilsysteme und insbesondere mit der Herausbildung einer mehrstufigen Binnenstruktur und damit von handlungsfähigen Akteuren höherer Ordnung (Organisationen, Verbände, Dachverbände, Organisationsverbünde) steigt zunächst ihre Fähigkeit zur Selbststeuerung oder doch mindestens zur Selbstorganisation. ... Was aber die so verstandene Selbstorganisationsfähigkeit und die Fähigkeit zur lateralen Abstimmung mit anderen, ähnlich organisierten gesellschaftlichen Teilbereichen erhöht, muß nicht zwangsläufig die politische Steuerbarkeit mindern, sondern kann sie ganz im Gegenteil ebenfalls erhöhen." (1987: 103)

Die Folgen[32] der Herausbildung von Organisationen in den Teilsystemen ist also ambivalent. Die Durchorganisiertheit der Teilsysteme hält für die Politik nicht nur potentiell verbesserte Steuerungsoptionen bereit, sondern eröffnet den sich organisierenden Akteuren möglicherweise auch vergrößerte Widerstandspotentiale.

Sollen Kommunikationen als Handlungen bestimmbaren Akteuren zugerechnet werden, so scheint es sinnvoll, *die Wirtschaft* nicht als einen monolithischen Block anzusprechen, sondern unterschiedliche Wirtschaftsakteure einzeln zu betrachten.[33] Die historische Darstellung der Verankerung des Themas Arbeitssicherheit im Handlungsrepertoire von Politik und Wirtschaft hatte auch zum Ziel, einen Eindruck von der beginnenden Durchstrukturierung beider Teilsysteme zu vermitteln. Insbesondere auf seiten der Wirtschaft wird die zunehmende Formierung teils eigenständig (Verein Deutscher Ingenieure), teils durch politische Initiativen und Anregungen (Dampfkessel-Überwachungsvereine oder auch Berufsgenossenschaften) motiviert. Es ergeben sich damit auf verschiedenen Ebenen Ansatzpunkte für teilsystemübergreifende Kontakte zwischen Politik und Wirtschaft. Um die angedeuteten Steuerungsprobleme im

---

32 Willke (1995: 25) geht zumindest davon aus, daß sich „die Regeln des politischen Spiels" und damit auch die Aufgaben und Potentiale von politischer Steuerung mit dem Auftreten von Organisationen verändern.

33 Auch mit Blick auf weitverbreitete Probleme der Arbeitslosigkeit ließe sich davon sprechen, daß *die* Wirtschaft, negative externe Effekte produziere, die *das* Sozialsystem mit den Folgen belastet. Hiermit ist eine Aggregation vorgenommen, die überdeckt, daß es einzelne Wirtschaftsorganisationen sind, die aufgrund von Unternehmensstrategien die Zahl ihrer Mitglieder reduzieren. Es besteht ein grundlegender qualitativer Unterschied zwischen der Rationalität des Handelns einzelner Akteure und der Rationalität der sich daraus ergebenden kumulativen Effekte für das Gesamtsystem (Willke 1993: 37, vor allem aber Luhmann 1973).

Arbeitsschutz angemessen zu rekonstruieren, ist es deshalb notwendig, die Betrachtung der Teilsystemebene zumindest vorerst in den Hintergrund zu stellen. Von Interesse sind dann kollektive Akteure, also unterschiedlichste Organisationen, seien sie nun Verwaltungen wie Gewerbeaufsicht und Ministerien, Verbände wie die Berufsgenossenschaft, Vereine wie etwa der VDI und das DIN oder aber Betriebe und Wissenschaftseinrichtungen.

In dieser Aufzählung deutet sich bereits an, daß Organisationen nicht nur das Teilsystem der Wirtschaft prägen, sondern auch die Politik. Auch sie stellt kein einheitliches Gebilde dar, das aufgrund legitimierter Willensbildung und deren verwaltungsbasierter Umsetzung weitgehend konsistent und widerspruchsfrei operiert. Eine solche Vorstellung entspringt vor allem der Idee eines durchgängigen, hierarchischen Staatsaufbaus, der auf Basis von klar definierten Über- und Unterstellungsverhältnissen von einer politisch entscheidenden Spitze bis zur untersten Verwaltungsebene durchstrukturiert ist.[34] Stringente hierarchisch-organisatorische Differenzierung und deren durch Anordnungsrechte garantierte Re-Integration werden als Garanten einer einheitlichen staatlichen Willensäußerung und -durchsetzung angesehen. Vielfältige Untersuchungen zeigen jedoch, daß sich auch der „Staat" bzw. das politische System durch Inkonsistenzen, widersprüchliche Zielverfolgungen und widerstreitende Ressortinteressen auszeichnet (Willke 1993: 107). So geht etwa Mayntz davon aus, daß der Staat, der in der Vergangenheit in der Lage war, ein Machtmonopol zu bilden, „nun ebenfalls ein komplexes System (darstellt), das aus vielen korporativen Akteuren besteht, Akteure, die nicht länger eine einzige, integrierte Hierarchie bilden" (1993: 44).[35] Auch Luhmann spricht davon, daß man das Funktionssystem der Politik nicht als einen einheitlichen, handlungsfähigen kollektiven Akteur verstehen kann (ähnlich auch Ritter 1990: 72):

> „Man wird hier zunächst an den Staat bzw. an die Staaten denken, aber eben das ist schon jeweils eine Organisation, die weder weltpolitisch noch innenpolitisch 'die Politik' *ist*. Es gibt andere Staaten, es gibt Kommunen, es gibt die politischen Parteien, es gibt Interessenverbände, es gibt eine politische Presse – also eine Vielzahl von Organisationen, die allesamt 'Politik machen'. Und es gibt natürlich eine Fülle von Interaktionen, die sich als politisch verstehen, ohne mit der Stimme des Staates zu sprechen oder durch sie vertreten zu werden." (Luhmann 1994a: 191, Herv. im Text)

---

[34] Hier läßt sich auch die Rede vom „starken" bzw. „schwachen Staat" verorten. Mit Scharpf (1991) kann man einwenden, daß die Diagnose eines starken oder schwachen Staates nur vor dem Hintergrund der Unterstellung eines vorhandenen Machtmonopols des Staates Sinn mache. Nur wenn man annimmt, daß der Staat über hierarchische Mechanismen in der Lage ist, allgemeingültige Entscheidungen zu treffen und autonom umzusetzen, ergibt sich die Möglichkeit, gegen die sich verbreitenden kooperativen Koordinationsformen Sturm zu laufen und sie als Gefahr für den Staat zu apostrophieren.

[35] Ellwein (1987) datiert den Beginn der Differenzierung der Verwaltung in einzelne Ressorts und Sonderverwaltungen auf das letzte Drittel des 19. Jahrhunderts und identifiziert insbesondere in der Phase direkt im Anschluß an die Reichsgründung 1871 eine verstärkte Spezialisierung einzelner Verwaltungseinheiten.

Es ist festzuhalten, daß auch Akteure Handlungen zum Teilsystem der Politik zusteuern, die nur bedingt als politische Akteure anzusehen sind. Politik ist nicht nur Sache politischer Organisationen, was noch einmal die Unterschiede zwischen Teilsystemen und Organisationen betont. Die Betätigungsfelder von Organisationen sind nicht entlang der Probleme geschnitten, die der funktionalen Differenzierung der Gesellschaft Konturen verleihen. Unternehmen können Kommunikationen zu sehr verschiedenen Teilsystemen zusteuern, sie können Zahlungen tätigen, sich als kompetent in Fragen der Wirtschaftspolitik erweisen oder aber Forschungs- und Entwicklungsergebnisse veröffentlichen, die in der scientific community für Furore sorgen. So sind Wirtschaftsorganisationen nicht ausschließlich, sondern nur hauptsächlich mit Wirtschaft befaßt. Die durch das Teilsystem Wirtschaft vorgegebenen normativen, evaluativen und kognitiven Handlungsprägungen geben allerdings einen Referenzrahmen ab, der auch ihre politischen, wissenschaftlichen oder sonstigen Kommunikationen nicht unbeeinflußt läßt.

Daß Politik nicht nur von politischen Akteuren betrieben wird, verdeutlicht auch der Umstand, daß in wachsendem Umfang politische Aufgaben an intermediäre Instanzen – etwa Verbände – übergeben werden. Verbände zeichnen sich dadurch aus, daß sie Organisationen sind, denen unterstellt wird, daß sie legitimerweise für Teilsysteme kommunizieren dürfen. Sie sprechen nicht in eigener Sache, wie es etwa für ein einzelnes Wirtschaftsunternehmen angenommen wird, sondern für die vertretene Klientel. D.h. sie repräsentieren einen bestimmten Gesellschaftsbereich, zumeist einen Ausschnitt aus einem Teilsystem, wie z.B. der Arbeitgeberverband oder der Verband der metallverarbeitenden Industrie. Vielfach wird die Gründung von Verbänden durch politische Akteure angeregt, um in dem jeweiligen gesellschaftlichen Teilbereich die Selbststeuerungsfähigkeiten zu erhöhen sowie die Zahl der Ansprechpartner zu reduzieren (siehe z.B. Kenis 1991). Die Verbände werden in der Folge zumeist eigenverantwortlich unter Beachtung vereinbarter Verfahrensregeln regulatorisch tätig und tragen zu einer Aufgabenentlastung der Politik bei. So wurden beispielsweise die sich am Ende des letzten Jahrhunderts etablierenden Berufsgenossenschaften nicht nur Träger jener Versicherungen, die die Kompensation eingetretener Schadensfälle abzuwickeln hatten. Ihnen wurden Regelsetzungs- aber auch Kontroll- und Aufsichtsbefugnisse bei der Überwachung der Betriebe übertragen. Damit traten sie zum Teil neben bzw. in Konkurrenz zu den bestehenden staatlichen Einrichtungen. Dies betraf vor allem die Gewerbeaufsicht.

Die Übertragung regulatorischer Befugnisse impliziert jedoch, daß „der Staat nicht mehr zentrale Steuerungsstelle, sondern Mitspieler in einem Netzwerk von Handelnden" (Fürst 1987: 266) ist. Die eigentlichen politischen Akteure (Regierungen, Ministerien oder Verwaltungen) sind nur noch für einen Teil der Politik zuständig und bemühen sich, die Selbststeuerungskapazitäten anderer gesellschaftlicher Akteure zu nutzen.[36]

4.3.2 Steuerung durch Erzeugung struktureller Kopplungen

Ich gehe also im weiteren davon aus, daß es insbesondere Organisationen sind, die kommunikative Beiträge zu den hier betrachteten gesellschaftlichen Teilsystemen Politik (einschließlich Verwaltung), Wirtschaft und Wissenschaft erbringen. [37] Sie stellen im Arbeitsschutz sowohl die steuernden als auch die gesteuerten Akteure dar.[38] Wie läßt sich nun auf der Basis von direkten (Gewerbeaufsichtsamtsverteter und betrieblicher Arbeitsschützer bei einer gemeinsamen Betriebsbegehung) und indirekten (das Sozialministerium erläßt eine Rechtsvorschrift, die der betriebliche Arbeitsschutz rezipieren müßte) Beziehungen zwischen Steuernden und Gesteuerten ein Steuerungsversuch theoretisch fassen? Hierbei bleibt die Prämisse, daß ein direkter Eingriff von außen nicht möglich ist und Steuerung nur als je individuelle Selbststeuerungsleistung der adressierten Organisation erfolgen kann.

Schimank (1992) – hierauf habe ich bereits hingewiesen – sieht den Ansatzpunkt für Steuerung in Maßnahmen, die den Handlungskontext der gesteuerten Akteure relevant verändern. Gelingt dies, so bedeutet das für die mit einem veränderten Kontext konfrontierten Organisationen, daß sie Mittel und Ziele ihrer Handlungsprogramme neu ordnen und eventuell anders ausrichten müssen. Luhmann spricht, um diesen Vorgang theoretisch zu fassen, vom Aufbau „struktureller Kopplungen" (Luhmann 1991b: 178ff., 1994a: 195; vgl. auch Teubner 1991: 536; Willke 1993: 45)[39]. Strukturelle Kopplungen entstehen immer dann, wenn die Operationen eines Systems zu relevanten

---

36 In diesem Verfahren erkennt Voelzkow die „List des Staates", der es versteht, die in der Gesellschaft verteilten Selbststeuerungskompetenzen zur eigenen Entlastung zu instrumentalisieren (1993: 23f.).

37 Zwei Anmerkungen sind notwendig: Zum einen gilt auch für die meisten anderen Teilsysteme, daß es vor allem Organisationen sind, denen kommunikative Beiträge in erster Linie zugerechnet werden. Zum anderen ist auf die Bedeutung von Individuen zu verweisen, die hier vernachlässigt werden sollen. Sicher kommt es vor, daß auch einzelne Individuen Kommunikationen zum Teilsystem der Politik oder der Wirtschaft beitragen. So kann es beispielsweise passieren, daß Organisationen sich die Kommunikationen einzelner Mitglieder nicht zurechnen und dann verlautbaren, der angebliche Vertreter habe nur seine Privatmeinung geäußert, nicht jedoch die Position der Organisation vertreten. Für die vorliegenden Überlegungen sind solche Äußerungen allerdings von untergeordneter Bedeutung.

38 Adressat von Steuerungsversuchen im Arbeitsschutz ist der Unternehmer, der als Mitglied der Organisation Betrieb begriffen wird. Sein Handeln wird nur relevant, soweit es der Organisation als juristischer Person zugerechnet wird.

39 An anderer Stelle spricht Luhmann von Resonanz (1986: 40ff.).

Umweltereignissen anderer Systeme werden, die diese zum Aufbau eigener Operationen nutzen. Hierbei kann es sich sowohl um Systeme des gleichen Systemtyps (etwa Organisationen) handeln als auch um ungleichartige (z.B. Interaktionssysteme und psychische Systeme, vgl. Luhmann 1995: 153), die füreinander Anknüpfungspunkte produzieren. Gerade Organisationen wird bei der Herstellung (Luhmann 1994a: 196) aber auch bei der Stabilisierung (Teubner 1991: 538) von strukturellen Kopplungen zwischen Teilsystemen besondere Bedeutung zugemessen (einen Überblick bietet Brodocz 1996).

Der Aufbau struktureller Kopplungen bezeichnet folglich den operativen Modus, mit dem die Inklusion (teil-)systemfremder Operationen in ein System gelingt. Man hat damit einen Begriff,

> „... der die trotzdem (trotz operativer Schließung, B.S.) bestehenden kausalen (aber eben nicht: operativen) Interdependenzen zwischen System und Umwelt erklärbar macht. ... Er schließt einerseits nahezu alle denkbaren Interdependenzen aus (...) und intensiviert zugleich andere." (Luhmann 1994a: 196)

Strukturelle Kopplungen entstehen dadurch, daß Systeme auf Operationen in ihrer Umwelt zugreifen und diese beim Aufbau eigener Operationen nutzen.[40] Politische Steuerung im Arbeitsschutz läßt sich damit als der Versuch verstehen, die Etablierung von strukturellen Kopplungen zwischen Politik und Wirtschaft zu bewirken. Dies geschieht dadurch, daß mit politischen Handlungen (mit einem Verwaltungsakt, einer politische Entscheidung oder einem Gesetzes- oder Verordnungstext) die Absicht verbunden wird, daß sie ein relevantes Umweltereignis für die angesprochenen Systeme darstellen. Aus der Perspektive der gesteuerten Akteure sind dies kontextverändernde Handlungen, die sie den steuernden Akteuren zurechnen und die eine Modifikation des eigenen Operierens ermöglichen oder notwendig machen. Es ist immer dann vom Vorliegen einer Steuerungshandlung auszugehen, wenn eine Operation von einem System mit dem Ziel vorgenommen wird, eine Kontextänderung für andere Akteure hervorzurufen, die diese Akteure dazu veranlaßt, ihr Handlungsprogramm zu ändern. Dies ist unabhängig davon, ob der Steuerungseingriff den Handlungskontext der adressierten Akteure so modifiziert, daß diese ihre zukünftigen Handlungen in der erhofften Art und Weise verändern.[41]

---

[40] Hierbei handelt es sich, wie Brodocz (1996: 362ff.) betont, zum Teil durchaus um dauerhafte Einrichtungen. So nennt er als ein Beispiel Zeugnisse als strukturelle Kopplungen zwischen dem Erziehungssystem und dem Wirtschaftssystem. Es ist jedoch zu beachten, daß die strukturellen Kopplungen nicht „zwischen den Systemen aufgehängt" sind, sondern systemspezifische im jeweiligen Operieren zu realisierende Bedeutung haben.

[41] Mayntz (1987: 94) schlägt deshalb vor, Steuerungshandeln und Steuerungswirkung streng getrennt zu betrachten. Das Bemühen um eine Kontextveränderung genügt, um aus der Sicht der handelnden Akteure von Steuerungshandeln auszugehen. Erst die Reaktion auf die Kontextveränderung durch die gesteuerten Akteure führt zu Steuerungswirkungen. Es scheint deshalb sinnvoll, die jeweils unterschiedliche Perspektive der Akteure gesondert zu betrachten.

Ziel eines Steuerungsversuches ist nicht eine bestimmte Veränderung des organisatorischen Prozessierens selbst, sondern das Vermeiden von Handlungswirkungen, die nach Meinung der steuernden Akteure mit den bislang beim Adressaten etablierten Handlungsformen kausal verbunden sind. Politischen Akteuren ist es letztlich egal, wie die Arbeitsbedingungen in den Betrieben konkret aussehen, solange diese nicht mit (zu vielen) negativen Auswirkungen verbunden sind, die Rückwirkungen auf das eigene Handeln haben. Es sind damit vor allem die indirekten Auswirkungen des wirtschaftlichen Handelns, die für die Politik von Interesse sind (siehe hierzu auch die Ausführungen zur Sozialen Frage).

Es bleibt festzuhalten, daß der Begriff der strukturellen Kopplung nicht nur dazu dient, eine Reformulierung des Begriffs Steuerung vorzunehmen. Steuerungshandlungen sind ein Beispiel für Operationen, die zu strukturellen Kopplungen führen können. Ihre Besonderheit liegt darin, daß die Etablierung einer Kopplung beabsichtigt ist, auch wenn diese Absicht letztlich fehlschlägt, da der Adressat des Steuerungshandelns auf dieses nicht (wie erwartet) reagiert. Vielfältige Operationen von Organisationen führen jedoch zu strukturellen Kopplungen, obwohl Anschlußoperationen in anderen Organisationen gar nicht beabsichtigt waren, vielleicht sogar vermieden werden sollten. Jedwede Form der Bezugnahme des Operierens eines Systems auf die Operationen eines anderen Systems läßt sich mit dem Begriff der strukturellen Kopplung fassen. Kopplungen entstehen beispielsweise auch dann, wenn Akteure im Teilsystem Kunst auf bestimmte technisch-wissenschaftliche Entwicklungen aufmerksam werden, und diese als Anlaß für Veränderungen des eigenen Operieren nutzen. So gibt es inzwischen mit Lasern hergestellte Kunstwerke, die die besonderen Materialbearbeitungseigenschaften dieser Technik ausnutzen.

Für den Sonderfall von Operationen, die Kontextsteuerungen beabsichtigen, ist von Bedeutung, daß strukturelle Kopplungen nicht zielsicher hergestellt werden können. Die gekoppelten Systeme müssen jedes für sich die Kopplung realisieren. Betrachtet man etwa einen politischen Steuerungsversuch, der sich an Wirtschaftsakteure richtet, so müssen die Wirtschaftsakteure den Steuerungsversuch wahrnehmen und als relevante Information einschätzen, um dann günstigstenfalls eine Änderung in den verfolgten Strategien oder im Handlungsprogramm vorzunehmen. Es bleibt damit unbestritten, daß Steuerung den (Um-)Weg über die Selbststeuerung der angesprochenen Akteure gehen muß. Zu fragen ist allerdings, wie ausgebaut oder unwegsam dieser Zugang zu den Akteuren ist.

Aus der Zweiseitigkeit struktureller Kopplungen, die auf dem systemeigenen Zugriff mindestens zweier Systeme auf bestimmte Operationen für Anschlußhandlungen beruht, ergibt sich empirisch die Notwendigkeit, beide Seiten zu betrachten. Bei politischer Steuerung hat man es im einfachsten Fall dann immer mit einem oder mehreren politischen Akteuren und den Adressaten in ihrer Umwelt zu tun. Genau in dieser Perspektivität der Analyse scheint eine der Stärken des am Max-Planck-Institut für Gesellschaftsforschung entwickelten Ansatzes zu liegen: Hier wird versucht, Steuerungsprobleme gerade aus der Wechselseitigkeit von zwei oder mehr unterschiedlich stark verschränkten Akteurperspektiven zu rekonstruieren. Indem die Vertreter des Ansatzes aufeinander bezogene Handlungen der steuernden und gesteuerten Akteure untersuchen, bemühen sie sich um die „... Reduktion kommunikativer Komplexität zu dem Zweck, vereinfachte Schemata der (...) Bestimmbarkeit von Akteuren, Zielen, Absichten, Folgen etc." (Willke 1992a: 215) zu erhalten.

Mit Blick auf den Phänomenbereich der Arbeitsschutzpolitik möchte ich verschiedene Arten der Herstellung von strukturellen Kopplungen bzw. von Kontextänderungen unterscheiden. Erstens kann die Erzeugung von strukturellen Kopplungen auf jenem Weg erfolgen, den man herkömmlicherweise als Standardfall politischen Handelns unterstellt. Regulative Politik wäre hierfür ein klassisches Beispiel: Politische Akteure sehen sich veranlaßt, das Niveau der Arbeitssicherheit in den Betrieben zu erhöhen. Sie erlassen darum eine neue oder geänderte Vorschrift, um aufgrund der Umsetzung der Vorschrift durch die Betriebe die Arbeitssicherheit zu verbessern. Diese Art der Kopplung stützt sich vor allem auf Konditionalprogramme. Programme also, die auf klar definierten Wenn-Dann-Verknüpfungen (wenn ein bestimmter Tatbestand gegeben ist, dann besteht eine Handlungsnotwendigkeit oder ein Anspruch auf eine Leistung) fußen. Es lassen sich drei Konstellationen denken, die aus unterschiedlichen Reaktionen der Betriebe als Normadressaten resultieren:

1. Betriebe nehmen die Vorschrift wahr. Sie interpretieren sie, gleichen ihre Interpretation mit den betrieblichen Gegebenheiten ab und kommen dabei zu dem Schluß, daß neue Maßnahmen notwendig bzw. daß die ergriffenen Maßnahmen ausreichend sind.

2. Betriebe nehmen wahr, daß es die Vorschrift gibt, ignorieren allerdings deren Inhalt und ergreifen entsprechend auch keine Maßnahmen.

3. Betriebe nehmen nicht wahr, daß es eine neue Vorschrift gibt und leiten keine weiteren Maßnahmen ein.

Während in den beiden ersten Fällen strukturelle Kopplungen entstehen, da die angesprochenen Wirtschaftsorganisationen auf den Erlaß der Vorschrift reagieren, ist dieses bei der dritten Option nicht der Fall. Der Vergleich der ersten beiden Fälle zeigt jedoch, daß die Entstehung einer strukturellen Kopplung zu sehr unterschiedlichen Anschlußhandlungen führen kann: Aus Sicht der Wirtschaftsakteure stellen beide Handlungsalternativen gleichwertige Formen der Reaktion auf die politische Operation dar. Für die Politik markiert der zweite Fall grundsätzlich ein Versagen der Steuerung, das sich von der dritten Option nicht unterscheidet, da die zu beachtende Vorschrift keine als angemessenen erachtete Reaktion des Normadressaten auslöst.[42]

---

42 Die Einschätzung, ob ein Steuerungserfolg oder -versagen vorliegt, wird im Fall der Ignoranz natürlich auch von der Einschätzung des Sicherheitsniveaus in dem betrachteten Betrieb geprägt.

Vor allem für die zwei letzten betrieblichen Reaktionsmöglichkeiten sieht das politische Handlungsrepertoire sichernde Maßnahmen vor: Die Kontrolle mit der Möglichkeit der Sanktionsandrohung durch die Staatliche Gewerbeaufsicht. Das politische Handeln geht damit in den Zuständigkeitsbereich der Verwaltung über. Gleichzeitig ist eine zweite Art der Herstellung struktureller Kopplungen benannt. Über politische Programme im Arbeitsschutz wird nicht nur versucht, das Sicherheitsniveau in den Betrieben zu erhöhen, sie beinhalten zugleich auch Handlungsanweisungen für die Verwaltungen. Auch die Verwaltung wird in bezug auf die Durchführung von Kontrollen durch den in eine Vorschrift gefaßten Steuerungsversuch angesprochen. Vor diesem Hintergrund macht es Sinn ein Motivationsdefizit auf seiten der Verwaltung als möglichen Grund fehlschlagender politischer Steuerungsbemühungen anzuführen (siehe hierzu etwa Mayntz 1987: 95ff.).

Die Aufgabe der Gewerbeaufsicht selbst besteht im Arbeitsschutz darin, eine dritte Art der strukturellen Kopplung herzustellen. Im Rahmen einer Revision durch die Gewerbeaufsicht kommt es zumindest kurzfristig zu einem aufeinander bezogenen parallelen Operieren von Verwaltung und Betrieb. Ein Teil des „Handlungsstromes" der Mitglieder beider Organisationen, die sich die Organisationen als jeweils eigene Handlungen zurechnen, wird miteinander verschränkt. Verwaltungshandeln und Betriebshandeln nehmen in der Interaktionssituation direkt aufeinander Bezug. Die Kopplung wird hier auf der Basis eines Interaktionssystems hergestellt, an dem die Individuen als „Personen" (Luhmann 1995) teilnehmen. Ihnen werden von ihrem Gegenüber jeweils bestimmte Verhaltenseinschränkungen attribuiert, die aus der wechselseitigen Wahrnehmung der jeweils anderen Organisation bzw. des Organisationstyps (Verwaltung und Betrieb) abgeleitet wurden. Gleichwohl erfolgt die Zurechnung der Kommunikationen auf die Organisationen. Im juristischen Streitfall kommt es zu einer Auseinandersetzung zwischen der Behörde und dem Betrieb (auch wenn in der Interaktionssituation selbst ein „typischer Beamter" es mit einem „rücksichtslosen Unternehmer" zu tun hatte).

Im Zuge der Revision kommt es jedoch nicht zwangsläufig auch zu einem Steuerungshandeln. Die Operationen der Verwaltung schlagen erst dann in einen Steuerungsversuch um, wenn der Beamte zu dem Schluß kommt, daß das bestehende Sicherheitsniveau unzureichend ist und dieses auf den oben genannten Fall 2 (Ignorieren der Vorschrift) bzw. 3 (Unwissenheit) zurückzuführen ist.[43] Die Verwaltung wird beide Betriebsreaktionen gleich behandeln, indem sie den Betrieben ein Ignorieren der Vor-

---

Würde die Arbeitssicherheit von den politischen Akteuren als ausreichend eingeschätzt, so ist die betriebliche Ignoranz gegenüber der Vorschrift nicht schädlich, sondern die Regelung nicht einschlägig.

[43] Auch die Reaktionsweise 1 kann natürlich zu einer falschen Entscheidung durch den Betrieb führen, so daß ebenfalls eine Anweisung der Behörde erfolgen kann.

schrift genauso wie Unkenntnis als Entscheidung zurechnet: in diesem Fällen als fehlerhafte Einschätzung der betrieblichen Gegebenheiten und der daraus resultierenden Notwendigkeit von Maßnahmen. Die Gleichbehandlung beider Fälle mag unbefriedigend erscheinen, aber die rechtliche Beurteilung folgt auch hier dem Prinzip: „Unwissenheit schützt vor Strafe nicht." Auch wenn der Betrieb sich gar nicht für oder gegen das Ergreifen von Maßnahmen entschieden hat, wird die Behörde eine Entscheidung unterstellen.

Die Fälle 2 und 3 beschreiben das typische Schicksal regulativen Rechts, wie es in der Diskussion über die Möglichkeiten der politischen Steuerung durch Recht immer wieder benannt wird: Die erlassene Vorschrift allein reicht nicht aus, um eine Änderung im Verhalten der Adressaten zu bewirken. Aber auch die absichernde Kontrolle und Sanktionsoptionen der Verwaltung bewirken in vielen Fällen nicht die erhoffte Verhaltensänderung. Der „direkte Weg" von den politischen Akteuren hin zu den Akteuren, die anderen gesellschaftlichen Teilsystemen zuzurechnen sind, scheint durch sehr unwegsames Gelände zu führen. Heißt dies jedoch, daß dieser relativ einfache weil direkt ansetzende Interventionstyp in die „Rumpelkammer ausgedienter Politikinstrumente" zu verfrachten ist? Ist die auftretende Erfolglosigkeit der politischen Bemühungen (für den Gegenstandsbereich des Umweltschutzes etwa Beck 1986/1988; Wolf 1987) ein Indiz für die Unangemessenheit der Instrumente oder lediglich deren unvermeidliche Begleiterscheinung?

Zu bedenken ist schließlich, daß die so entstehenden Kopplungen zwischen Politik und Wirtschaft nur lose sind. Die politischen Steuerungsversuche bedürfen jeweils der Übersetzung durch die Adressaten und können erst daran anschließend handlungsrelevant werden. Für die Politik erweist es sich zudem als schwierig, daß die Kopplung jeweils von den einzelnen Wirtschaftsorganisationen hergestellt werden muß. Es gibt folglich keinen einzelnen und damit einheitlichen Ansprechpartner. Dies macht die Umsetzung der Programme und vor allem deren Kontrolle problematisch. Mit diesen drei Formen der strukturellen Kopplung sind gleichzeitig die klassischen Typen der Steuerung bezeichnet: Gesetzes- bzw. Vorschriftenerlaß sowie behördliche Umsetzung und Kontrolle. Die hierbei feststellbaren Defizite werden von den politischen Akteuren insbesondere als Akzeptanzverweigerung durch die Steuerungsadressaten wahrgenommen.

Zwischen der Formulierung politischer Programme und der Verhaltensänderung durch die angesprochen Betriebe einerseits und zwischen behördlichen Anweisungen und betrieblichen Maßnahmen andererseits bestehen nur lose Beziehungen. Der häufig festgestellte geringe Grad der Beeinflussung betrieblichen Handelns durch diese zwei Formen der politischen Intervention bildet den Kern des Vollzugsdefizites. Dies reicht jedoch nicht aus, um ein Fehlschlagen von politischen Intentionen, die in der Form von Vorschriften formuliert wurden, in allen Fällen zu erklären. Daneben gibt es die Möglichkeit, daß die politische Intention gar nicht zum Bestandteil behördlichen Vorgehens wird und bereits hier im Sande verläuft. So läßt sich für den Bereich Lasersicherheit feststellen, daß dieser bislang kaum ein Thema für den außerbetrieblichen Arbeitsschutz darstellt.

Um auf die festgestellten Defizite zu reagieren, wird ein anderer Steuerungstyp genutzt. In den theoretischen Überlegungen zu dieser Interventionsform wird er mit dem Begriff des reflexiven oder prozeduralen Rechts (etwa Teubner 1982) bezeichnet. Sein Einsatz zielt darauf, die Selbststeuerungskapazitäten der gesellschaftlichen Akteure zu aktivieren und für die Lösung gesellschaftlicher Probleme zu nutzen. Die von außen ansetzenden Versuche der Kontextsteuerung haben zum Ziel, die systemeigene Reflexionskapazität zu erhöhen, indem die Fähigkeit gestärkt wird, das eigene Handeln mit den Augen anderer, möglicherweise von diesem Handeln negativ betroffener Systeme zu betrachten (Willke 1993: 48, 120ff.). In bezug auf Individuen ließe sich dieses Vermögen als Empathie bezeichnen. Die (politisch motivierte) Kontextsteuerung geht in solchen Fällen davon aus, daß es nur wenig Erfolg haben würde, den Akteuren in irgendeiner Form Lösungen oder Veränderungsziele vorzugeben. Steuerungsversuche versprechen nur dann positive Effekte, wenn die Gesteuerten von vornherein an der Ausarbeitung und Entwicklung der Maßnahmen beteiligt werden und gewissermaßen selbst die notwendigen Lösungen konzipieren.

Die neueren Ausführungen zu diesem Steuerungstyp scheinen ihren Ausgangspunkt in den modernen Therapieformen zu haben.[44] Die Basis des Erfolges von Interventionen auf den Ebenen Gesellschaft, Organisation und Individuum wird in der je systemeigenen Bereitschaft zur Selbstveränderung verortet: Eine Therapie kann nur erfolgreich sein, wenn der Patient Leidensdruck und eigenen Veränderungswillen verspürt. Auch im Falle der Gesellschaftssteuerung sei die Politik als „eingeladener Eindringling" zu verstehen:

> „In nicht-hierarchisch vernetzten Gesellschaften steuern Politik und Recht nicht mehr in der Weise, daß sie in anderen Teilsystemen etwas vorweg Entschiedenes durchsetzen oder erzwingen. Vielmehr läßt sich der Steuerungsprozeß so beschreiben, daß das Recht Veränderungsabsichten kanalisiert, die diese Teilsysteme *von sich aus* haben." (Willke 1993: 51, Herv. im Text)

Die Rolle der Politik ist hier auf die Moderation und Lenkung des Steuerungsprozesses beschränkt. Steuerung wird nicht als Herstellung eines bestimmten Weltzustandes begriffen, der dadurch erzeugt wird, daß Akteure über die Veränderung ihres Handlungskontextes zu einem Tun, Dulden oder Unterlassen bewegt werden. Es geht bei dieser Form der Intervention darum, Gelegenheiten zur Kommunikation bzw. zum intersystemischen Diskurs (vgl. hierzu auch Eichmann 1989) bereitzustellen. Auf diese

---

44 So werden von Willke moderne Therapieformen sowie aufgeklärte Modi der Organisationsberatung und der Gesellschaftssteuerung als vergleichbare Interventionen in komplexe (psychische oder soziale) Systeme vorgestellt (1993: 51).

Weise besteht für die beteiligten Akteure die Möglichkeit, das eigene Operieren wechselseitig aneinander auszurichten. Diese auf den ersten Blick „genügsame" Rolle des Rechts und der Politik ist mit den hergebrachten Vorstellungen regulativen Rechts kaum noch in Einklang zu bringen. Denn Steuerung soll sich darauf beschränken, Teilsysteme bzw. die Repräsentanten relevanter Ausschnitte von Teilsystemen zusammenzubringen, so daß ein wechselseitiger Austausch von Positionen ermöglicht wird. Hiermit wird die Hoffnung verbunden, daß die Teilsysteme zu einem besseren Verständnis der Operationen der jeweils anderen Gesellschaftsbereiche gelangen, aber auch einen Eindruck davon erhalten, welche Wirkungen die eigenen Operationen in den anderen Gesellschaftsbereichen entfalten.

Gerade in diesem Zusammenhang wird die Funktion von Organisationen als Mittel der „Verdichtung von strukturellen Kopplungen zwischen Funktionssystemen" (Luhmann 1994a: 195) deutlich. Verbände oder sonstige intermediäre Organisationen, deren Mitglieder ebenfalls Organisationen sind, erfüllen hier ihre besondere Funktion. Sie bilden im Arbeitsschutz – aber auch in anderen Politikbereichen – ein institutionalisiertes Scharnier zwischen den eigentlichen Akteuren des politischen Systems und der von ihnen vertretenen Verbandsklientel. Ihre Aufgabe besteht darin, den politischen Akteuren gegenüber die Klientelinteressen in gebündelter Form zu vertreten, in Aushandlungsprozesse einzutreten sowie – und das ist die Kehrseite dieses Arrangements – ihre Klientel auf die Einhaltung der getroffenen Regelungen zu verpflichten.

Setzt das klassische regulative Recht auf Konditionalprogramme, so läßt sich hier von „Relationierungsprogrammen" sprechen. Dieser Programmtyp zielt darauf ab, bestimmte strukturelle Kopplungen zwischen gesellschaftlichen Teilbereichen in Form von institutionalisierten Kommunikations- und Aushandlungsgelegenheiten zu generieren. Das bedeutet aber, daß solche Kopplungen nicht allein aus dem Eigeninteresse der Verbandsklientel heraus entstehen. Häufig gehen sie auf politische Initiativen zurück (vgl. z.B. Czada 1991/1994; Kenis 1991: 12; Streeck 1994: 9ff., aber auch Teubner/Willke 1984: 8). Auch hier läßt sich von einer Variante der Kontextsteuerung sprechen (Teubner/Willke 1984), die sich auf die Schaffung von Verhandlungsarenen konzentriert, in denen die relevanten Akteure zusammenkommen können. Gegen diese Form der theoretischen Fassung von Kontextsteuerung wendet Ritter ein, daß sie letztlich auf der Makroebene verharre, indem sie *das* Rechtssystem und *die* Wirtschaft zusammenbringe (1990: 86), jedoch keinen Zugriff auf die einzelnen Akteure vorhalte, die ihr Handeln verändern müßten, um adäquatere gesellschaftliche Zustände herzustellen. Offen bleibe auch die Motivationen der teilnehmenden Akteure, sich dem Verfahren zu unterziehen. Fraglich scheint, ob politische Intervention sich damit begnügen könne oder sollte, allein auf diese „weiche" Form der Erhöhung der organisatorischen Reflexionsfähigkeit zu setzen.

Was heißt eine solche „Bescheidenheit" tatsächlich für die „Entzauberung des Staates" (Willke 1983; 1987a)?[45] Welche Konsequenz wäre damit in bezug auf die Funktion des politischen Systems – die Herstellung kollektiv verbindlicher Entscheidungen (Luhmann 1970: 154) – und ihre Erfüllung verbunden? Es scheint so, als ob die Politik für viele gesellschaftliche Bereiche, zumindest jedoch in bezug auf die organisationsfähigen Interessen, keine kollektiv verbindlichen Entscheidungen herstellen könnte. Das hergebrachte Staatsverständnis, dem auch Ritter in seinen Kritikpunkten anhängt, sieht die Aufgabe der Politik darin, selbst zu entscheiden und zu gestalten. Die Politik soll die Fäden (mehr oder weniger fest) in der Hand haben und über das weitere Schicksal der Gesellschaft bestimmen. Es ist allerdings zu bedenken, daß die Politik nicht unbedingt selbst entscheiden muß. Sie kann – und das verweist auf eine zweite Komponente der politischen Funktion – das Recht zu entscheiden auch delegieren. Das politische System hat auch die Funktion der „Erzeugung gesellschaftlicher Macht" (Luhmann 1970: 158). Luhmann schreibt:

> „Unter Macht soll hier – ... – ein Medium der Kommunikation verstanden werden, das die Übertragung von Entscheidungsleistungen ermöglicht (...)." (1970: 159)

und etwas später:

> „Macht ist die Möglichkeit, durch eigene Entscheidung für andere eine Alternative auszuwählen, für andere Komplexität zu reduzieren. ... Macht ist immer dann gegeben, wenn aus einem Bereich von Möglichkeiten eine bestimmte durch Entscheidung gewählt wird und diese Selektion von anderen als Entscheidungsprämisse übernommen wird, obwohl sie selbst nur auf Entscheidung beruht, also in ihrer Selektivität sichtbar bleibt." (162)

Die Herstellung kollektiv verbindlicher Entscheidungen beinhaltet mithin nicht zwingend, daß die Politik über bestimmte Sachverhalte selbst im Detail entscheidet. Die Funktion der Politik umfaßt auch die gesellschaftliche Verteilung von Macht, was vor allem in der Form der Übertragung von Entscheidungsbefugnissen an einzelne Akteure geschieht. Für die politischen Akteure reicht dann aus sicherzustellen, daß in bezug auf bestimmte gesellschaftliche Probleme überhaupt entschieden wird. Die Politik kann also entscheiden, unter der Bedingung nicht zu entscheiden, daß an anderer Stelle entschieden wird. Gleichwohl steht der Entscheidungsverzicht der Politik unter dem Vorbehalt, sich jederzeit neu über die Verteilung von Entscheidungsbefugnissen entscheiden zu können. Das heißt es bleibt für die Politik die Möglichkeit bestehen, das Entscheidungsrecht jederzeit wieder an sich ziehen zu können. Offe spricht hier von der „Rute im Fenster". Die Politik muß dauerhaft und glaubhaft symbolisieren können, daß sie auch anders und vor allem selbst entscheiden könnte.

---

[45] Eine Redewendung, die mehr Dramatik suggeriert als sie enthält. Entzauberung heißt ja schließlich nicht, den Staat oder das politische System ad acta zu legen. Der Begriff liefert vielmehr einen Ansatzpunkt, um über die Möglichkeiten und Grenzen von Politik aufzuklären. Nur so läßt sich wohl verhindern, daß sich die Politik überfordert und auch aus ihrer Umwelt mit überbordenden Erwartungen konfrontiert wird, an denen sie gezwungenermaßen scheitern muß.

Am deutlichsten wird dieses politische Arrangement am Beispiel der verbandlichen Selbstregelungskompetenzen. Verbände müssen glaubhaft machen können, daß unter ihrer Regie angemessen entschieden wird und daß die damit getroffenen Selektionen für die vertretene Klientel eine verpflichtende Verbindlichkeit haben. Auch zwischen Verband und Klientel muß eine strukturelle Kopplung hergestellt werden. Dem verbandlichen Entscheiden muß auf seiten der Vertretenen Relevanz zukommen. Die den verbandlichen Entscheidungen unterstellte größere sachliche Adäquanz einerseits und die Option, gegebenenfalls mit Entscheidungen der politischen Akteure konfrontiert zu werden andererseits, stellen sicher, daß die durch Verbände getroffenen Regelungen durch die Klientel auch umgesetzt werden; so zumindest ein gängiger Befund in der Verbändeforschung. Über diese Verknüpfung entsteht eine strukturelle Kopplung zwischen Verband und Mitglied.

Die letzten Überlegungen verdeutlichen einen zweiten Weg, mit dem das Geschehen im Arbeitsschutz verändert werden kann: entlang der von politischen Akteuren vorgegebenen Spielregeln erarbeiten Verbände Vorschriften oder treffen Selbstverpflichtungsabkommen gegenüber anderen Akteuren, die Einfluß auf die Entscheidungen der Verbandsklientel nehmen sollen. Verbände übernehmen auf diese Weise originär politische Steuerungsaufgaben.

Damit ist bei der Betrachtung der Möglichkeiten und Grenzen der Steuerung eine differenziertere Vorgehensweise notwendig als sie in den Arbeiten zum Vollzugsdefizit in der Regel festzustellen ist. Einerseits ist nach den Steuerungsmöglichkeiten zu fragen, die den politischen Akteuren über Maßnahmen klassisch-regulativer Politik – also durch Konditionalprogramme – oder über prozedural ansetzende Maßnahmen zur Verfügung stehen. Andererseits sind jedoch auch die Akteure zu untersuchen, die sich regulativ (nicht) steuern lassen oder aber im Konzert mit anderen Akteuren (prozedural gesteuert) auf der intermediären Ebene Selbststeuerungsleistungen erbringen. Um diese Fragen für den Gegenstandsbereich Arbeitsschutz zu klären, sollen die angedeuteten unterschiedlichen Formen struktueller Kopplungen, die sich aufgrund politischer Steuerungsbemühungen ergeben, im folgenden näher dargestellt und beleuchtet werden.

4.4 Steuerung im Arbeitsschutz

Der rechtliche Ausgangspunkt für Arbeitsschutzmaßnahmen ist der Art. 2, Abs. 2 des Grundgesetzes, in dem das Recht auf körperliche Unversehrtheit festgeschrieben ist. Er wird durch das ebenfalls grundgesetzlich fixierte Sozialstaatsgebot des Art. 20, Abs. 1 flankiert. Beide Bestimmungen zusammen bilden die oberste rechtliche Grundlage für staatliche Maßnahmen im Arbeitsschutz. Dies gilt sowohl für die Sphäre der politischen Politik als auch für die Kontroll- und Überwachungstätigkeit der Gewerbeaufsichtsbehörden. Das Arbeitsschutzrecht ist Teil der konkurrierenden Gesetzgebung nach Art. 74, Abs. 12 Grundgesetz und damit eine gemeinsame Aufgabe von Bund und Ländern. Dieses Rechtsgebiet wird jedoch „faktisch allein vom Bund geprägt" (Thon-Jacoby 1989: 20). Bei den wesentlichen Rechtsvorschriften handelt es sich ausschließlich um Bundesgesetze.

Die weitreichendsten Änderungen hat dieses Rechtsgebiet in der Phase nach dem Zweiten Weltkrieg zwischen 1968 und 1976 in der ersten Hälfte der Regierungszeit der sozialliberalen Koalition erfahren. Wichtige gesetzliche Eckpunkte dieser Reform waren die Verabschiedung:

- des Arbeitssicherheitsgesetzes (ASiG; 1974);
- des Gesetzes über technische Arbeitsmittel (1968), das eine besondere Bedeutung für die technische Normung und deren Verständnis von Arbeitsschutz hat (siehe Schuchardt 1979: 236f.);
- der Arbeitsstoffverordnung (1971/1975);
- des Betriebsverfassungsgesetzes (1972);
- der Arbeitsstättenverordnung (1975) sowie
- des Jugendarbeitsschutzgesetzes (1976).

Besonders an der Wirksamkeit des ASiG als grundlegendes Arbeitsschutzgesetz ist vielfach Kritik geübt worden. So wenden etwa Hauss u.a. (1980) ein, daß die Vorschrift Kleinbetriebe und öffentliche Verwaltungen nicht erfasse und nicht alle relevanten Problembereiche abdecke, so daß eine Vielzahl weiterer Vorschriften notwendig werde (ähnlich auch die Einschätzung von Deppe u.a. 1980, Bd.1, 378ff.). Vor der Verabschiedung des „Gesetzes über die Durchführung von Maßnahmen des Arbeitsschutzes zur Verbesserung der Sicherheit und des Gesundheitsschutzes der Beschäftigten bei der Arbeit" (kurz: Arbeitsschutzgesetz - ArbSchG, in Kraft getreten am 21. August 1996) stimmte diese Einschätzung. Deshalb überrascht die häufig an der Überformung des deutschen durch den europäischen Arbeitsschutz geäußerte Kritik, daß dieser zu einer Absenkung des hiesigen Schutzniveaus führen würde. Anders als bei der bis 1996 in Deutschland bestehenden Rechtslage, schlossen die auf europäischer Ebene vorgelegten Konzeptionen zum Arbeitsschutz alle Beschäftigten ein, ohne die Bereiche der öffentlichen Verwaltung bzw. der Landwirtschaft auszuschließen. So war im Jahr 1994 die Ausweitung der Arbeitsschutzvorschriften auf die öffentliche Verwaltung einer der wesentlichen Gründe, warum das Arbeitsschutzrahmengesetz gerade von Vertretern aus Bund und Ländern verhindert wurde: „Dort hat man gesagt, wenn wir im öffentlichen Dienst dieselben Vorschriften wie in der freien gewerblichen Wirtschaft einhalten müssen, dann kommt uns das zu teuer. Da waren sich Bund und Länder einig" (so ein für die Gewerbeaufsicht zuständiger Vertreter eines Landesministeriums). Inzwischen wurden mit dem Arbeitsschutzgesetz die einschlägigen EG-Richtlinien umgesetzt und der Schutzbereich auf alle Beschäftigten ausgedehnt. Das von Bauerdick (1994) beschriebene lange Ringen um ein einheitliches Arbeitsschutzgesetz ist damit zu einem Ende gekommen.

Weitere Kritikpunkte an der bestehenden Rechtslage beinhalten, daß die Kontrollinstanzen nicht in der Lage seien, eine ausreichende Umsetzung der Vorschriften sicherzustellen, daß Personal fehle und daß das Sanktionsinstrumentarium nur unzureichend sei, um sicherzustellen, daß die Vorschriften durch die Betriebe auch umgesetzt werden. Darüber hinaus fehlen Regelungen, die eine Kontrolle der Wirksamkeit der gesetzlichen Vorschriften ermöglichen.

Das Rechtsgebiet des Arbeitsschutzes ist als mehrstufige Pyramide aufgebaut (Bauerdick 1994: 43). Unterhalb der Spitze der genannten sowie weiterer allgemeiner Rechtsvorschriften sind eine Vielzahl von Verordnungen und Unfallverhütungsvorschriften (UVVen) der Berufsgenossenschaften angesiedelt. Ihre Durchführung wird durch allgemeine Verwaltungsvorschriften und Durchführungsanweisungen zu den UVVen präzisiert, die wiederum durch eine ganze Reihe von Spezialregelungen untermauert werden. Hierbei handelt es sich um die allgemein anerkannten Regeln der Technik, Hygiene und Arbeitsmedizin etc. Zu verweisen ist insbesondere auf die durch privatrechtliche Verbände (vor allem das DIN) erarbeiteten technischen Normen, die auch zum Präzisieren der auf den oberen Ebenen der Vorschriftenhierarchie genutzten unbestimmten Rechtsbegriffe herangezogen werden.

Mit Bispinck (1979: 566) lassen sich vier Bezugspunkte für die verschiedenen Arbeitsschutzvorschriften unterscheiden:

* technisch-stoffliche,

* räumliche bzw. arbeitsumweltbezogene,

* zeitliche und

* personenbezogene.

Arbeitsschutzgesichtspunkte, die sich auf die zeitliche Gestaltung der Arbeit beziehen (Lenkzeiten etwa für Kraftfahrer, Arbeitszeitregelungen etc.), oder personenbezogene Schutzbestimmungen (Mutterschutzgesetz, Jugendarbeitsschutzgesetz etc.) werden im folgenden außer acht gelassen. Bei der Betrachtung des Umgangs mit Laseremissionen geht es insbesondere um die zwei ersten Bezugspunkte. An ihnen sollen im folgenden

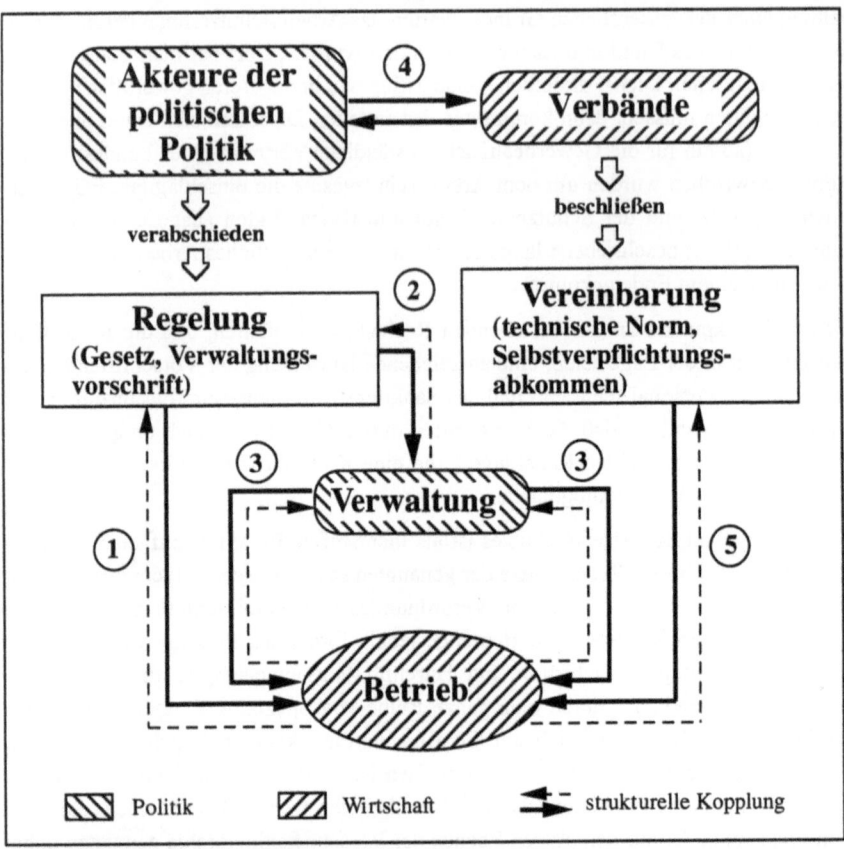

Abb.6: Strukturelle Kopplungen im Arbeitsschutz

beispielhaft die Möglichkeiten und Grenzen der Steuerung im Arbeitsschutz verdeutlicht werden.

Die weiteren Ausführungen werde ich anhand der in den vorangegangenen Abschnitten herausgearbeiteten unterschiedlichen Varianten der Entstehung und Stabilisierung struktureller Kopplungen vorantreiben. Nacheinander sollen entlang detaillierterer Überlegungen die denkbaren Steuerungspotentiale, die sich aus den verschiedenen Möglichkeiten struktureller Kopplung ergeben, analysiert sowie auf den Themenbereich Arbeitsschutz und soweit möglich Lasersicherheit zugespitzt werden. Hierbei stehen die direkten und indirekten Einwirkungen politischer Instanzen auf andere gesellschaftliche Akteure im Vordergrund. In der Abbildung 6 ist das betrachtete Gefüge im Überblick dargestellt.

In einem ersten Zugriff werde ich einen Eindruck von der Wirkungsweise von Rechtsvorschriften bei der Verbesserung des betrieblichen Sicherheitsniveaus vermitteln (4.4.1). Im zweiten Schritt geht es um die Wirkung dieser Vorschriften auf das Prozessieren der Verwaltung, deren Aufgabe in der Literatur vielfach als ein mehr oder weniger „mechanischer" Vollzug von Rechtsvorschriften dargestellt wird. Es geht damit um die Möglichkeiten der Programmierung des Verwaltungshandelns durch politische Programme (4.4.2). Darüber hinaus ist zu prüfen, wie das Zusammenwirken von Verwaltung und Betrieb zu verstehen ist. Wie kann es der Aufsichtsbehörde gelingen, eine Verbesserung der betrieblichen Arbeitssicherheit zu bewirken? Gefragt wird damit nach den in der Praxis etablierten operativen Prozeduren und Mechanismen, mit denen die Vertreter der Gewerbeaufsicht sich typischerweise um eine Erhöhung des betrieblichen Sicherheitsniveaus bemühen (4.4.3).

Anhand der vorgestellten empirischen Befunde läßt sich zeigen, daß es eine Reihe von Problemen bei der Umsetzung von Arbeitsschutzpolitik in die betriebliche Praxis gibt. Zugleich wird deutlich, daß sich die grundsätzlichen Spielregeln regulativer Politik, die von Hucke/Ullmann (1980) oder Mayntz u.a. (1978) am Beispiel des Umweltschutzes beschrieben wurden, auch nach fast 20 Jahren nur wenig verändert haben. Die gesellschaftlichen Bedingungen politischer Steuerung sind weitgehend die gleichen geblieben und verweisen auf ein „Umsetzungsdefizit".[46] Zugleich sei noch einmal betont, daß ein Scheitern politischer Programme nicht nur an den Schnittstellen zwischen der Politik und ihren Adressaten in anderen Teilsystemen möglich ist. Im politischen System selbst bestehen neben den Defiziten und Problemen bei der Programmformulierung auch Schnittstellenprobleme zwischen der politischen Politik und der Verwaltung als umsetzender Instanz. Zu den klassischen Umsetzungsproblemen tritt damit ein im politischen System „hausgemachtes" Defizit hinzu.

Neben dem rein staatlichen Zweig der Steuerung soll auch die verbandliche Seite betrachtet werden. Hierbei wird das Verhältnis von Staat und Verbänden im Bereich des Arbeitsschutzes aus steuerungstheoretischer Sicht analysiert. Gerade für diesen Politikbereich wurde eine langjährig etablierte enge Einbindung von Klientel- respektive Verbandsinteressen in die Verfahren der Politikformulierung und -umsetzung festgestellt (Windhoff-Héritier u.a. 1990). Welche Wirksamkeit ist diesem Arrangement zu attestieren (4.4.4)? Entscheidend für die Effizienz der verbandlichen Maßnahmen ist

---

[46] Mit Blick auf die Implementationsforschung scheint es angebracht, den Begriff des Umsetzungsdefizites in Anführungsstriche zu setzen. Eines der Ergebnisse der unternommenen Forschungsarbeiten war schließlich, daß Umsetzungsdefizite im Sinne einer unzureichenden Programmbefolgung durch die Adressaten zum Teil gar nicht feststellbar waren, da die vermeintlichen Defizite im politischen System selbst erzeugt wurden. Symbolische Politik oder unzureichende Programmformulierung (die mit der Steuerung beabsichtigte Verhaltensänderung führt nicht zu den erwarteten positiven Effekten oder zeitigt ungewollte Nebenwirkungen) sind nur zwei der in diesem Zusammenhang zu nennenden Schlagworte.

die Verpflichtungsfähigkeit, mit der Verbände gegenüber der von ihnen vertretenen Klientel auftreten können. Inwieweit gelingt es den Verbänden, die getroffenen Festlegungen gegenüber ihren Mitgliedern zu vertreten und diese zur Beachtung der verbandsinternen Regelungen anzuhalten (4.4.5)?

Die in der Abbildung 6 mit Zahlen versehenen Pfeile markieren die im Politikfeld Arbeitsschutz zumindest hypothetisch „eingezogenen" strukturellen Kopplungen zwischen der Politik und den Wirtschaftsorganisationen. Sie werden nacheinander unter Steuerungsgesichtspunkten untersucht. Hierbei bleibt zu bedenken, daß strukturelle Kopplungen nicht einseitig gezielt hergestellt werden können. Sie entstehen erst, wenn der Adressat von Steuerung bei seinen Operationen auf die als Steuerungshandlung konzipierte Operation des steuernden Akteurs zugreift. Die initiierende Steuerungshandlung geht jedoch vielfach von einem eindeutig identifizierbaren Akteur aus. Um dieses zu verdeutlichen, sind in der Abbildung die „Initiierungen" mit dicken Pfeilen gekennzeichnet. Die typischerweise eher nur auf Kontextveränderungen reagierenden Bezugnahmen auf die Steuerungsbemühungen sind mit gestrichelten Linien angedeutet. Die hier gewählte Darstellung beschränkt sich damit weitgehend auf die „Hauptrichtung" bei der Herstellung und eventuell ebenfalls beabsichtigten Stabilisierung struktureller Kopplungen.

Bereits hier wird eine Stärke des vorgeschlagenen Konzeptes der strukturellen Kopplung deutlich: Es eröffnet begrifflich und konzeptionell die Möglichkeit, sehr unterschiedliche, absichtsvoll und unbeabsichtigt erfolgende intersystemische Beeinflussungen zu analysieren. Das Konzept erlaubt es, sowohl die an die Ergebnisse der Implementationsforschung erinnernden Befunde zur Steuerung entlang der Akteurskette Parteienpolitik – Verwaltung – Betrieb als auch die Ergebnisse, die im Anschluß an die Verbändeforschung zur technischen Normung spezifiziert wurden, mit einer einheitlichen Begrifflichkeit zu beschreiben.[47] Die Nutzung der systemtheoretischen Terminologie ist damit nicht allein der Versuch, „alten Wein in neuen Schläuchen" zu kredenzen. Das terminologische und konzeptionelle Revirement ermöglicht die Verankerung zweier Theorie- und Forschungsstränge im Rahmen einer Theorie politischer Gesellschaftssteuerung, zu der die Implemetationsforschung einerseits und die Verbändeforschung andererseits Bausteine liefern wollten (vgl. Bohnert/Klitzsch 1980: 201; Mayntz 1980a: 15; Voelzkow 1996).

---

[47] Demgegenüber betont Mayntz (1980a: 5): Bei der Eingrenzung des Gegenstandsbereiches der Implementationsforschung sei daran festzuhalten, „... daß von Implementation nur bei Vorliegen einer politischen Zielsetzung und eines absichtsvoll an ihrer Verwirklichung orientierten Handelns gesprochen werden kann." Für das Konzept der strukturellen Kopplung stellen diese beiden Bedingungen lediglich die Spezifizierung eines Sonderfalles dar, eben den der politischen Steuerung.

4.4.1 Die Steuerung von Wirtschaftsakteuren durch Rechtsvorschriften

Politische Steuerung mit den Mitteln des Rechts baut in unterschiedlicher Weise auf die Nutzung der gesellschaftlichen Steuerungsmedien Macht und Geld auf (ausführlich hierzu sowie zum Medium „Wissen", Willke 1995). Unabhängig vom Programmtyp (Konditional-, Zweck- oder Relationierungsprogramm) wird die Umsetzung der in Rechtsnormen gekleideten politischen Programme durch den Einsatz dieser beiden wichtigsten Medien zu fördern versucht. Die von der Politik getroffenen kollektiv verbindlichen Entscheidungen werden schließlich nicht von allen Adressaten automatisch und sofort umgesetzt. Um die Rate der Verweigerung oder Ignoranz gegenüber bestimmten gesetzlichen Regelungen gering zu halten, bedarf es eines „sichernden Begleitschutzes" durch positive oder auch negative Sanktionen. Es ist damit vielfach weniger der inhaltliche Teil einer bestimmten Rechtsnorm, der zu einer Veränderung des relevanten Handlungskontextes eines Steuerungsadressaten führt, die Entstehung einer strukturellen Kopplung anregt und den Adressaten dazu bewegt, Maßnahmen zu ergreifen. Steuerungsleistungen werden dann nicht primär durch die Einsicht des Adressaten in die Notwendigkeit von Maßnahmen bewirkt (der Betrieb erkennt aufgrund der neuen Rechtslage ein bestehendes Defizit bei der Arbeitssicherheit und ergreift deshalb Maßnahmen). Die Motivation entsteht vielmehr aufgrund angedrohter negativer oder in Aussicht gestellter positiver Sanktionen. Der Wirksamkeit der mit dem Vollzug von Gesetzen einhergehenden Sanktionspraxis (Wahrscheinlichkeit des Entdeckens eines Verstoßes und die Höhe der gegebenenfalls zu erwartenden Sanktion) kommt damit entscheidende Bedeutung zu.[48]

Recht stellt – so könnte man noch einmal mit Teubner (1991: 531) formulieren – nur eine „causa occasionalis" für die Ausrichtung der Handlungen und Handlungsprogramme der Wirtschaftsorganisationen dar. Denn für „... die Gesellschaft produziert die Gesetzgebung nur Lärm in der Außenwelt, unter dessen störendem Eindruck die Gesellschaft die eigenen internen Ordnungen variiert" (Teubner 1989: 90). Dieses gilt auch für autonom prozessierende Wirtschaftsorganisationen. Das impliziert allerdings, daß Recht nicht grundsätzlich auf eine gewissermaßen „automatische" Befolgung und Umsetzung von Vorschriften vertrauen kann. Die sogenannten „schwarzen Schafe", die sich nicht an Rechtsvorschriften orientieren, stellen diesen Überlegungen zufolge nicht unbedingt eine Residualkategorie dar. Nichtbeachtung impliziert allerdings nicht zwangsläufig ein bewußtes Abweichen. Es ist aber in Rechnung zu stellen, daß auch

---

48 Ganz in diesem Sinne lassen sich Überlegungen finden, in denen ein Konzept der „optimal sanctions" vorgeschlagen wurde. In diesen Überlegungen stellt die Höhe der in Aussicht gestellten Sanktionen gleichzeitig ein Maß für die Ernsthaftigkeit des betrachteten politischen Steuerungsversuchs dar. Solange die mit der Mißachtung verbundenen Sanktionen profitabler sind als die Beachtung des Gesetzes, sollte beim Zugrundelegen ökonomischer Gesichtspunkte dessen Mißachtung vorgezogen werden (vgl. Teubner 1989: 98f.).

Rechtsvorschriften den (engen) Weg durch das „Nadelöhr" organisatorischer Aufmerksamkeit nehmen müssen, um Bedeutung in sich anschließenden Entscheidungsprozessen zu erlangen.

Recht geht in organisatorisches Prozessieren außerhalb der eigentlichen Rechtssphäre ein, da Organisationen nicht Teil eines gesellschaftlichen Teilsystems sind: Wirtschaftsorganisationen beispielsweise reagieren nicht nur auf Kommunikationen, die sich des Codes Zahlung/Nichtzahlung bedienen. Sie wenden sich als „Multireferenten" (Wiesenthal 1990b) ganz unterschiedlichen Umweltereignissen zu und behandeln diese, soweit sie sie wahrnehmen, als Informationen, die sie je nach eigener Relevanzeinschätzung im Rahmen ihrer Entscheidungsprozesse weiterverarbeiten. Große Organisationen differenzieren intern Abteilungen aus, um einerseits die verschiedenartigen Aktivitäten abzuwickeln, die zum Gesamtprozeß dazugehören. Andererseits besteht eine weitere Aufgabe der verschiedenen Abteilungen darin, auf relevante Ereignisse aufmerksam zu werden, die in den unterschiedlichen Segmenten ihrer Umwelt auftreten.[49] So wenden sich bestimmte Abteilungen in großen und intern stark differenzierten Wirtschaftsorganisationen auch Fragen des Rechts oder der Arbeitssicherheit zu. Diese haben nicht nur die Aufgabe, die organisationsintern entstehenden Rechts- oder Arbeitssicherheitsfragen zu bearbeiten. Gleichzeitig wird von diesen Abteilungen erwartet, daß sie die Umwelt der Organisation nach relevanten Ereignissen absuchen, die den Handlungskontext verändern. Dies sind für die Arbeitssicherheitsabteilungen veränderte rechtliche Bestimmungen oder auch technische Normen, die einen aktualisierten Stand der Technik festschreiben.

Aufgrund der Differenzierung in Abteilungen wird es für Organisationen möglich, parallel verschiedene Operationen mit sehr unterschiedlichen Umweltbezügen durchzuführen und die Kapazität der Informationsverarbeitung deutlich zu erhöhen. Den Vorteilen interner Differenzierung stehen Nachteile gegenüber: Die organisatorische Integration wird problematisch und erfordert absichernde Maßnahmen. „Lokale Rationalitäten" (Cyert/March 1963) oder unterschiedliche zeitliche, sachliche und soziale Orientierungen, die aufgrund der wahrgenommenen je besonderen Anforderungen der Umwelt und deren interner Umsetzung durch die verschiedenen Abteilungen geprägt werden (vgl. Lawrence/Lorsch 1967), führen vielfach zu Inkompatibilitäten und müssen koordiniert werden. Organisationen verfolgen damit kein einheitliches, sondern eher multiple Ziele. Ökonomische Effizienz dient Wirtschaftsorganisationen dabei als Primärorientierung, als constraint, nicht aber als Determinante. Diese wird im Lichte

---

49 Die Bedeutung des Faktors „Umwelt" ist in der Organisationstheorie zuerst in der Contingency Theory erkannt worden. Zu verweisen ist auf die Arbeiten von Burns und Stalker (1961), vor allem aber auf die von Lawrence und Lorsch (1967) sowie von Thompson (1967), in denen eine Reihe der für die Organisationssoziologie grundlegenden Ausführungen zum Verhältnis der Organisation zu ihrer Umwelt zu finden sind.

der verschiedenen Ziele jedoch in je eigener Manier ausbuchstabiert. Während Arbeitsschutzmaßnahmen aus der Sicht von Produktionsabteilungen vielfach ausschließlich Kosten verursachen, ohne zum Ertrag beizutragen, betonen die Vertreter der Arbeitsschutzabteilungen den nicht rechenbaren Vorteil nicht-eintretender Arbeitsunfälle, betonen aber zugleich, daß ein hohes Niveau an Arbeitssicherheit auch einen Wert an sich darstellt.

So besteht für die Arbeitsschützer in den untersuchten Betrieben kaum die Möglichkeit, die Notwendigkeit von Maßnahmen zur Verbesserung der Lasersicherheit mit dem Verweis auf eventuell vorliegende Emissionsgefährdungen zu begründen. Einer der befragten Experten (Leiter einer Arbeitsschutzabteilung) konnte – obwohl mehrere Laseranlagen in diesem Großbetrieb im Einsatz waren – keine Hinweise geben, welche Gefährdungen mit dem Lasereinsatz verbunden sind. Die im Beisein des Experten vor Ort erfolgte Schilderung, daß es bei der Materialbearbeitung häufig „ziemlich gestunken" habe und auftretende Kopfschmerzen von den Bedienern auf die Materialbearbeitungsvorgänge zurückgeführt wurden, wurde stillschweigend übergangen. Hierauf in der Interviewsituation angesprochen, schilderte der Leiter der Arbeitsschutzabteilung als Glanzpunkt seiner Tätigkeit einen Fall aus einer werkseigenen Gießerei: Beim Abschlagen von Gußstücken mit einem Hammer sei es häufig zu Handverletzungen und in der Folge zu Krankmeldungen gekommen. Durch einen einfachen und preisgünstigen Handschutz am Hammerstiel sei es nun gelungen, die Zahl der Krankentage in diesem Arbeitsbereich drastisch zu reduzieren.

Um überhaupt etwas zu bewegen, befassen sich die betrieblichen Arbeitsschützer vorwiegend mit den „klassischen Unfallgefährdungen". Die Wahrnehmbarkeit der bestehenden Gefährdungslagen, die offensichtliche Plausibilität der ergriffenen Maßnahmen und die Kalkulierbarkeit von Kosten und Ertrag fördern die erhöhte Aufmerksamkeit für Maßnahmen des Unfallschutzes. Denn, so schreibt Pröll, „Unfallquoten sind unternehmenspolitisch primäre Zielgröße und Erfolgsmaßstab für technischen Arbeitsschutz" (1991: 75). Die Ergebnisse der Untersuchung von Pröll zeigen, daß Unfälle das Handlungsfeld abstecken, auf dem ein Großteil der alltäglichen betrieblichen Arbeitsschutzpraxis stattfindet. Er schreibt dazu:

> „Im Rahmen der Unfallverhütung, als antizipiertes Risiko, markieren sie einen zumindest thematisch latenten (oft aber auch dominanten) Bezug in fast allen anderen Routinen. ... Es ist kaum eine typische Alltagssituation denkbar, in der nicht 'Unfälle' als Vorgegebenheit und Risiko zugleich thematisch präsent sind, wobei individuelles und institutionell sedimentiertes Erfahrungswissen (Vorschriften, Normen) gleichsam die Brücke darstellt." (Pröll 1991: 75)

So führte einer der Vertreter des Gewerbeaufsichtsamtes bei einem unserer Workshops aus: „Die Arbeitssicherheitsprobleme werden bei der Betrachtung der Lasertechnik fast ausschließlich auf Strahlgefährdungen reduziert." Bei der Behandlung von möglichen gesundheitlichen Belastungen aufgrund des Einsatzes von Laseranlagen werden von den Arbeitsschützern jene Gefährdungen in den Vordergrund gerückt, die sich durch einen plötzlichen Schadenseintritt auszeichnen. Nicht in den Blick kommen damit ebenfalls bestehende Emissionsgefährdungen, die sich durch zumeist mehrjährige Latenzzeiten auszeichnen und vielfach nicht zu einer sofort wahrnehmbaren Gesundheitsbeeinträchtigung führen.

Die letzten Ausführungen verdeutlichen, worin ein Vorteil der hier vorgeschlagenen Argumentation liegt, Defizite im Arbeitsschutz einerseits auf die Bedingungen betrieblicher Wahrnehmung und andererseits auf die Natur der sich anschließenden Entscheidungsprozesse zurückzuführen. Die in der Literatur zwar in der Regel plausibel abgeleitete Diagnose des Vollzugsdefizits bekommt damit deutlichere Konturen. Während Hucke/Ullmann (1980: 107) eher hypothetisch die Interessen der Betriebe unterstellen müssen, um die Defizite bei der Implementation von Umweltgesetzen erklären zu können, bietet das hier vorgeschlagene Konzept Anschlüsse an das organisatorische Entscheiden. Erst dieser Bezug kann letztlich verdeutlichen, warum sich Organisationen, obwohl sie auch auf die Bearbeitung von Arbeitsschutzproblemen eingestellt sind, von den einschlägigen Vorschriften nur zum Teil beeindrucken lassen. So soll im folgenden die Annahme weiter untersucht werden, daß die eingeschränkte Wirkung von Arbeitsschutzvorschriften weniger der Ausrichtung an der Teilsystemlogik des Wirtschaftssystems als den organisationsinternen Wahrnehmungs- und Entscheidungsprozessen geschuldet ist.

Die empirischen Ergebnisse zum betrieblichen Umgang mit Fragen der Lasersicherheit bestätigen diese Annahme (vgl. Steffensen/Barthel 1996). Die Befunde der durchgeführten Fallstudien zum Einsatz der Lasertechnik in der industriellen Materialbearbeitung verdeutlichen, daß dem Faktor Information eine herausgehobene Bedeutung zukommt. Voraussetzung der Anwendung von Rechtsvorschriften oder Normen ist ihre Kenntnis und die Einspeisung der formulierten Anforderungen in die organisatorischen Entscheidungsprozesse. Dies betrifft jedoch nicht nur die Anwendung von Vorschriften. Auch das Erkennen von Gefahrstoffgefährdungen ist von Informationen abhängig. Wenn betriebliche Arbeitsschützer sich um das Thema der Laseremissionen bemühen, so haben sie in der Regel eine Form der aktiven Informationssuche etabliert. Nur so sahen sie sich in der Lage, auf die eingeschränkte Wahrnehmbarkeit von Emissionsgefährdungen zu reagieren, um prophylaktisch aktiv zu werden und bereits vor dem Eintreten von akuten Gesundheitsschäden auf möglicherweise bestehende Gefährdungspotentiale aufmerksam zu werden.

Die Wirksamkeit eines von „außen auf die Organisation zielenden" Steuerungsbemühen ist unter diesen Prämissen davon abhängig, ob die adressierte Organisation das Steuerungshandeln überhaupt als Information erkennt, ihr kontextverändernde Qualität zumißt und sie dann in Entscheidungsprozesse einfließen läßt. Mit Weick (1985) ließe sich radikalisieren, daß die Betriebe selbst die Umwelt – und das gilt auch für das

Umweltsegment Recht – „gestalten", der sie im folgenden ausgesetzt sind.[50] Für wichtig erachtete Ereignisse werden von der Organisation in der Umwelt entdeckt, bewertet und in Kontexte eingestellt, die im Zuge vorangegangener eigener Informationsverarbeitungs- und Entscheidungsprozesse herausgebildet wurden. D.h. aber, daß auch Recht nicht per se Wirkung entfaltet, sondern günstigstenfalls als eine Information unter anderen in organisatorische Entscheidungsprozesse einfließt. Die Entstehung struktureller Kopplungen zwischen der rechtsetzenden Politik und der als Adressat angesprochenen Wirtschaft stellt einen zweiseitigen Akt dar, der nicht einseitig aufgrund der besonderen Wirksamkeit des Steuerungsinstrumentes Recht funktioniert. Rechtsetzung allein reicht für das Wirksamwerden von Recht nicht aus. Auch Steuerung durch Recht ist damit auf die Selbststeuerung der jeweiligen Adressaten angewiesen. „Steuerung ist deshalb Einmischung in eigene Angelegenheiten" (Willke 1995: VII). Dem Recht kommt insofern als Steuerungsinstrument keine grundsätzlich herausgehobene Qualität zu.

Das Sammeln von vielfältigen Informationen gelingt Großbetrieben aufgrund ihrer funktionalen Differenzierung und der damit verbundenen Möglichkeit parallelen Operierens eher als Kleinbetrieben. Die stärkere Ausdifferenzierung der Großbetriebe ermöglicht es diesen, sich wesentlich dezidierter mit Problemen der Arbeits- und auch Lasersicherheit zu befassen. Gleichwohl finden sich im Sample der Untersuchung von Steffensen u.a. (1994: 119) auch Kleinbetriebe, die das Problem der Lasersicherheit sehr sorgfältig und kontinuierlich behandelt haben. Damit stellen Arbeitsschutz und Kleinbetriebe nicht per se „ein Paar linker Schuhe" dar (so ein Verbandsvertreter aus dem Handwerk). Die Betriebsgröße allein liefert für das erreichbare Niveau an Arbeitssicherheit keine ausreichende Erklärung. Dieser Befund wird vor allem durch den Umstand gestützt, daß der Umkehrschluß, Mittel- und Großbetriebe zeichnen sich durch ein deutlich höheres Schutzniveau aus, nicht trägt (Steffensen u.a. 1994: 119). Gleichwohl erfüllt die dahinterstehende These die Funktion einer self-fulfilling-prophecy: So bemerkte der zuständige Vorgesetzte in einem von uns untersuchten Kleinbetrieb: „Ich wünsche mir mitunter die finanziellen und organisatorischen Ressourcen eines Groß- oder doch mindestens Mittelbetriebes, um angemessen Arbeitsschutz betreiben zu können."

Wichtiger als die Betriebsgröße scheint für die Lasersicherheit die Relevanz zu sein, die die jeweilige Organisation oder aber ihre Mitglieder dem Thema selbst zumessen. Dieser Umstand resultiert aus der besonderen Beziehung zwischen der Organisation

---

[50] Der englischsprachige Originalbegriff des „enactment" gibt deutlicher den gemeinten Inhalt wieder. Mit den Bedeutungen „aufführen" und „verordnen" betont er den Umstand, daß Organisationen die Umwelt, der sie ausgesetzt sind, selbst erkennen, beurteilen und in bestimmte Kontexte einordnen. Die jeweilige Umwelt ist nicht gegeben, sondern das Ergebnis selektiver Wahrnehmungs- und Interpretationsprozesse der Organisation.

als Handlungskontext der Mitglieder und deren mehr oder weniger eigenwilligen Umgang mit diesem Kontext. In der Luhmannschen Fassung wird auf den Begriff der „Stelle"[51] verwiesen, also auf einen bestimmten Arbeitsplatz in der Organisation, an dem eine bestimmte Person organisatorisch vorgegebene, gleichwohl veränderbare Entscheidungsprogramme umsetzen soll:[52] So lassen sich Betriebe finden, für die das Thema Arbeitsschutz traditionell eine besondere Bedeutung hat. Bei der Investition in ein neues Produktionssystem oder in eine ganz neue Technologie – etwa den Laser – werden frühzeitig die Vertreter des Arbeitsschutzes eingeschaltet, um bereits in der Planungsphase alle erforderlichen Maßnahmen einzuleiten. Solche Betriebe verfolgen die Devise: „Soviel Prävention wie möglich und soviel Nachbesserung wie nötig!" Gelegentlich resultiert eine so umfassende Strategie aus der betrieblichen Wahrnehmung, von der Umwelt mit besonderem Interesse beobachtet zu werden: „Da lauert die Presse draußen am Zaun, und wenn bei uns ein Unfall passiert, dann steht schnell ein Artikel in der Zeitung. Wenn sich aber beispielsweise in Steinenbronn in einem Holzverarbeitungsbetrieb ein Unfall ereignet, dann werden Sie nie eine Nachricht darüber lesen" (Vertreter eines Automobilherstellers). Die Betriebe reagieren auf die wahrgenommenen Handlungsanforderungen mit einer entsprechenden Programmierung jener Handlungsmuster, die sie von ihren Mitgliedern erwarten.

Andererseits spielen die Mitglieder eine Rolle, die aufgrund ihrer Dispositionen als sozialisierte Individuen die Programmierungen der Organisationen in den jeweiligen Entscheidungsroutinen nutzen, modifizieren oder umgehen können. Sie können dazu beitragen, daß Arbeitssicherheit zu einem organisatorischen Dauerthema wird. Gerade in Großorganisationen ist jedoch das Verankern eines ausgeprägten Arbeitsschutzgedankens durch die Mitglieder der Arbeitsschutzabteilungen schwierig, da die organisatorisch vorgegebenen Entscheidungsprämissen (Teilhabe an Entscheidungen und

---

[51] Die Stelle ist die organisatorische Bündelung von Entscheidungsprämissen (so Luhmann mit Bezug auf Simon), die in den Entscheidungsprogrammen der Organisation, in den Personen bzw. den Dispositionen der Organisationsmitglieder sowie in den Festlegungen von innerorganisatorischen Kommunikationswegen und Beteiligungschancen identifiziert werden können (Luhmann 1988a).

[52] Um dieses Wechselspiel zwischen organisatorischen Programmen (geschrieben oder ungeschrieben) und den Dispositionen der Organisationsmitglieder beim Umgang mit riskanten Techniken und Arbeitsschutzproblemen zu fassen, haben sich in der Literatur unterschiedliche Begriffe eingebürgert: So spricht Pröll (1991: 22ff.) von Deutungsmustern, indem er vor allem die Bedeutung der Mitglieder betont. Lehder und Höhn (1994: 18ff.) nutzen demgegenüber den Begriff des „Leitbildes", den sie in Analogie zu Organisationskultur-Konzepten verstehen. Das anspruchsvollste Konzept stellen Weißbach u.a. (1994: 77ff.) vor. Sie stellen den Terminus der „Sicherheitskultur" heraus, der sich vor allem auf den Umgang mit riskanten Systemen bezieht, gleichwohl formelle Regelungen und „harte" Artefakte, aber auch informelle Praktiken und „groupthink" (Janis) beinhaltet.

Informationsflüssen) aufgrund der Verortung der Funktion in einer Stabsabteilung nur eine schwache Verhandlungsposition begründen.

Resümierend läßt sich festhalten, daß Arbeitssicherheit ein organisatorisches Entscheidungsproblem darstellt, das sich nicht von anderen Entscheidungsproblemen unterscheidet. Die Risiken falschen Entscheidens sind auch hier nicht zu umgehen. Damit geht einher, daß dem Faktor Information wesentliche Bedeutung zuzumessen ist. Auch Gesetze oder technische Normen sind eine mögliche Information im betrieblichen Entscheidungsprozeß; nicht mehr und nicht weniger.[53] Sie gewinnen im betrieblichen Geschehen nur dann Bedeutung, wenn sie entlang der Bedingungen personaler Aufmerksamkeit, organisatorischer Programmierung und eingespielter Routinen auf Anknüpfungspunkte stoßen. Dies hat Konsequenzen für politische Steuerung mit den Mitteln des Rechts. Es reicht nicht aus, wenn politische Veränderungsabsichten lediglich in die Form von Gesetzen, Vorschriften oder Verordnungen gebracht werden. Recht muß sich als Information „bemerkbar machen", der im Rahmen betrieblicher Entscheidungsprozesse Relevanz zukommt. Die angezielte strukturelle Kopplung durch Rechtsetzung entsteht erst aufgrund organisatorischer Aufmerksamkeit.

Gerade wenn es darum geht, Adressaten durch Steuerungsbemühungen für Belange anzusprechen, die außerhalb ihres Wahrnehmungsbereiches liegen, ergeben sich besondere Anforderungen an die Umsetzung von Recht. Da die strukturelle Kopplung zwischen Recht und Wirtschaftsunternehmen nicht zwangsläufig entsteht, soll nun ein „Sicherungsmechanismus" genauer betrachtet werden, der in Rechtsvorschriften im Arbeitsschutz vielfach eingebaut ist, um den Gesetzesvollzug zu verbessern: die staatliche Kontrolle durch die Gewerbeaufsichtsbehörde. Unabhängig davon, ob Betriebe aufgrund von Ignoranz, Unaufmerksamkeit oder Obstruktion den Vollzug einschlägiger Vorschriften unterlassen, soll durch staatliche Aufsichtsbehörden das Sicherheitsniveau in den Betrieben überwacht und gegebenenfalls verbessert werden. Die zuständigen Behörden übernehmen damit vielfach die Funktion, die staatlichen Absichten in die Betriebe hineinzutragen. Es soll deshalb in den beiden folgenden Abschnitten geprüft werden, in welcher Beziehung die Verwaltung zur gesetzgebenden politischen Politik steht und welche Routinen und Umgangsformen die Vertreter der Behörden im Kontakt mit den Betrieben im Laufe der Zeit entwickelt haben.

---

53 Im Abschnitt 2.4 hatte ich bereits darauf verwiesen, daß die im Rahmen des Forschungsprojektes „Lasertechnik – Nutzungskontexte und Sicherheitsstrategien" durchgeführten Betriebsfallstudien den Befund erbrachten, daß in den meisten Untersuchungsbetrieben die für den Laserbetrieb einschlägigen Sicherheitsvorschriften nur im Ausnahmefall bekannt waren.

4.4.2 Der Vollzug politischer Programme durch die Verwaltung

Die Parteienpolitik – Luhmann spricht auch von politischer Politik – befaßt sich vor allem mit der Rechtsetzung und der Verteilung legitimer gesellschaftlicher Macht. Rechtsetzung ist der Versuch politischer Akteure, Handlungsprogrammierungen vorzunehmen, um so bestimmte Selektionen durch die Adressaten wahrscheinlicher werden zu lassen bzw. den Raum möglicher Selektionen einzuschränken. So werden etwa Verbote ausgesprochen (Verbot der Nachtarbeit für Jugendliche) oder bestimmte Handlungsoptionen (Diebstahl, Betrug, Mord) mit so gravierenden Sanktionen belegt, daß die Wahl einer solchen Handlungsalternative nur im Ausnahmefall durch die Akteure vorgenommen wird. Auch wenn es oftmals so scheint, als ob die politische Politik detaillierte und inhaltlich exakt bestimmte Programmierungsleistungen erbringt, die eine Verhaltenssteuerung bei den Akteuren bewirken sollen, werden lediglich „normierte Verhaltenserwartungen" formuliert (vgl. hierzu Hiller 1993: 60f.). Rechtsvorschriften definieren und determinieren damit nicht zukünftige Zustände der Gesellschaft oder Verhaltensweisen der Akteure, sondern beinhalten lediglich bestimmte Erwartungen an diese Zustände und Verhaltensweisen.

Es gibt andere Rechtsbereiche, bei denen die nur geringe Determinationskraft von Rechtsvorschriften wesentlich deutlicher ist. Das gesamte Technikrecht ist hier zu nennen, zu dem auch Teile des Arbeitsschutzrechts zu zählen sind. So etwa die hier im Mittelpunkt stehenden Problembereiche, die sich auf die technisch-stofflichen sowie auf die arbeitsumweltlichen Bedingungen am Arbeitsplatz beziehen.[54] Die rechtliche Programmierung im Arbeitsschutz ist geprägt durch die Nutzung der sogenannten unbestimmten Rechtsbegriffe.[55] Hierbei handelt es sich um eine Rechtsetzungspraxis, die sich in den letzten 100 Jahren zunehmend etabliert hat. Ziel dieser Verfahrensweise ist, die grundsätzliche Statik des Rechts bei der Regulierung der dynamischen technischen Entwicklung zu überwinden (Berg 1985; Breuer 1976; Sonnenberg 1968; Wolf 1986). Rechtsexperten wie Techniker und Wissenschaftler sind einhellig der Meinung, daß das Technikrecht regelmäßig, ja zwangsläufig der technischen Entwicklung hinterher-

---

[54] Sehr strikte und inhaltlich detaillierte Regelungen wurden in bezug auf Arbeitszeitbestimmungen und den Personenschutz erlassen.

[55] Für Beck (1988) stellt die extensive Nutzung von unbestimmten Rechtsbegriffen einen wesentlichen Aspekt „organisierter Unverantwortlichkeit" dar: „Jeder sagt: Selbstverständlich müssen Techniker in 'Kernfragen' der Technik das Sagen haben. Die gilt schon deswegen, weil die rasante Entwicklung der Technik keine dauerhaften Festschreibungen erlaubt und von Außenstehenden nicht übersehen werden kann. Auf der anderen Seite wird auf diese Weise den Ingenieursverbänden, den medizinischen Koryphäen usw. ein Blankoscheck für politische Grundsatzentscheidungen ausgestellt. Die demokratischen Institutionen unterschreiben sozusagen ihre eigene Kapitulationsurkunde und treten im Glanze ihrer formalen Zuständigkeit die Macht in Sicherheitsfragen an die 'technokratischen Nebenregierungen' ständisch organisierter Gruppen ab." (Beck 1988: 191f.)

hinkt. Die Lösung dieses Problems wird darin gesehen, in den einzelnen Rechtsvorschriften zwar genau die Zuständigkeiten (inner- und außerbetrieblich), die Beantragungs- und Einspruchsrechte oder behördliche Kontrollbefugnisse festzulegen, jedoch den zentralen Sachverhalt, nämlich das zu erreichende Sicherheitsniveau, nur allgemein (ohne Details vorzugeben) zu regeln. So schreibt der § 120 Abs. 1 der Gewerbeordnung lediglich vor:[56]

> „Die Gewerbeunternehmer sind verpflichtet, die Arbeitsräume, Betriebsvorrichtungen, Maschinen und Gerätschaften so einzurichten und zu unterhalten, und den Betrieb so zu regeln, daß die Arbeitnehmer gegen Gefahren für Leben und Gesundheit so weit geschützt sind, wie es die Natur des Betriebes gestattet."

Das Schutzniveau wird in den Vorschriften zum Arbeitsschutz mit den Begriffen „der Stand der Technik", „der Stand von Wissenschaft und Technik" oder „die allgemein anerkannten arbeitswissenschaftlichen Erkenntnisse" allgemein definiert, ohne ins Detail zu gehen. Diese Vorgehensweise erlaubt die kontinuierliche Anpassung des Rechts an die Technikentwicklung und schafft die Möglichkeit, die Eingriffe in die ökonomische Freiheit des einzelnen bzw. in die Entscheidungsfreiheit der Betriebe an den jeweils aktuellen Stand der Technik etc. anzupassen, ohne die gesetzliche Grundlage angesichts neuer technischer Entwicklungen aktualisieren zu müssen: Maßnahmen zur Verbesserung des Arbeitssicherheitsniveaus sollen so gestaltet sein „wie es die Natur des Betriebes gestattet". Parallel zur weiteren technischen Entwicklung kann sich auch die Natur des Betriebes ändern. Zugleich können bestimmte Zustände, so belastend und unangenehm sie für den einzelnen sein mögen, als hinnehmbar gelten, da sie mit der Natur des Betriebes unumgänglich verbunden sind bzw. deren Abstellung ökonomisch nicht zumutbar ist.

Etwas resignierend bemerkte einer unserer Workshopteilnehmer: „Sie haben immer das Nachsehen, wenn sie keine Rechtsgrundlage haben. Wir müssen uns immer noch auf die Gewerbeordnung stützen, die in den Ursprüngen aus dem Jahr 1871 stammt. ... Was fangen sie mit so einer Dachvorschrift an? In der Gewerbeordnung hat man bewußt für bestimmte Firmen Risiken in Kauf genommen. Diese Risiken geht man heute nicht mehr ein, aber die Vorschriften sind noch dieselben" (ein für die Gewerbeaufsicht zuständiger Vertreter eines Landesministeriums). Beschränkte Handlungsoptionen sind vor allem dann an der Tagesordnung, wenn es um neue Technologien wie die Lasertechnik geht. Fehlende spezielle, d.h. technikbezogene Regelungen machen es erforderlich, sich ausschließlich auf die generellen Vorschriften zu verlassen.

Das mit Hilfe von unbestimmten Rechtsbegriffen beschriebene Sicherheitsniveau bietet den Vorteil, daß es flexibel an die veränderten betrieblichen Möglichkeiten angepaßt werden kann. Technischer Fortschritt kann auf diese Weise, ohne rechtliche Probleme aufzuwerfen, zugleich in verbesserte Arbeitsbedingungen umgemünzt werden.

---

[56] Der § 120 ist die wichtigste allgemeine Rechtsgrundlage für die Gewerbeaufsicht. Auf der Basis dieses Paragraphens kann sie die Anordnung von Maßnahmen einem Betrieb gegenüber begründen. Die Bestimmung war mit fast identischem Wortlaut bereits als § 107 in der Gewerbeordnung von 1871 enthalten.

Diesem Vorteil steht ein Nachteil gegenüber: Es geht die Möglichkeit verloren, mit den Rechtsvorschriften eine spezielle und detaillierte Vorgabe für die Betriebe oder für die Aufsichtsbehörden zu formulieren. So kann beispielsweise innerhalb des bestehenden Vorschriftenkanons die technologiepolitische Strategie, die Diffusion der Lasertechnik durch ein hohes Sicherheitsniveau zu fördern, nicht umgesetzt werden. Es fehlt an einer Regelung, die dazu genutzt werden könnte, die behördliche Aufmerksamkeit bei der Kontrolle der betrieblichen Bedingungen verstärkt auf die eingesetzten neuen Technologien zu lenken.

Die in bezug auf die Lasertechnik ausschließlich weichen Gesetzesformulierungen wirken sich bei der vorliegenden Untersuchung insofern aus, als sich auf seiten der Gewerbeaufsicht vor Ort sowie bei den zuständigen Landes- und Bundesministerien keine Ansprechpartner finden ließen, die sich in der Lage sahen, zu Gefährdungspotentialen bei der Lasermaterialbearbeitung Auskunft zu geben. Als eines der wichtigsten Ergebnisse läßt sich deshalb an dieser Stelle vermerken, daß neue Technologien, deren Einsatz präventiv auch in bezug auf Sicherheitsbelange zu gestalten wäre, kein Thema für die Aufsichtsbehörden darstellen.

„Aufgrund der Einbindung in die Gesetzesmaterie wird immer eine gewisse Zeit verstreichen, bis eine neue Technologie in die Gesetzessprache umgesetzt ist. So etwas kann heute bis zu zehn Jahre dauern. ... Wir haben gestern (die Veranstaltung fand 1994 statt, BS) erfahren, daß das Arbeitsschutzrahmengesetz in dieser Legislaturperiode nicht mehr verabschiedet wird. Man hat etwa vier Jahre an dem Entwurf gearbeitet, ... Aber es ist heute fast unmöglich, eine neue Arbeitsschutznorm als Gesetz oder Verordnung zu verabschieden, weil massive Einflüsse aller Beteiligten im Gesetzgebungsverfahren Platz greifen. Mit dem Arbeitsschutzrahmengesetz ist auch die Bildschirmverordnung verknüpft, die jetzt ebenfalls hinausgeschoben wird. Wenn Sie zurückdenken, seit wann wir uns mit dem Thema Bildschirmarbeitsplätze in der BRD beschäftigen und wie lange es gedauert hat, bis so eine Verordnung zur Verfügung steht" (ein für die Gewerbeaufsicht zuständiger Vertreter eines Landesministeriums).

In bezug auf die Lasertechnik läßt sich damit kaum von einem Vollzugsdefizit sprechen, da es bislang weder eine dezidiert technikbezogene Programmatik gibt, die über die allgemeinen Vorschriften des Arbeitsschutzes hinausgeht, noch entsprechende Maßnahmen der Aufsichtsbehörden, die sich auf die Emissionsgefährdungen beim Lasereinsatz beziehen. Die folgenden Ausführungen bleiben deshalb weitgehend hypothetisch und orientieren sich an der eingangs aufgeworfenen Frage, wie das Bestreben der Forschungs- und Technologieförderung, die Lasertechnik über höhere Sicherheitsstandards zu fördern, umgesetzt werden könnte.

Die der Gewerbeaufsicht zur Verfügung stehende ungenaue Programmierung hat nicht nur Auswirkungen auf das erreichbare Schutzniveau, sie hat auch Folgen für das Handeln der Verwaltung. Die Vorstellung eines Vollzugsdefizites setzt eine deutliche Trennung der Funktionen von Parteienpolitik und Verwaltung voraus.

„Die Rationalität der öffentlichen Verwaltung bestand dann offenbar in ihrem Mittelcharakter für die Zwecke der Politik, und die spezifisch rechtsstaatliche Asymmetrie dieser

Zweck-Mittel-Beziehung war (und ist?) auf strikte Rechtsbindung der Verwaltung angewiesen." (Japp 1994: 126)

Diese scharfe Unterscheidung von Verwaltung und Parteienpolitik setzt darauf, daß der Verwaltung die Funktion zukommt, bindende Entscheidungen herzustellen, also dem Publikum Selektionen vorzugeben oder doch zumindest nahezulegen. Vorauseilend soll die Parteienpolitik hierfür bereits die Legitimationsgrundlage und damit die Akzeptanz des Publikums für die Verwaltungsentscheidung sichergestellt haben. Rational und richtig sind Verwaltungsentscheidungen in dieser Denkfigur immer dann, wenn sie den Grundsätzen der Rechtmäßigkeit genügen (vgl. Ladeur 1994: 99).

> „Während nun die Politik in ihrer Beziehung zur Verwaltung Entscheidungsprämissen setzt, vollziehen die Verwaltungen die Entscheidungsprogramme durch Einzelfallentscheidungen." (Grunow 1994: 32)

Diese strikte Abgrenzung wird spätestens dann fragwürdig, wenn die von der Verwaltung zu treffenden Entscheidungen Abwägungs- und Ermessensspielräume beinhalten.[57] Für die Politik stellt die Nutzung unbestimmter Rechtsbegriffe bei der Programmformulierung eine Entlastung dar: Sie eröffnet die Möglichkeit, überhaupt handlungs- und entscheidungsfähig zu bleiben. Die Verabschiedung eines Gesetzes wird vielfach nur möglich, weil auf detaillierte Regelungen verzichtet wird, die sachlich den Adressaten bestimmte Handlungsverpflichtungen vorgeben. Lassen sich die betrachteten Probleme nicht in einem großen und durchgehenden gesetzlichen Entwurf lösen, so lassen sich die Defizite im politischen Bereich kaschieren, indem die eigentliche Problemlösung in die Verwaltung bzw. in die Sphäre der Gerichte verlagert wird (Luhmann 1994b: 169f.).[58]

Für die Verwaltung bedeutet dies, daß die Determinationskraft der strukturellen Kopplung zwischen Parteienpolitik und Verwaltung gelockert wird. Zumindest die Entscheidung über das „Wie" der Programmumsetzung ist in die Zuständigkeit der Verwaltung verlagert. Die Verwaltungsumwelt, also das Publikum, ist damit für das Verwaltungshandeln von Bedeutung und kann es beeinflussen (ich komme hierauf im nächsten Abschnitt zurück).

> „Diese Beamten können die Betriebe nur dann und soweit kontrollieren, wie ihnen hierfür eine Gesetzesgrundlage zur Verfügung steht. D.h., der Beamte darf nur das überwachen oder anordnen, wofür

---

57 Hierauf hat die Implementationsforschung sehr deutlich hingewiesen, indem sie die von der Parteienpolitik aufgeworfene Kritik an der defizitären Programmumsetzung durch die Verwaltung zum Teil an diese zurückverwiesen hat (sehr deutlich bereits bei Mayntz u.a. 1978): Mangelnde politische Gestaltungsfähigkeit oder -willigkeit würde als Ermessensspielraum in den Bereich der Verwaltung überführt.

58 In diesem Zusammenhang ist die Diskussion um das sogenannte Richterrecht zu sehen (vgl. Teubner 1992). Siehe auch die beeindruckende Sammlung von Bundesverwaltungsgerichtsurteilen zum Regelungsbereich Umweltschutz bei Wolf (1987: 359f.). Gerichtsverfahren übernehmen vermehrt die Überprüfung der Rechtmäßigkeit gesetzlicher Bestimmungen, da sich die Politik überfordert sieht, die Vorschriften entsprechend zu gestalten.

ihm eine gesetzliche Grundlage an die Hand gegeben ist. Er hat ein ganz genau und eng umrissenes Arbeitsfeld, dessen Einhaltung auch von den Betrieben selbst sehr sorgfältig kontrolliert wird. Wenn der Beamte seine Befugnis überschreitet, so kommt es durch die Betriebe zum Widerspruch an die nächst höhere Instanz. ..., andererseits wird von den Beamten jedoch verlangt, daß sie Auskunft über die im Einzelfall zu treffenden Maßnahmen geben" (ein für die Gewerbeaufsicht zuständiger Vertreter eines Landesministeriums).

Gerade in bezug auf neue Technologien ist die Gewerbeaufsicht auf die Auslegung unbestimmter Rechtsbegriffe angewiesen. Es wird dann eine Entscheidung von der Verwaltung erwartet, die unter der Bedingung von Unsicherheit zustande kommt. Verwaltungen gehen mit ihren Entscheidungen ein Risiko ein, bewirken also Entscheidungsfolgen, die sie sich selbst zurechnen müssen.[59] Es ist letztlich ihre Auslegung der konkreten betrieblichen Bedingungen, ihre je spezifische Ausübung des eingeräumten Ermessens, die zu einem bestimmten Entscheidungsergebnis (etwa dem Aussprechen einer Auflage) und damit zu den feststellbaren Folgen geführt hat. Auch für die Vertreter der Aufsichtsbehörde ergeben sich beim Umgang mit den Emissionsfragen jene Entscheidungsprobleme, die im Abschnitt 2.4 in bezug auf die Betriebe präsentiert wurden. Ungesicherte wissenschaftliche Erkenntnisse und die eingeschränkte sinnliche Wahrnehmbarkeit der möglicherweise gegebenen Gefährdung verdeutlichen auch den Entscheidungscharakter des behördlichen Handelns.

Die rechtliche Programmierung wird von den Vertretern der Gewerbeaufsicht deshalb als unzureichend wahrgenommen. Dies gilt insbesondere für Gegenstandsbereiche, in denen präventive Maßnahmen notwendig sind bzw. der Umgang mit neuen Technologien gefordert ist. Präventiver Arbeitsschutz ist vielfach schon deshalb nur in unzulänglicher Weise möglich, weil die Gewerbeaufsicht in vielen Fällen neue Anlagen erst dann kontrolliert (bzw. von deren Vorhandensein erfährt), wenn diese in den Betrieben vollständig errichtet sind. Eine Nachbesserung und Umkonfiguration der Anlage ist in der Regel kaum noch zu bewirken. Ökonomische Einbußen, der Bestandsschutz und der technische Aufwand, den eine Umrüstung erfordern würde, können von den Betrieben wenn nicht zur Abwehr von behördlichen Auflagen so doch zumindest als Hinhalteargument in die Verhandlungen mit der Gewerbeaufsicht eingebracht werden. Die etablierten und rechtlich fixierten Routinen der behördlichen Aufsicht erweisen sich deshalb gerade bei neuen Technologien zusehends als inadäquat:

So fordern wissenschaftliche Vertreter, die sich mit Problemen der Aufsichtsbehörden im Arbeitsschutz auseinandergesetzt haben, eine Modifikation der behördlichen Vorgehensweisen. Pröll führte auf dem ersten an der Akademie durchgeführten Workshop zum betrieblichen Einsatz der Lasertechnik aus: „Was ich für fatal hielte, wäre weiter zu warten, bis Normen vorhanden sind, die die Handlungs- und Ermessensspielräume der betrieblichen Aufsicht juristisch garantieren. Wir haben es mit einer solchen Vielzahl von Risiken zu tun, daß es vermutlich nie gelingt, sie abschließend in formale

---

59 Zu der hiermit implizierten Fassung eines an Entscheidungsfolgen orientierten Risikobegriffs siehe Luhmann (1990, 1991b); Japp (1992) oder mit weiterführenden Unterscheidungen Hiller (1993).

Normen zu überführen. Die Dienste sind eigentlich jetzt schon gefordert, sich auch in diesem weichen, grauen oder gar nicht normierten Bereich eine Handlungsfähigkeit anzueignen. Sie müssen – und das ist die politische Seite des Problems – kompetent auskunftsfähig sein und überzeugende Lösungen anbieten können, sonst sind sie einem dramatischen Funktions- und Bedeutungsverlust ausgesetzt" (Pröll, in Steffensen u.a. 1994: 84). Die Lasertechnik in der Materialbearbeitung und die mit ihrem Einsatz verbundenen potentiellen Gefahrstoffbelastungen stellen einen der „weichen, grauen oder gar nicht normierten" Bereiche dar. Angesprochen auf das im Abschnitt 2.2 entfaltete Beispiel zur Laserbearbeitung von Plexiglas, erkennen die interviewten Vertreter der Gewerbeaufsicht durchaus Handlungsbedarf und auch Handlungsoptionen, da die Gefahrstoffverordnung bei krebserzeugenden Stoffen ein Minimierungsgebot vorschreibt. Darüber hinaus bleibt die deutliche Zurückhaltung erkennbar, wenn es darum geht, sich auf rechtlich ungesichertes Terrain zu begeben und Entscheidungen unter Unsicherheit zu treffen.

Es scheint nun an der Zeit, jene Prozeduren genauer zu untersuchen, die sich in den letzten mehr als hundert Jahren im Umgang der Gewerbeaufsicht (früher Fabrikinspektion) mit den Betrieben herausgebildet haben. Einige Hinweise hierauf wurden bereits in die historischen Darlegungen des Abschnitts 4.2.1 eingeflochten. Im folgenden sollen jene Aspekte herausgestellt werden, die sich aus dem Umstand ergeben, daß bei der Betriebsrevision durch die Gewerbeaufsicht zwei Organisationen ihre Operationen aufeinander abzustimmen versuchen, deren Operationsweisen allerdings an die je eigene Logik und die jeweiligen organisatorischen Anschlußmöglichkeiten rückgebunden bleiben. Verwaltung und Betrieb kommen kurzzeitig in einen engen Kontakt. Damit entsteht zwischen den Teilsystemen Politik und Wirtschaft eine strukturelle Kopplung.

4.4.3 Die Kontrolle der Betriebe: Gewerbeaufsicht

Ein Charakteristikum des Arbeitsschutzrechtes liegt darin, daß eine Verbesserung der Arbeitssituation von den betroffenen Arbeitnehmern selbst auf Basis der einschlägigen Vorschriften nicht eingeklagt werden kann. Arbeitnehmer haben nicht die Möglichkeit, auf Grundlage beispielsweise der Gewerbeordnung Ansprüche gegenüber dem Unternehmer durchzusetzen oder die Gewerbeaufsicht anzurufen.[60] Normadressat ist im Ar-

---

[60] Der Arbeitgeber kann demgegenüber auf eine gewisse Rechtssicherheit bauen, da er im Falle der Einhaltung der Vorschriften des Arbeitsschutzrechtes von „individuellen Schutzansprüchen der Beschäftigten und Auflagen des Staates im wesentlichen suspendiert ist" (Pröll 1992: 23). In manchen Rechtsbereichen beginnt diese Konstruktion jedoch zu wanken. So verweist Nicklisch (1995) darauf, daß im Haftungsrecht die Gefährdungshaftung an Bedeutung gewinnt, die eine Haftung auch für Schäden vorschreibt, die Folge eines erlaubten Risikos sind. Es wird in solchen Fällen nicht als recht und billig angesehen, daß ein Anlagenbetreiber die Vorteile des erlaubten Risikos genießen kann, ohne bei Eintritt der als Risiko angesehenen Ereignisse für die entstehenden Schäden zu haften.

beitsschutz der Unternehmer[61] selbst, der alle nach der Natur des Betriebes zumutbaren Vorkehrungen zu treffen hat, damit die Gesundheit der Beschäftigten in ausreichendem Maße geschützt ist (Deppe u.a. 1980: 42).

> „Die rechtliche Schutzfunktion stellt sich somit im wesentlichen nicht in der Form individuell einklagbarer Rechte und Ansprüche der Beschäftigten gegenüber dem Arbeitgeber dar, sondern über den öffentlich-rechtlichen Zugriff auf Unternehmerhandeln, der durch kollektiv-rechtliche Handlungsebenen im Betriebsverfassungs- und Tarifrecht flankiert wird." (Pröll 1992: 22f.)

Erst über das Interesse des Arbeitgebers[62] an der Erhaltung der Gesundheit und damit des Arbeitsvermögens der Arbeitskräfte kommen die Regelungen des Arbeitsschutzrechtes für den einzelnen Arbeitnehmer zum Tragen. Die schwache Rechtsposition des einzelnen Arbeitnehmers läßt der Kontrolle der Qualität der Arbeitsbedingungen durch die Vertreter der Aufsichtsbehörden besondere Bedeutung zukommen. Damit wird zugleich deutlich, warum bereits früh Versuche zur Etablierung der Fabrikinspektion unternommen wurden, auch wenn diese Bemühungen in der Regel unzureichend ausfielen. Die in den meisten historisch überlieferten Fällen geschilderte dürftige personelle Ausstattung läßt zumindest Zweifel an der Ernsthaftigkeit der staatlichen Maßnahmen aufkommen.

Die Kontrolle der betrieblichen Gegebenheiten durch die Arbeitsschutzbehörde stellt Verwaltungshandeln auf der Basis von Arbeitsschutzrecht dar. Der Gesetzesvollzug, also die Umsetzung der politischen Programme durch die Behörde, erscheint als „teilsystemübergreifende" Beziehung zwischen Verwaltung und Wirtschaftsunternehmen, zugleich jedoch auch als „teilsysteminterne" Beziehung im politischen Teilsystem: als Beziehung zwischen Verwaltung und Publikum.[63] Dieser auf den ersten Blick verwirrend erscheinende Befund läßt sich relativ einfach entwirren. Hierfür ist es allerdings notwendig, zwei Ebenen bei der Betrachtung zu unterscheiden. Sofern man die Analyse der Verwaltungsoperationen aus der Perspektive des politischen Systems – also als Kommunikation im gesellschaftlichen Teilsystem Politik – angeht, entdeckt man im Verhältnis Verwaltung–Betrieb auf der Seite des Betriebes das Publikum, das

---

61 Diese Rechtskonstruktion trägt der traditionellen Vorstellung Rechnung, daß es in der Regel eine haftende Einzelperson, nämlich den Unternehmer, gibt, der die oberste Entscheidungsbefugnis in einem Unternehmen hat und deshalb auch im Falle von Haftungsansprüchen zur Rechenschaft gezogen werden kann. Dies hat sich mit der Einführung und Verbreitung von Aktiengesellschaften deutlich geändert, da diese Unternehmensform die Figur des im rechtlichen Sinne allumfassend verantwortlichen Individuums nicht mehr kennt.

62 Dieses Unternehmerinteresse wird in bezug auf Emissionsgefährdungen z.B. bei der Lasermaterialbearbeitung gesetzlich durch die „Ermittlungspflicht" (§ 16 Gefahrstoffverordnung) unterstützt. Sie beinhaltet keine Verpflichtung, eine detaillierte Emissionsmessung im Betrieb durchzuführen, sobald eine Laseranlage installiert ist. Es muß jedoch ermittelt werden, ob die bestehenden Grenzwerte eingehalten werden. Hierzu reicht es aus, die geeigneten Informationen einzuholen.

63 Mit Windhoff-Héritier ließe sich auch von der Klientel sprechen (1987a/b).

ebenfalls Teil des politischen Systems ist (vgl. etwa Treutner 1994). Beide Organisationen, Behörde wie auch Betrieb, tragen während des Kontaktes zum kommunikativen Geschehen des Teilsystems Politik bei.

Betrachtet man den Abstimmungsprozeß aus der Perspektive der Organisationen und ihres Prozessierens, in das der Kontakt zwischen Behörde und Betrieb als eine einzelne Sequenz eingebettet ist, so ergibt sich ein anderes Bild. Betriebe erscheinen dann als Organisationen der Wirtschaft und Verwaltungen als solche der Politik. An diesem Punkt der Argumentation wird noch einmal deutlich, daß Organisationen, die im Mittelpunkt der angestellten Betrachtungen stehen, als „Multireferenten" anzusehen sind, die sich nicht völlig und ausschließlich an einem einzelnen Funktionssystem orientieren. Verwaltung und Betrieb lassen sich als Organisationen nicht in toto bestimmten Funktionssystemen zurechnen. Wirtschaftsorganisationen befassen sich nicht ausschließlich mit Kommunikationen, die den Code Zahlung/Nicht-Zahlung verwenden, sondern beobachten auch Ereignisse, die in für sie relevanten Bereichen außerhalb der Wirtschaft auftreten. Der Kontakt mit der Verwaltung ist nur ein Beispiel dafür, daß eine Wirtschaftsorganisation – zumindest vorübergehend – den Code Recht/Unrecht benutzt.[64]

Damit ist aber gleichzeitig etwas über das Entstehen und die Wirkungen von strukturellen Kopplungen ausgesagt. Die mittels Betriebsbegehung durch die Behörde kurzfristig aufgebaute Interorganisationsbeziehung führt zum partiellen Hineinziehen betrieblicher Kommunikationen in den allgemeinen politischen Kommunikationszusammenhang. Die Äußerungen des Betriebsvertreters in bezug auf die Arbeitssicherheit werden vom Behördenvertreter als politische Kommunikationen verstanden, die ein beabsichtigtes oder realisiertes Beachten bzw. Nicht-Beachten gesetzlicher Vorschriften signalisieren. Diese Äußerungen stellen ein Umweltereignis für die Verwaltung dar, das diese beim Fortgang der weiteren eigenen Entscheidungsproduktion in Rechnung stellen muß.

Betrieb und Verwaltung werden in der Verhandlungssituation versuchen, in die Entscheidungsproduktion der jeweils anderen Seite die eigenen Argumente einzubringen.[65] Der Betrieb wird sich also darum bemühen, die Behörde dazu zu veranlassen,

---

[64] Ungeklärt bleiben muß hier, wie Organisationen in einem solchen Fall zwei Codes gegeneinander verrechnen. Geht man davon aus, daß Organisationen aufgrund ihrer Funktionsbezüge einer Leitorientierung folgen, so könnte unterstellt werden, daß Betriebe im Arbeitsschutz zumindest zweimal rechnen: Welche Zahlungen stellt Recht, welche Zahlungen Unrecht in Aussicht. Auf diese Weise präformiert das ökonomische Kalkül möglicherweise den Umgang mit Recht und wirkt somit als primärer Kalkulationsmodus.

[65] So schreibt etwa Windhoff-Héritier, „... daß die Ergebnisse regulativer Prozesse immer durch drei Schlüsselakteure und deren wechselseitiges Kräfteverhältnis bedingt sind: der regulierenden Behörde, der regulierten Klientel (Kostenträger) und der Nutznießerklientel" (1987b:63). Letztere, nämlich die Arbeitnehmer, sind im Arbeitsschutz von geringer Bedeutung, da sie keine garan-

ihre Entscheidung nicht einseitig an der Rechtslage, sondern auch an den wirtschaftlichen Gegebenheiten zu orientieren. Das Einfallstor für einen solchen Versuch öffnen die rechtlichen Bestimmungen selbst, wenn sie fordern, „... daß die Arbeitnehmer gegen Gefahren für Leben und Gesundheit soweit geschützt sind, wie es die Natur des Betriebes gestattet" (§ 120a Gewerbeordnung). Hierbei spielen nicht nur die grundsätzlichen Produktionsbedingungen eine Rolle, die dazu führen, daß beispielsweise mit der Herstellung von Stahl die Arbeit unter hohen Temperaturen unabdingbar verknüpft ist. Genauso bedeutsam ist die Tatsache, daß bestimmte technische oder arbeitsorganisatorische Maßnahmen, die dem Schutz der Arbeitnehmer dienen, ökonomisch zumutbar sein sollen. Gerade dieser zweite Aspekt wird vielfach von den Betrieben ins Feld geführt, wenn es um die Abwehr von behördlichen Auflagen geht. Der Betrieb wird folglich bemüht sein, den Versuch der Kopplung seiner Operationen an die politische Kommunikation mit einer Kopplung der weiteren Verwaltungsoperationen an wirtschaftliche Kommunikationen zu kontern.[66]

> „Die wirtschaftlichen Machtpositionen wirken sich auf das Verwaltungshandeln dahingehend aus, daß Norminterpretationen entweder die unternehmerische Interessenlage antizipierend oder in Interaktion mit den Wirtschaftsunternehmen zustande kommen. Hier verliert offensichtlich 'Recht' bis zu einem gewissen Grad den Charakter eines Steuerungsmediums; es wird vielmehr in horizontal strukturierte Kommunikationen 'eingebaut' mit der Funktion, ausgehandelte Beziehungen zu legitimieren." (Buck-Heilig u.a. 1988: 136)

Spätestens an dieser Stelle wird deutlich, wie eingeschränkt der Gebrauch von Macht auch auf Seiten der Verwaltung ist. Trotzdem spricht Thon davon, daß die Vertreter beider Aufsichtsinstanzen (Gewerbeaufsicht und Berufsgenossenschaft) von den Betrieben vor allem als externes „Drohpotential" (1988: 130) wahrgenommen werden. Ähnlich läßt sich ein Befund interpretieren, den Barthel und Kettler (1996: 12) präsentieren: Bei ihrer quantitativen Untersuchung zum betrieblichen Lasereinsatz befragten sie die Betriebe, ob sie es für sinnvoll erachten würden, wenn die Gewerbeaufsicht verstärkt Aufgaben der Informationsvermittlung übernehmen würde. Zwei Drittel der Betriebe sprachen sich dagegen aus. Hierunter sind vor allem solche Betriebe, die nicht über einen institutionalisierten „Draht" zur Gewerbeaufsicht verfügen, sondern nur Erfahrungen bei Revisionen sammeln konnten. Hintergrund des Vorschlages war ein Befund, der in Betriebsfallstudien zum Lasereinsatz gewonnen wurde: Hierin verwie-

---

tierten eigenständigen Rechte und im Rahmen der Kontakte zwischen Behörde und Betrieb nur geringe Einflußmöglichkeiten haben.

[66] An dieser Stelle kann die betriebliche Überlegung „welche Zahlungen stellt Recht, welche Zahlungen stellt Unrecht in Aussicht" umgedreht werden. Auch die Behördenvertreter müssen im Arbeitsschutz zweimal rechnen: „Wieviel Recht (oder besser Rechtsbefolgung) stellt die betriebliche Zahlung (Investition in Maßnahmen) und wieviel Unrecht stellt der Verzicht auf Zahlungen (Belassen des bestehenden Zustandes bzw. die Veranlassung weniger tiefgehender Maßnahmen) in Aussicht." Das Risiko einer zu hohen Forderung durch die Behörde besteht in einem Widerspruch durch den Betrieb, der die Umsetzung von Maßnahmen verschiebt, eventuell sogar verhindert.

sen einige der Betriebsvertreter darauf, daß sie sich vergeblich darum bemüht hätten von den Mitarbeitern der Gewerbeaufsicht Informationen zum Lasereinsatz zu erhalten (vgl. Barthel/Kettler/Steffensen 1996). Die Vertreter der Aufsichtsinstanzen könnten für eine Informationsvermittlung besonders geeignet sein, da eigentlich zu erwarten wäre, daß sie über einen breiteren Eindruck von den betrieblichen Einsatzbedingungen neuer Technologien verfügen. Daß dieses zum jetzigen Zeitpunkt nur im Ausnahmefall richtig ist, darauf hatte ich im Abschnitt 2.4 bereits verwiesen.

Das von den Betrieben wahrgenommene Drohpotential läßt sich von den Behördenvertretern in der Regel nicht in dem Sinne einsetzen, daß sie für die Betriebe bestimmte Entscheidungsprämissen formulieren bzw. für diese einzelne Handlungsalternativen auswählen können (Luhmann 1970: 162).[67] In vielen Fällen dürfte ein Patt gegeben sein: Dem behördlichen Verweis auf Recht wird mit dem betrieblichen Bezug auf die ökonomische Situation begegnet.[68]

Mit Bezug auf die Lasermaterialbearbeitung bemerkte ein Vertreter der Gewerbeaufsicht auf dem ersten Workshop (vgl. Steffensen u.a. 1994: 87): „Was die fehlenden Sicherheitskonzepte angeht, so glaube ich nicht, daß die Betriebe nicht wissen, was sie tun. Unsere Erfahrung ist die, daß die Betriebe sehr wohl die Gefahren kennen, mit denen sie umgehen. Jeder Anwender hat einen Wissensvorsprung vor der Überwachungsbehörde. Der Betrieb entscheidet sich, was er bearbeiten will und erkundigt sich beim Technikhersteller, ob er diese Werkstoffe auch bearbeiten darf. ... Die Betriebe machen einige Dinge, von denen sie wissen, daß sie nicht ganz in Ordnung sind, eine gewisse Zeit lang und hoffen, daß nichts passiert und daß auch niemand dahinterkommt. Wenn wir dann im nachhinein etwas umrüsten wollen, dann kommt aus dem Betrieb das Argument, die Gewerbeaufsicht würde Arbeitsplätze vernichten."

Die Verwaltung hat sich in vielen Fällen auf Verhandlungen eingestellt, in denen wechselseitig Zahlungen und Recht gegeneinander konvertiert werden. Diese Handlungsbedingungen sind im Arbeitsschutz nicht neu. Windhoff-Héritier betont in ihrer historischen Analyse, daß bereits im 19. Jahrhundert die Beziehungen zwischen Fabrikinspektoren und Betrieben durch Verhandlungen geprägt waren (1987a: 147; Windhoff-Héritier u.a. 1990: 185). Diese Entwicklung wird zudem durch den Umstand

---

67 Im Ausnahmefall mag es den Anschein haben, als ob eine behördliche Maßnahme in eben solcher Form Wirkung entfaltet. Aber auch in diesem Fall bleibt es die betriebliche Entscheidung, ob sie die vorgegebene Selektionsleistung der Verwaltung als eigene Selektion anerkennt oder ob sie lieber (selbst und damit) anders entscheidet.

68 Zu bedenken ist, daß die Verwaltung – obwohl sie in vielen Fällen mit Umsetzungsproblemen beim Gesetzesvollzug konfrontiert ist – im Arbeitsschutz eine vergleichsweise starke Position hat. Ihr ist rechtlich die Handlungsoption eingeräumt, jederzeit einen Betrieb zu betreten und eine strukturelle Kopplung durch Einleitung einer Revision herbeizuführen. „Denselben (den Vertretern der Gewerbeaufsichtsbehörde, BS) stehen bei der Ausübung dieser Aufsicht alle amtlichen Befugnisse der Ortspolizeibehörden, insbesondere das Recht zur jederzeitigen Besichtigung und Prüfung der Anlagen zu." (§139b, Abs.1 Gewerbeordnung). Es bedarf also keiner Genehmigung durch den Betrieb, damit die Behörde das Betriebsgelände betreten und die Arbeitsbedingungen kontrollieren kann.

verstärkt, daß die Beamten vielfach nicht über ausreichende Informationen – hierfür ist die Lasertechnik ein sehr typisches Beispiel – verfügen, um sachgerechte Entscheidungen zu treffen. Der im letzten Absatz genannte Wissensvorsprung des Betriebes gegenüber der Verwaltung ist ebenfalls einer der Basisbefunde, der die Literatur zur Gewerbeaufsicht durchzieht.

Das Informationsdefizit läßt sich nur durch ein kooperatives Verhalten der Betriebe beheben, die im Gegenzug ein Entgegenkommen der Behörde erwarten. Die von Hukke/Ullmann bereits 1980 für die Umweltpolitik getroffene Feststellung gilt auch für den Arbeitsschutz:

> „Im Falle einer Normverletzung bestehen Sanktionsmöglichkeiten seitens der Behörden. Auf den ersten Blick scheint das gesetzliche Instrumentarium sehr strikt, da die Betriebe bestimmte, zahlenmäßig vorgegebene Grenzwerte (Emissionsnormen) einhalten müssen. Die Betrachtung der Realität zeigt jedoch, daß nicht die strikte Anwendung der Grenzwerte seitens der Behörden, sondern Verhandlungen über die Höhe und den Zeitpunkt der einzuhaltenden Normen den Gesetzesvollzug prägen (Bargaining)." (106)

Vom juristischen Standpunkt aus ergibt sich ein Vollzugsdefizit. Dem nach außen in der Selbstdarstellung gepflegten Bild einer mit hoheitlicher Gewalt nach Maßgabe von Recht und Gesetz agierenden Entscheidungsinstanz steht im Alltag eine Organisation gegenüber, die aus der Vielzahl der übrigen Organisationen nicht aufgrund purer Existenz durch besondere und bevorrechtigte Handlungsoptionen herausragt (vgl. Bolenz 1987: 101).

Die im letzten Abschnitt beschriebene Politisierung der Verwaltung, die in einer Erhöhung von Entscheidungslasten und in der verstärkten Inkaufnahme von Entscheidungsrisiken mündet, wird hier deutlich. Der - vor allem von Juristen - als automatischer Gesetzesvollzug konzipierte Umgang der Verwaltung mit dem Betrieb „verflüchtigt" sich im behördlichen Alltag zu Verhandlungsstrategien, in denen „Opportunismus und Programmatik" in der Verwaltung (Luhmann 1994b) gegeneinander austariert werden müssen.

Ein Mitarbeiter der Arbeitsschutzabteilung eines Automobilherstellers berichtete über die Errichtung der ersten Lasermaterialbearbeitungsanlage im Betrieb. Damals war die VBG93 (die Unfallverhütungsvorschrift „Laserstrahlung" der Berufsgenossenschaft) noch in ihrer ersten Fassung in Kraft. Vielen zuständigen Instanzen sei damals noch nicht klar gewesen, wie die Umsetzung zu erfolgen habe und viele Regelungen war nicht praktikabel. „Wenn sie die einschlägige Vorschrift gelesen haben, haben sie sich gefragt, warum das Ding nicht in einem Bunker betrieben wird. In den Betrieben sind viele geschwommen." Daraufhin hat das Unternehmen Ansprechpartner bei der Berufsgenossenschaft und beim Gewerbeaufsichtsamt kontaktiert, um gemeinsam eine Lösung zu erarbeiten. Mit der gemeinsamen Lösung wurden nicht alle Punkte der Vorschrift erfüllt, aber die Sicherheit garantiert. „In vielen Bereichen hat man gegen die geltende Vorschrift verstoßen, weil es anders gar nicht machbar war."

In der juristischen Literatur hat sich für die auf Verhandlungen setzende Strategie der Begriff „informales Verwaltungshandeln" eingebürgert (vgl. etwa Bauer 1987; Benz

1990; Bohne 1984; Bulling 1989; Ritter 1990). [69] Bohne, der zu den ersten Juristen gehört, die sich mit dieser Handlungsweise der Behörden in wissenschaftlichen Arbeiten auseinandergesetzt haben, definiert informales Verwaltungshandeln wie folgt:

> „Demzufolge erfaßt der Begriff 'informal' alle rechtlich nicht geregelten Tathandlungen, die der Staat anstelle von rechtlich geregelten Verwaltungshandlungen oder Rechtsfolgeentscheidungen wählt, die jedoch zur Herbeiführung des beabsichtigten Erfolges auch in den von der Rechtsordnung bereitgestellten öffentlich-rechtlichen oder privatrechtlichen Handlungsformen hätten erfolgen können." (1984: 344)

Der Rückgriff auf diese weicheren Interventionsformen stellt den Versuch dar, die offensichtlichen Defizite hierarchischer, respektive einseitig hoheitlicher Eingriffe zu vermeiden. „Während einseitig hoheitliches Handeln der Verwaltung auf Entscheidung und Durchsetzung gerichtet ist, zielt Kooperation auf die Einigung der Beteiligten" (Benz 1990: 84). Eine solche Verwaltungspraxis ist auf einzelnen Rechtsgebieten stark verbreitet (zu nennen ist hier insbesondere der gesamte Bereich des Umweltrechtes oder der Wirtschaftsförderung, die in der angeführten Literatur vielfach als Beispiele genannt werden).

Für die Gewerbeaufsicht ist diese Form der Maßnahmenentwicklung in den Betrieben jedoch die einzige Form, die gerade bei neuen Technologien Handlungsspielräume eröffnet. So betont der Vertreter eines zuständigen Landesministeriums, daß das Revisionsmodell alleine nicht mehr ausreiche, um die Tätigkeit der Gewerbeaufsicht anzuleiten. Gewerbeaufsicht müsse sich als „Werbung für den Arbeitsschutz" verstehen. Wenn es darum ginge, die Arbeitsbedingungen auf den Stand der Technik anzuheben, könne man sich keinen Konflikt mit den Betrieben leisten, der dann möglicherweise in ein Verwaltungsgerichtsverfahren münde. Ein solches Verfahren behindere den Fortschritt um mindestens fünf Jahre und beließe das Sicherheitsniveau auf dem alten Stand. Hieraus resultiert ein ausgesprochen vorsichtiges Agieren der Beamten und die starke Bindung ihrer Tätigkeit an die bestehenden Vorschriften: „Wo steht das geschrieben?" lautet die vom Behördenvertreter fast immer erwartete Frage des Unternehmens, wenn es um die Verhandlung über die Notwendigkeit von Auflagen oder Maßnahmen geht (vgl. Pröll 1988: 113f.; Wattendorff 1990: 126). Auch Ulrich Pröll stellte im Rahmen einer Workshop-Diskussion fest:

---

[69] Der Begriff Informalität läßt sich in zweifacher Hinsicht lesen. Er bezieht sich einerseits auf den behördlichen Umgang mit gesetzlich vorgegebenen Verfahrensvorschriften, die zugunsten von weniger formalen Formen aufgegeben werden. Andererseits sind die informalen Umgangsformen der Verwaltung Ausdruck für den Tatbestand, daß auch Verwaltungen Organisationen darstellen, die auf ähnliche Art und Weise funktionieren wie Organisationen, die ihr wesentliches Betätigungsfeld in anderen Gesellschaftsbereichen haben (eine Zusammenfassung bietet Treutner 1994). Auch Verwaltungen weisen so etwas wie eine informale Organisation auf, die sich neben und komplementär zu den formalen organisatorischen Programmvorgaben entwickelt, indem sie bewußt von diesen formalen Vorgaben abweicht.

„Ich glaube, daß das implizite Modell, das hinter ihrer (Vertreter der Gewerbeaufsicht; BS) Funktionsbeschreibung und Funktionskritik steckt, immer noch das Revisionsprinzip ist. D.h., eine staatliche oder öffentliche Instanz geht durch die Betriebe und bildet sich ein, sie könne durch direkte Kontrolle und Sanktionen den Arbeitsschutz vor Ort vollziehen. Ich denke, das hat nie funktioniert. Es hat nie die Dichte der Betriebskontakte oder Zugangstiefe zu den betrieblichen Problemen gegeben, die für so etwas eigentlich nötig wäre." (in Steffensen u.a. 1994: 83)

Bei der empirischen Untersuchung kamen bei der Befragung von Gewerbeaufsichtsbeamten nur wenige Fälle zur Sprache, in denen es um die Gefährdungspotentiale beim Lasereinsatz bzw. um die Reduzierung von Laseremissionen ging.[70] Der im folgenden ausführlich geschilderte Fall läßt sich, da auch bei dem Lasernutzer Interviews durchgeführt werden konnten, als Beispiel für informales Verwaltungshandeln durchspielen. Betrieb und Verwaltung beurteilen den Aushandlungsprozeß verständlicherweise abweichend.

Aus Sicht des Betriebes stellte sich der Verhandlungsverlauf folgendermaßen dar: Die Behörde sei aufgrund einer Anzeige aus der Nachbarschaft aktiv geworden. Der Betriebsvertreter räumte ein, daß es in der Umgebung gelegentlich zu starken Geruchsbelästigungen gekommen sei, allerdings wären die Belästigungen bei einer Schweinemästerei – so der betrieblich etablierte Analogieschluß – wesentlich unerträglicher. Die Zusammenarbeit mit der Behörde wurde alles in allem als gut bezeichnet. Im Rahmen eines zweijährigen Beratungs- und Verhandlungsprozesses wurde auch der Technische Überwachungsverein beauftragt, Emissionsmessungen an den Laseranlagen durchzuführen. Die Messungen bestätigten die grundsätzliche Unbedenklichkeit der entstehenden Emissionsstoffe. Nach Angaben des Betriebes wurde nicht genau analysiert, welche Emissionsstoffe konkret entstehen. Die Messung führte lediglich zu der Auflage, nicht mehr als zwei der vier Laseranlagen gleichzeitig zu betreiben, da andernfalls die technische Kapazität der Absauganlage überschritten werde. Um die Geruchsbelastung für die Anwohner in der Nachbarschaft gering zu halten, wurde zusätzlich die Auflage erteilt, die an den Arbeitsplätzen abgesaugte Raumluft über einen zehn Meter hohen Schornstein ins Freie zu leiten.

Mit Blick auf die Verwaltungsentscheidung und die zugrunde gelegten Normen und Regeln sprach der Betriebsvertreter von einem „Gummizug", da die Bewertung der Meßergebnisse und die Ableitung der erforderlichen Maßnahmen im Ermessensspielraum von TÜV, Gewerbeaufsichtsamt und Stadtverwaltung lägen.[71] Für die Behörde

---

[70] Dieser Befund mag angesichts der Neuheit, vor allem aber wegen der beschriebenen Gefährdungspotentiale durch Emissionen (vgl. Abschnitt 2.2) überraschen. Der Grund hierfür ist jedoch recht einfach: Nur Laseranlagen, die den beiden höchsten Gefährdungsklassen (3b und 4) zugeordnet sind, sind meldepflichtig. Sobald die Anlagenkonfiguration eine Einhausung des Laserstrahles beinhaltet, fällt eine Anlage grundsätzlich in die niedrigste Gefährdungsklasse, was bei etwa der Hälfte (vgl. Barthel/Kettler 1996: 4) der Laseranlagen der Fall ist. Da die meisten Materialbearbeitungslaser nicht zu den meldepflichtigen Anlagen gehören, erlangt die Gewerbeaufsicht keine Kenntnis darüber, daß eine solche Anlage installiert ist.

[71] Weitere Probleme im Kontext präventiver Maßnahmen können sich aus der Verletzung des Gleichheitsgrundsatzes bei der Entscheidungsfindung ergeben. Könnte dieser verletzt sein, so wäre es notwendig, zumindest die im eigenen Zuständigkeitsbereich ansässigen Firmen, die unter vergleichbaren Bedingungen die Lasertechnik anwenden, an einen Tisch zu bringen. „Es sei nur recht und billig", sagt einer der befragten Gewerbeaufsichtsbeamten, „allen Betrieben die glei-

stellte sich das Verfahren als durchaus schwieriger Entscheidungsprozeß dar, den man sich nicht leicht gemacht habe, da sich insbesondere Probleme bei der Beschaffung von Informationen ergeben hätten.

Der Vertreter des Gewerbeaufsichtsamtes gibt an, daß die Behörde aufgrund eigener Nachforschungen und einer Beschwerde aus der Nachbarschaft tätig geworden sei. In den Verhandlungen mit dem Betrieb habe dieser relativ schnell eingesehen, daß etwas getan werden müsse, da die vom Betrieb durchgeführte Kunststoffbearbeitung auch bei den Beschäftigten zu Beeinträchtigungen führte. In einem ersten Klärungsversuch habe die Behörde sich bemüht, die vorhandenen Informationen über die bestehende Gefährdungslage zusammenzutragen. Man habe Literaturstudien betrieben, Fachzeitschriften gewälzt, den Material- und den Anlagenhersteller kontaktiert. Informationen, auf die man eine Entscheidung hätte aufbauen können, waren so allerdings nicht zu erhalten. Im zweiten Schritt habe man deshalb den TÜV beauftragt, anhand von einigen Leitkomponenten die Arbeitsplatzkonzentration bei der Bearbeitung von Plexiglas zu ermitteln.[72] Um überhaupt eine Beurteilungsgrundlage zu haben, wurde von der Behörde auf die Grenzwerte der TA-Luft zurückgegriffen, die für genehmigungspflichtige Anlagen einschlägig ist (der Laser gehört nicht zu diesem Anlagentyp). Anhand der Grenzwerte stellte man fest, daß die erreichten Spitzenwerte den Grenzwert deutlich überschritten, daß jedoch die ebenfalls zu betrachtenden Durchschnittswerte genauso deutlich unterhalb der festgelegten Grenzwerte lagen. Nach Aussage des Beamten wurde auf weitere Messungen verzichtet, da die Leitkomponenten letztlich unterhalb der Grenzwerte lagen. Wäre dieses nicht der Fall gewesen, hätte man weitere Messungen angeordnet. „Sie können einem kleinen Betrieb nicht zumuten, die halbe organische Chemie durchzumessen." Da die Behörde aufgrund der Meßergebnisse keine starke rechtliche Handhabe hatte, wurde versucht, sich mit dem Betrieb gütlich zu einigen. Diesem wurde deshalb die Auflage erteilt, nur zwei der insgesamt vier Laseranlagen gleichzeitig zu betreiben, um den Emissionsausstoß niedrig zu halten. Hierauf konnte sich der Besitzer allerdings ohne größere Probleme einlassen, da eine ökonomisch notwendige Umstellung der Kühlanlage diese Kapazitätsbeschränkung ebenfalls erforderlich gemacht hatte.

Bei der Betrachtung der empirischen Befunde fällt auf, daß die Emissionen bei der Lasermaterialbearbeitung von den Behördenvertretern zumeist nicht aufgrund eigener Mängelsuche im Rahmen einer Revision zum Thema werden. Sie gewinnen dann Bedeutung, wenn Nachbarschaftsbeschwerden vorliegen (dies ist besonders dann der Fall, wenn Geruchsbelästigungen entstehen, die beispielsweise bei der Bearbeitung von Kunststoffen deutlich wahrnehmbar sind). Damit bleiben allerdings Gefahrstoffbelastungen außer acht, die nicht sinnlich wahrnehmbar sind. So werden bei der Metallbearbeitung vielfach Chrom- und Nickelstäube freigesetzt, die krebserregend, jedoch nicht wahrnehmbar sind. Die Ermittlung von Beeinträchtigungen am Arbeitsplatz aufgrund einer Beschwerde aus der Nachbarschaft des Betriebes stellt lediglich eine „Nachsorge" dar: Die Gesundheitsgefährdung ist bereits entstanden, sie wurde nicht präventiv vermieden.

---

chen Auflagen zu machen bzw. sie zu freiwilligen Maßnahmen anzuregen." Andernfalls würde die Gewerbeaufsicht zu Wettbewerbsverzerrungen beitragen.

[72] Man hatte Stoffe für die Messung ausgewählt, von denen bekannt ist, daß sie bei der thermischen Bearbeitung von Plexiglas auftreten und hat nicht das gesamte entstehende Emissionsspektrum untersucht.

In der gerafften Schilderung des Aufsichtsbeamten wird zweitens deutlich, daß seine dringlichste Aufgabe im vorliegenden Fall die Beschaffung von Informationen war, um die möglicherweise bestehende Gefährdungslage überhaupt beurteilen zu können.[73] Gerade hierbei ist die Behörde vielfach auf die Unterstützung durch den Betrieb angewiesen, da dieser – vor allem bei Großbetrieben – eher über die notwendigen Informationen verfügt. Damit stellt die behördliche Auflage keinen Gesetzesvollzug im klassischen Sinne dar, der – von Legitimationsbedarfen frei – geschriebenes Recht exekutiert. Sie ist vielmehr eine Entscheidung unter Unsicherheit und damit mit dem Risiko behaftet, vom Betrieb mit einem Widerspruch beantwortet zu werden, der ein Gerichtsverfahren mit ungewissem Ausgang nach sich ziehen kann. Das informale Verwaltungshandeln stellt einen Versuch dar, die Unsicherheit, die mit der Entscheidung einhergeht, gerade bei komplexen Sachverhalten zu reduzieren.[74]

Auch im Rahmen der zwei Workshops, die an der Akademie für Technikfolgenabschätzung zum Thema Lasersicherheit durchgeführt wurden (vgl. Steffensen u.a. 1994; Barthel/Kettler 1995) ist mehrfach betont worden, daß der Informationsvermittlung beim Umgang mit Fragen der Arbeitssicherheit zentraler Stellenwert zukommt. Gerade mit Blick auf das Verhältnis zwischen Betrieb und Aufsichtsbehörde wurde auch hier von Seiten der Betriebe das als unzureichend beurteilte Wissen der Aufsichtsbeamten beklagt:

So berichtet die Vertreterin eines Automobilherstellers, daß sich das Unternehmen eine größere Informiertheit auf Seiten der Gewerbeaufsicht wünschen würde, „...daß die Behörden die Informationen auch an uns herantragen. Im Moment erleben wir eher den umgekehrten Fall, daß die Behörden weniger informiert sind als wir selbst und daß wir Informationen, Meßergebnisse usw. an die Behörden weitergeben."

Mit solchen Informationsdefiziten, die insbesondere im Zusammenhang mit neuen Gefährdungslagen (neue Technologien, neue Gefahrstoffe etc.) auftreten, werden die Behördenvertreter vermutlich solange konfrontiert sein, wie sie dem Grundsatz der Allzu-

---

[73] Das beschriebene Informationsdefizit stellt keinen Einzelfall dar. In einer Vielzahl von Betrieben wurde berichtet, daß man sich bemüht habe, Informationen über die Gefährdungspotentiale zu erhalten. Weder die Hersteller der Laseranlagen noch die von Absaug- und Filteranlagen konnten diesbezügliche Angaben machen. Aber auch für die Hersteller der bearbeiteten Materialien gilt, daß sie zumeist keine fundierten Angaben über die entstehenden Emissionen bei der Lasermaterialbearbeitung machen konnten. Die wenigen Versuche der Betriebe, bei der Berufsgenossenschaft oder der Gewerbeaufsicht genaueres zu erfahren, schlugen ebenfalls fehl. Die Betriebe stellten das Problem in der Folge zumeist zurück. Die Laseranlagen wurden in der Zwischenzeit Teil des normalen Alltags und das Problem vielfach vergessen.

[74] Vor allem Großbetriebe nutzen diesen Weg häufig. Sie binden die Gewerbeaufsicht bei der Implementation einer neuen Anlage vielfach bereits frühzeitig – auf informalem Weg – ein. Bevor eine Technik investiert, die Anlage konfiguriert und letztlich installiert wird, bemüht man sich um eine Klärung der zu erwartenden Auflagen durch die Behörde. Luhmann spricht diese Vorgänge in einer frühen Arbeit unter dem Begriff des „reflexiven Mechanismus" an (siehe vor allem 1991a: 98f.), als behördliches Entscheiden über das Entscheiden.

ständigkeit zugunsten einer ausdrücklich selektiv ansetzenden, je nach Bedarf aktualisierbaren thematischen Spezialisierung aufrechterhalten. Die Spannbreite der zu kontrollierenden Problemzonen ist so groß, daß neuen Problemlagen kaum Aufmerksamkeit geschenkt werden kann. Die Gewerbeaufsichtsbeamten „... sind für ihre Vollzugsaufgaben nicht dazu ausgebildet, um in den Betrieben nach neuen Problemen zu suchen. Man muß wissen, welche Gefährdungen im Betrieb gegeben sind" (Vertreter eines Landesministeriums). Hiermit wird die Prävention bei der Handhabung neuer Technologien schwierig. Letztlich werden damit jene Problemlagen fortgeschrieben, die die Behördenvertreter bereits in der Vergangenheit mit Erfolg bearbeitet haben: einem konservativen Problembewußtsein ist Tür und Tor geöffnet.

Aufgrund der problematischen bzw. unzureichenden Rechtslage, die zudem die Anforderungen enthält, die von einer Maßnahme berührten wirtschaftlichen Belange zu berücksichtigen, bleibt der Behörde vielfach nur die Möglichkeit, schwache Auflagen zu erlassen oder auf symbolische Politik zurückzugreifen bzw. auf Maßnahmen, bei denen die Ernsthaftigkeit der Steuerungsabsicht durch den Betrieb schnell auf die Probe gestellt werden kann. Die folgende kurze Schilderung macht dies deutlich.

In einem anderen Fall wurde – ebenfalls nach Beschwerden aus der Nachbarschaft – eine Revision bei einem Betrieb durchgeführt, der mit dem Laser Holz bearbeitet. Bei der Besichtigung der Anlage wurden vom Aufsichtsbeamten eine Reihe von technischen Mängeln festgestellt: Abdeckhauben waren abmontiert, so daß die Hochspannungsaggregate freilagen, Warnhinweise fehlten und es war möglich, bei laufendem Laser in den Strahl zu fassen. Die Aufsichtsbehörde ließ daraufhin die Anordnung ergehen, die festgestellten Mängel zu beseitigen. Zusätzlich wurde der Betrieb aufgefordert, einen Mitarbeiter auf einem entsprechenden Lehrgang zum Laserschutzbeauftragten zu qualifizieren und ihn durch Anzeige bei der Gewerbeaufsicht zu benennen. Keiner der Auflagen ist der Betrieb nachgekommen. Auch bei unserer Erhebung in diesem Betrieb (zwei Jahre nachdem die Auflage angeordnet worden war) war die Abdeckhaube während des laufenden Normalbetriebes abmontiert, der Strahlaustritt nicht gesichert, und einen Laserschutzbeauftragten hatte der Betrieb weder ausgebildet noch benannt. Die Aufsichtsbehörde hatte in der Zwischenzeit die Umsetzung der Auflagen allerdings auch nicht kontrolliert.

Auf diese Weise werden vermutlich viele Maßnahmen der Behörde „verpuffen". Das Wechselspiel von ökonomischen und rechtlichen Entscheidungskriterien geht aufgrund des Zusammenspiels von Informationsdefiziten einerseits und der Verpflichtung der Beamten, die wirtschaftliche Zumutbarkeit von Maßnahmen zu beachten, andererseits in der Regel zugunsten der Wirtschaftsakteure aus. Eine präventive Orientierung ist auf diese Weise wohl weder in der betrieblichen noch in der behördlichen Praxis zu verankern. Wie läßt sich dann innerhalb des etablierten Arrangements die Intention der Technologieförderung unterstützen, durch präventive Technikgestaltung die Laserdiffusion zu beschleunigen?

Die Beziehungen zwischen Behörde und Betrieb – soviel läßt sich festhalten – gestalten sich nicht entlang der gesetzlichen Vorgaben. Der behördliche Versuch, reinen Gesetzesvollzug zu praktizieren, dürfte in der Mehrzahl der Fälle scheitern.[75] Die strukturellen Kopplungen, die durch Genehmigungsvorbehalte und Kontrollmöglichkeiten im Bereich des Arbeitsschutzes fest institutionalisiert sind, ermöglichen keine einseitige Steuerung unternehmerischen Handelns durch die Aufsichtsbehörde. Auch in diesem Fall ist Steuerung – im Sinne einer Anhebung des betrieblichen Sicherheitsniveaus – nur als Selbststeuerung möglich, von außen (durch die Gewerbeaufsicht) lassen sich die meisten Betriebe ganz offensichtlich nur in geringem Maße beeindrucken. Der im folgenden zitierte Diskussionsbeitrag verdeutlicht genau diese Einsicht:

> „Hier wird sehr deutlich, wo der Mangel liegt. Wir können Berufsgenossenschaften und Gewerbeaufsicht noch so sehr verstärken und jede Menge Geld hineinpumpen, wir werden nicht mehr Arbeitsschutz bekommen. Arbeitsschutz ist eine innere Einstellung des Unternehmers zum Beschäftigten. Das hat nichts mit technischen Vorschriften zu tun. Wenn diese Einstellung nicht vorhanden ist, dann kann keine überbetriebliche Instanz diesen Fehler ausbügeln. Was Gewerbeaufsicht und Berufsgenossenschaft an dieser Stelle leisten können, ist nichts anderes als die Überwachung. Wir können nicht permanent hinter jedem Betrieb stehen. ... Wenn wir nicht so mißtrauisch sein wollen, dann sagen wir, wir haben die Idee, den Unternehmer dazu zu bewegen, daß er sich gesetzestreu verhält und appellieren an das Gute in ihm. ... Die Betriebe sind nicht so schlecht, wie sie manchmal gemacht werden. Und die wenigen, die es dann noch immer nicht begriffen haben, auf die kann man dann gezielt losgehen." (Vertreter eines Landesministeriums; zitiert nach Steffensen u.a. 1994: 91)

Regulative Politik ist im Hinblick auf Prävention nicht nur „in der Krise" (Mayntz 1979), sondern genaugenommen unangemessen. Gerade bei neuen Technologien, deren Gefährdungspotentiale wissenschaftlich noch nicht endgültig abzuschätzen sind, deren Diffusion in die betriebliche Praxis allerdings gewollt und festzustellen ist, scheint es angebracht, von konditionaler Programmierung auf Zweckprogrammierung umzuschalten. Die empirischen Befunde haben verdeutlicht, daß sich an den in den Betrieben vorfindbaren Entscheidungsroutinen im Vergleich zu den auf Umweltschutzpolitik bezogenen Ergebnissen von Hucke/Ullmann (1980) oder von Mayntz u.a. (1978) nur wenig geändert hat. Nimmt man diesen Befund ernst, so kann es bei präventiven Maßnahmen nicht darum gehen, bestimmte Standards möglichst vorschriftenkonform durchzusetzen, sondern nur darum, „Werbung für den Arbeitsschutz" zu betreiben. Erkennt man dies an, so lassen sich die im Arbeitsschutzrecht fest vorgesehenen strukturellen Kopplungen zwischen der Politik und der Wirtschaft produktiver nutzen. Als Vorteil ist anzusehen, daß sich die Betriebe den behördlichen Kommunikationsangeboten und damit einhergehenden Kontextänderungen nicht entziehen können. Die betrieblichen Operationen nehmen bei der Betriebsbegehung gezwungenermaßen Bezug auf die Operationen der Verwaltung. Durch Klassifizierung der Materialbearbeitungslaser als genehmigungspflichtige Anlagen ließe sich mit einer einfachen steuernden Maßnahme die Gewerbeaufsicht in den Prozeß der Technikdiffusion

---

75 Gleichwohl wird in der Diskussion um das informale Verwaltungshandeln immer wieder betont, daß die Verwaltung sich jederzeit die Option offenhalten muß, auf formale Umgangsformen umzuschalten und Maßnahmen einseitig-hoheitlich anzuordnen. Die „Rute im Fenster" in Form eines „Wir können auch anders" muß präsent bleiben.

einbinden. Auf diese Weise ließe sich möglicherweise ein beratend ansetzender, präventiv-gestalterischer Arbeitsschutz bei der Implementation neuer Technologien verankern.

4.4.4 Die Formulierung der Programme: politische Akteure und Interessenverbände

Ich möchte mich nun dem anderen Zweig struktureller Kopplungen (siehe Abbildung 6) zuwenden. Damit stehen jetzt die Verbände im Mittelpunkt des Interesses, die von jeher die Arbeitsschutzpolitik entscheidend mitgestaltet haben (Windhoff-Héritier u.a. 1990). Verbände sind Organisationen besonderer, ja eigener Art. Zu diesem Schluß kommt man spätestens nach einem Blick in die sozialwissenschaftliche Literatur. Organisationen und Verbände werden hier zumeist gesondert behandelt. Organisationen wurden in den vergangenen Dekaden vor allem unter dem Gesichtspunkt der (beschränkten) Rationalität ihrer Entscheidungsprozesse angesichts komplexer und turbulenter (werdender) Umweltanforderungen und mehrdeutiger Umwelterfahrungen untersucht. Die bürokratisch-zweckrationale Organisation, die – so Max Weber – entscheidenden Anteil an der „Entzauberung der Welt" hatte, wurde nun ihrerseits entzaubert. Der vielfach in der anglo-amerikanisch geprägten Organisationssoziologie als Realtyp mißverstandene Webersche Idealtypus der bürokratischen Organisation diente dabei als Hintergrundfolie (so messen etwa Selznick, Merton oder Gouldner den dysfunktionalen Aspekten, also jenen Gesichtspunkten der untersuchten Organisationen, die nicht dem Weberschen Idealtypus entsprechen und die untersuchten Organisationen von der zweckrationalen Zielverfolgung abhalten, besondere Bedeutung zu). Erst die entscheidungstheoretischen Arbeiten von Cyert, Simon und March setzten sich in der Folge kritisch mit den den Organisationen entgegengebrachten, unhinterfragten Rationalitätsunterstellungen auseinander.[76] Die theoretischen Überlegungen zu den bis dahin als dysfunktional betrachteten Anpassungen organisatorischer Ziele an die vorgefundenen Gegebenheiten und zur begrenzten Entscheidungsrationalität verdichteten sich so nach und nach zu einem Konzept der Systemrationalität (etwa bei Luhmann 1973). Organisationen werden damit nicht mehr länger als eine Entscheidungsmaschinerie verstanden, die vorab (von einem Unternehmer) festgelegte Ziele rational zu erreichen versucht. Die unterstellte und als notwendig erachtete Rationalität organisatorischen Entscheidens wird vielmehr auf ein deutlich niedrigeres Maß zurückgeschraubt. Organisationsentscheidungen müssen nunmehr lediglich sicherstellen, daß „das Spiel weitergehen", daß auch zukünftig entschieden werden kann. Nicht optimale Zielerreichung durch ein effektives Zusammenspiel von Mitteln und Zwecken, sondern der Systemerhalt ist der zu erfüllende Anspruch.

---

[76] Das garbage-can-model (Cohen u.a. 1972) stellt gewissermaßen den Endpunkt der Entmystifizierung organisatorischer Entscheidungsrationalität dar.

Ganz anders werden Verbände in der soziologischen Literatur thematisiert. Interne Entscheidungsprozesse spielen hier kaum eine Rolle.[77] Verbänden wird im Gegensatz zu Organisationen ein Steuerungsvermögen und eine ausgeprägte Strategiefähigkeit zugemessen, die sie in die Lage versetzt, in Interaktionen mit anderen Verbänden bzw. gegenüber dem Staat eigene Positionen im Interesse ihrer Mitglieder durchzusetzen (siehe zur Abgrenzung von Organisationen und Verbänden auch Wiesenthal 1990b: 15ff.). Das wesentliche Problem der Verbände scheint eher in dem Austarieren von Politik- und Vertretungsfähigkeit in Verhandlungssituationen einerseits und der Verpflichtungsfähigkeit gegenüber ihren Mitgliedern andererseits zu bestehen.

> „Diese Probleme lassen sich ganz allgemein als Ausdruck einer Notwendigkeit beschreiben, mit mindestens zwei gleich wichtigen Umwelten zur gleichen Zeit interagieren zu müssen: nach 'unten' mit einer mehr oder weniger 'freiwilligen' Mitgliedschaft oder Klientel– oder allgemeiner: einer der Organisation gegenüber 'primären' Sozial- und Wertestruktur – und 'nach oben' mit einer institutionellen Umgebung, in der sie (mehr oder weniger organisierte) Organisation unter anderen sind." (Streeck 1987: 473)

Verbände müssen sowohl der „Mitgliedschaftslogik" wie auch der „Einflußlogik" gerecht werden. Sie müssen – wie Streeck es formuliert – „nach oben" die Interessen ihrer Mitglieder vertreten, in Verhandlungen aber auch Kompromisse eingehen können.[78] „Nach unten" müssen sie die Verhandlungsergebnisse den Mitgliedern gegenüber vertreten, so daß diese in ihrer Mitgliedschaft überhaupt einen Sinn erkennen. In dieser Doppelfunktion des „Vertretens nach oben" und des „Verpflichtens nach unten" wird jener Aspekt deutlich, der die Besonderheit von Verbänden im Vergleich zu anderen Organisationen ausmacht: Im Lichte der vorgestellten steuerungstheoretischen Überlegungen läßt sich ihre wesentliche Funktion in der Herstellung und Stabilisierung struktureller Kopplungen erkennen (eine ähnliche Argumentation findet sich bei Brodocz 1996).

Verbände sind Organisationen, die als Verhandlungspartner der Politik die Funktion erfüllen, zwischen politischen Akteuren und der vertretenen Mitgliederklientel zu vermitteln. Sie übernehmen die Aufgabe, sich einem jener Felder hauptamtlich zuzuwenden, die die multireferentiell orientierten Klientelorganisationen – wenn überhaupt –

---

[77] Gleichwohl sind die innerverbandlichen Entscheidungsprozesse in der Diskussion um das gesellschaftliche Wirken der Verbände kritisch betrachtet worden. Hierbei ging es aber nicht um organisationssoziologische Fragen, sondern um die politikwissenschaftlichen und legitimatorischen Aspekte der innerverbandlichen Demokratie. Dieses Thema spielte vor allem in Verbindung mit der politischen Diskussion um ein in der Folge doch nicht verabschiedetes Verbändegesetz in den 70er und 80er Jahren eine Rolle. Diese politischen Aktivitäten waren nicht zuletzt ausschlaggebend für die in der gleichen Zeit anhebende sozialwissenschaftliche Debatte über die positiven und negativen Folgen zunehmender verbandlicher Aktivitäten (einen Überblick bieten: Ronge 1992; Voelzkow 1996: 45ff.).

[78] Als Teilhaber an der politischen Entscheidungsfindung sind Verbände der Beachtung des Gemeinwohls verpflichtet, das zumindest gelegentlich den zu vertretenden Mitgliederinteressen entgegensteht (vgl. hierzu die Beiträge in Mayntz 1992).

nur am Rande bearbeiten. Die Mitgliedsorganisationen können sich im hier untersuchten Fall durch das Verbandshandeln zumindest teilweise davon entlasten, sich selbst um einzelne Fragen der Arbeitsschutzpolitik kümmern zu müssen. Verbände vertreten[79] in gebündelter und vereinheitlichter Form die Interessen ihrer Mitglieder. Für die Politik als einem der wesentlichen Ansprechpartner vereinheitlicht sich mit dem Etablieren eines Verbandes der Zugriffskanal auf den jeweiligen Gesellschaftsbereich. Es müssen nicht je für sich die einzelnen Mitgliedsorganisationen angesprochen werden, es reicht der Kontakt mit dem Verband.

In einer gewissen Verfremdung könnte man den Luhmannschen Begriff des „Kontaktsystems" (1969) nutzen.[80] Verbänden – etwa der Wirtschaft – kommt in diesem Sinne die Aufgabe zu, dauerhaft einen Kontakt zwischen den Wirtschaftsorganisationen (als Verbandsmitgliedern) und politischen Instanzen (als Verhandlungspartner) herzustellen, um so die teilsystemspezifischen Interessen von Politik und Wirtschaft auszutarieren. In den Verhandlungen geht es darum, als Steuerungshandeln gemeinte und politisch initiierte Kontextveränderungen mitzugestalten: Ziel der Verbände ist es, einzelne Anforderungen an die vertretenen Verbandsmitglieder, die politische Akteure in Rechtsvorschriften formulieren möchten, zu verhindern oder doch auf ein als zumutbar erachtetes Maß abzumildern (dieses Bemühen ist zumindest im Politikfeld Arbeitsschutz vielfach deutlich zu erkennen, vgl. z.B. Bauerdick 1994). Verbände können sich allerdings auch darum bemühen, die Politik zu bestimmten Kontextveränderungen anzuregen, indem als defizitär empfundene Zustände der Politik als ernstzunehmende Aufgabe angetragen wird.

Für die Politik bietet dieses Arrangement den Vorteil, daß den Verbänden ein Teil der Steuerungsaufgaben zugewiesen werden kann. Ein als Vollzugsdefizit erkanntes Versagen bei der Umsetzung von politischen Absichten läßt sich zumindest kaschieren, indem diese Aufgabe den Verbandsakteuren überantwortet wird. Im Gegenzug ergibt sich für die Verbände jedoch, daß sie sich als Ansprechpartner der Politik dauerhaft nur etablieren können, wenn es ihnen gelingt, die vereinbarten Verabredungen der Klientel gegenüber zu vertreten und diese zu ihrer Einhaltung anzuhalten. Die strukturelle Kopplung zur Politik mit der Möglichkeit wechselseitiger Einflußnahme ist für die politischen Akteuren nur solange attraktiv, wie es den Verbänden gelingt, die strukturelle Kopplung zu ihren Mitgliedern in einer Form zu gestalten, die diese eng an die

---

[79] Es ist zu beachten, daß Verbände die Interessen ihrer Mitglieder „vertreten" und nicht repräsentieren. Sie können und müssen in Verhandlungssituationen Kompromisse schließen können, die von den Interessen ihrer Klientel abweichen, ohne jeweils Rücksprache halten zu müssen.

[80] Luhmann nutzt den Begriff, um die oftmals dauerhaft installierten subformalen Kontakte einzelner Organisationsmitglieder zu den Mitgliedern anderer Organisationen zu bezeichnen. Es handelt sich gewissermaßen um Kommunikationssysteme, die personal basiert „zwischen" Organisationen angesiedelt sind, zugleich aber auch Vermittlungsfunktionen für die jeweiligen formalen Organisationen übernehmen.

verbandlichen Vorgaben bindet. Vor- und Nachteile des Bedeutungszugewinns von Verbandsakteuren werden vor allem in den Überlegungen von Mayntz (1987: 103; 1988) hervorgehoben. Sie betont, daß der „Gebildecharakter", die Durchorganisiertheit eines Teilsystems die politischen Steuerungs- und Beeinflussungsmöglichkeiten entscheidend prägt. Die Ausführungen zur historischen Entwicklung des Arbeitsschutzes als Politikfeld (Abschnitt 4.2.1) haben hiervon einen Eindruck vermittelt.

Nachdem nun die Verbände im Geflecht der gesellschaftlichen Akteure verankert und die Anschlußpunkte für eine Verknüpfung der Verbändeforschung verdeutlicht sind, sollen im folgenden die Beziehungen zwischen Parteienpolitik und Verbänden in den Vordergrund gerückt werden. Hierbei kann allerdings die Beziehung der Verbände zu ihren Mitgliedern nicht völlig außer acht bleiben. Beide sind – wie ich bereits betont habe – aufgrund der wechselseitigen Beeinflussung der Mitgliedschafts- und Einflußlogik aufeinander bezogen und prägen den Handlungsspielraum der Verbände „nach oben" wie „nach unten".

Anders als bei den vorliegenden Arbeiten – vor allem von Voelzkow (aktuell 1996) –, sollen nicht die demokratietheoretischen Überlegungen in den Vordergrund gestellt werden. In diesem Zusammenhang wird kritisiert, daß im Normungsverfahren trotz einer grundsätzlichen Offenheit der Gremien für alle interessierten Kreise, zu einseitig die Belange der Wirtschaft berücksichtigt werden und andere Interessen dagegen zu kurz kommen. Die dem DIN übertragene Befugnis, die technische Normung zu organisieren und die Erarbeitung technischer Regeln zu ermöglichen, wird – so die Kritiker weiter – in bezug auf die Erfüllung von Gemeinwohlanforderungen nur defizitär wahrgenommen.

Vorschläge, um die zu einseitige Interessenrepräsentanz abzuschwächen, laufen allerdings nicht darauf hinaus, die Normungsverbände von politischer Seite stärker an die „Kandarre zu nehmen". Voelzkow schlägt vielmehr den indirekten Weg „partizipativer Steuerung" (Voelzkow 1996: 242ff.) vor. Dieser Steuerungsmodus läuft darauf hinaus, einzelne, nur bedingt organisationsfähige Interessen von staatlicher Seite gezielt zu stärken, um ihre Fähigkeit zur Partizipation zu erhöhen (Eichener/Voelzkow 1992, 1994; Führ 1995; Voelzkow 1996). Der Staat solle sich darum bemühen, jene Interessen mit Ressourcen zu versorgen, die zu einer inhaltlich vertieften Berücksichtigung des Gemeinwohls in der technischen Normung beitragen könnten. So ließe sich sicherstellen, daß in der weiteren technischen Entwicklung Gesichtspunkte der Umwelt- und Sozialverträglichkeit, der technischen Sicherheit etc. berücksichtigt würden (vgl. mit Bezug auf die entwicklungsbegleitende Normung, Eichener/Voelzkow 1994). [81]

---

[81] Mit Wiesenthal (1990a) lassen sich Zweifel formulieren, daß eine erweiterte Partizipation unterschiedlicher Interessengruppen eng mit einer verbesserten „X-Verträglichkeit" (unter diesem Begriff faßt Ronge (1992) die unterschiedlichen Gemeinwohlaspekte zusammen) der Entscheidungsergebnisse verbunden ist. Partizipation von weiteren Teilnehmern führe häufig – so Wie-

Die (zum Teil mangelnde) Beteiligung von einzelnen Interessen, die in Frage stellt, ob Verbände eine funktionale Repräsentation garantieren können, wird im folgenden hingenommen. Untersucht und analysiert wird vielmehr, welche Optionen entlang der aufgezeigten strukturellen Kopplungen bestehen, um steuernd Verbesserungen der betrieblichen Arbeitssicherheit zu erzielen. Es soll geprüft werden, inwieweit das DIN tatsächlich in der Lage ist, zur Vermeidung externer Effekte der Produktion beizutragen. Dabei steht die Vermutung im Hintergrund, daß Autoren wie etwa Voelzkow (1996) die Leistungsfähigkeit der technischen Normung in diesen Fragen deutlich überschätzen.

Neben dem DIN spielen die Berufsgenossenschaften die vermutlich entscheidendere Rolle auf dem Feld des Arbeitsschutzes. Beide Verbände sollen näher untersucht werden, wobei sich Unterschiede bei der korporatistischen Einbettung bzw. beim Ausbalancieren der zwei genannten Logiken feststellen lassen. So wird von Bauerdick (1994: 27ff.) etwa zwischen einer liberalen und einer staatlichen Korporatismusvariante unterschieden. Ein typisches Beispiel für die Variante des liberalen Korporatismus stellt die verbandlich gestützte technische Normung dar. Ein Exempel für den staatlichen Korporatismus sind die Berufsgenossenschaften. In der Literatur wird bei diesem Typus zum Teil auch von einer Form der Aufgabendelegation bzw. von einer „verordneten Selbststeuerung" gesprochen (Schimank/Glagow 1984: 17ff.).

Ich möchte mich zuerst den Berufsgenossenschaften zuwenden. Sie sind Körperschaften des öffentlichen Rechts und zeichnen sich durch Besonderheiten aus, die starken Einfluß auf die Handhabung der strukturellen Kopplungen zur Politik wie zu den Mitgliedern haben:

- Sie basieren auf einer Zwangsmitgliedschaft eindeutig definierter gesellschaftlicher Gruppen auf Basis eines Gesetzes,
- sie verfügen über einen festgelegten Aufgabenkatalog,
- sie haben hoheitliche Befugnisse gegenüber den Mitgliedern (Abgaben/Beiträge, exekutive Befehlsgewalten, Zwangsbefugnisse) und
- sie sind der staatlichen Kontrolle über die Gesetzmäßigkeit der Verwaltungstätigkeit und die Einhaltung des Haushaltsrechts unterworfen.

Die Berufsgenossenschaften sind Zwangsvereinigungen der gewerblichen Unternehmen. Die einzelnen Unternehmen sind gesetzlich verpflichtet, in Abhängigkeit von ihrer Branchenzugehörigkeit (zum Teil spielen zudem regionale Gesichtspunkte eine nachgeordnete Rolle) Mitglied einer Berufsgenossenschaft zu werden. Diese verfügen

---

senthal – vor allem zu einer größeren Unübersichtlichkeit und zur Verhärtung des Entscheidungsprozesses, nicht aber zwangsläufig zu besseren Ergebnissen. Aufgrund der schwach bleibenden Position der in das Verfahren „hineinalimentierten Hüter des Gemeinwohls" (Beispiele im Kontext des DIN sind der Verbraucherrat oder die Koordinierungsstelle Umweltschutz) werden diese eher als Unruhestifter betrachtet, die den etablierten Ablauf verzögern.

über ein Repräsentationsmonopol und stehen in ihrem Aufgabenfeld nicht in einem Wettbewerb mit anderen Verbänden. Mit der so gesicherten staatlich-rechtlichen Anerkennung geht einher, daß die internen Strukturen der Berufsgenossenschaften ebenfalls durch rechtliche Regelungen festgeschrieben sind (vgl. hierzu die Ausführungen bei Bauerdick 1994). Die politische Programmierung der staatlich kontrollierten Berufsgenossenschaften beschränkt sich allerdings auf die Vorgabe genereller Aufgaben, ohne konkrete Ziele zu definieren.

In bezug auf den Gegenstandsbereich der Lasertechnik lassen sich nur wenige Hinweise geben. Diese Tatsache verdeutlicht das wichtigste Ergebnis der Untersuchung: Neue Technologien spielen im Arbeitsschutz auch bei den Verbänden keine herausgehobene Rolle (so auch Pröll 1991). Das gilt auch für die Lasertechnik. Sie fällt, obwohl in einer Vielzahl von Branchen eingesetzt, in den Zuständigkeitsbereich der „Berufsgenossenschaft der Feinmechanik und Elektrotechnik" (BG10), die über eine geringe Zahl von Experten verfügt, die sich mit dem Thema Laser befassen. Die BG10 hat mit der Unfallverhütungsvorschrift „Laserstrahlung" (VBG 93) die im deutschen Arbeitsschutz rechtlich höchstrangige Sicherheitsvorschrift für den betrieblichen Umgang mit der Lasertechnik erlassen (die erste Fassung, die noch stark auf die Primärgefährdung durch den direkten Laserstrahl bezogen war, stammt aus dem Jahr 1973). Sie habe, so ein Vertreter der BG10, wesentlich dazu beigetragen, daß die Zahl der Laserunfälle auch zu Beginn der Laserdiffusion sehr gering war (vgl. Peuker 1990: 49). Ob die geringe Unfallrate tatsächlich auf die VBG 93 zurückzuführen ist, kann in Frage gestellt werden. Da ein Großteil der Materialbearbeitungslaser in anderen Wirtschaftszweigen (die Industriezweige der Metallverarbeitung sowie des Maschinen- und Fahrzeugbaus haben einer aktuellen quantitativen Untersuchung zufolge einen Anteil von ca. 60% an den eingesetzten Laseranlagen, vgl. hierzu Barthel/Kettler 1996: 2) genutzt wird, fallen viele Betriebe nicht in den direkten Einzugsbereich der BG10. Die Unfallverhütungsvorschrift zur Laserstrahlung hat hier nur Relevanz, wenn sie von den jeweils zuständigen Berufsgenossenschaften durch die Mitgliederversammlung in deren eigenen Vorschriftenkanon übernommen wird. Dies ist etwa bei der Süddeutschen Metallberufsgenossenschaft (einige Mitglieder dieser BG setzen ebenfalls Laseranlagen zur Materialbearbeitung ein) im Jahr 1994 noch nicht der Fall gewesen.

Ein Blick in die aktuelle Fassung der VBG 93 (Stand: 1. Januar 1993 mit Durchführungsanweisungen vom Oktober 1995) zeigt, daß die Berufsgenossenschaft sich immer noch vorwiegend um die Reduzierung der Strahlgefährdungen bemüht. So bemerkte ein Vertreter eines Laserforschungsinstitutes, „daß die BG pennt. Die Berufsgenossenschaft interessiert sich nur für die Strahlgefährdungen." Das Schwergewicht wird immer noch auf das nur marginale Unfallgeschehen beim Umgang mit der Lasertechnik gelegt. Eine Ausnahme bildet §10, Abs.2 der Unfallverhütungsvorschrift. Hierin wird der Unternehmer aufgefordert, Schutzmaßnahmen zu treffen, sofern bei der Einwirkung der Laserstrahlung gesundheitsgefährdende Emissionen entstehen. Es wird in den Durchführungsanweisungen deshalb darauf hingewiesen, daß vor Inbetriebnahme geprüft werden sollte, ob gesundheitsgefährdende Emissionen entstehen. Als geeignete Schutzmaßnahme wird der Einsatz eines wirksamen Filter- und Absaugsystems empfohlen. Insbesondere bei Unternehmen, die den Laser flexibel zur Bearbeitung verschiedener Werkstoffe einsetzen, ist dieser Hinweis nur schwer umzusetzen, da beispielsweise Metalle und Kunststoffe unterschiedliche Techniken für das Filtern der entstehenden Stoffe erfordern.[82]

Der Kontakt mit der Berufsgenossenschaft bei einem Expertengespräch führte zu einem ähnlichen Eindruck: Ganz im Sinne der fast ausschließlichen Beschäftigung mit der Unfallgefährdung durch den Laserstrahl wurde die Möglichkeit von Emissionsgefährdungen durch Lasermaterialbearbeitung rundheraus verneint. Es würde vielmehr – so eine Interviewpartnerin – eine Hysterie in der Öffentlichkeit bestehen: „Wenn sie die Kunststoffe nehmen, da zerfällt letztlich alles in CO_2 und Wasser. Beispielsweise hat neulich eine Firma angerufen, daß bei ihnen aus irgendwelchen Gründen ein Telefonapparat verbrannt ist. Man hatte Bedenken, daß Dioxine freigesetzt werden könnten. Die lassen sich möglicherweise auch finden, aber in einer Konzentration, die sie absolut vernachlässigen können. Da gibt es ganz andere Stoffe oder Bearbeitungsverfahren, um die man sich kümmern sollte." So weist der Teilnehmer der Berufsgenossenschaften an einem unserer Workshops darauf hin, daß in den Unfallverhütungsvorschriften VBG 1, 15 und 93 Aussagen zum Umgang mit Gefahrstoffen zu finden seien. Es handele sich hierbei zudem um Vorschriften, die wesentlich kostengünstiger zu erwerben seien als die technischen Regeln des DIN (vgl. die Äußerungen in Steffensen u.a. 1994: 81, 90)

Führt man sich die im Kapitel 2 vorgestellten Indizien zur potentiellen Gefahrstoffgefährdung beim Lasereinsatz vor Augen, so erscheinen die Hinweise der Berufsgenossenschaft zu den potentiellen Gefahrstoffgefährdungen beim Lasereinsatz auch in der aktuellen Version der VBG 93 ausgesprochen lapidar und für die Betriebe wenig instruktiv.

Die aus der Versicherungskonzeption resultierenden Grundzüge berufsgenossenschaftlicher Vorgehensweisen, die bereits seit Beginn des 20. Jahrhunderts zu Kritik führen, prägen auch den Umgang mit neuen Technologien.[83] So ist auch heute noch ein Ringen um die Anerkennung von Berufskrankheiten, die durch den Kontakt mit gefährlichen Arbeitsstoffen verursacht wurden, feststellbar. Das Feilschen um die Anerkennung und Nichtanerkennung einzelner Berufskrankheiten sowie gerichtsähnliche Auseinandersetzungen mit den Geschädigten darüber, ob die zur Forderung nach Versicherungsleistungen führenden Gesundheitsbeeinträchtigungen ursächlich auf die be-

---

[82] Der nur lückenhafte wissenschaftliche Kenntnisstand zu den überhaupt entstehenden Emissionen und zu den geeigneten Filterverfahren läßt Zweifel entstehen, ob den Betrieben so in bezug auf die Gefahrstoffgefährdungen eine sinnvolle Handreichung geboten wurde. Einige der befragten Experten in den Betrieben schilderten die Erfahrung, daß sie sich vergeblich bemüht hätten, Informationen darüber zu erhalten, welche Absaug- und Filteranlagen für das konkrete betriebliche Emissionsaufkommen am geeignetsten seien.

[83] Die Berufsgenossenschaften verstanden sich lange vor allem als Träger der Unfallversicherung und sahen sich für Gefahrstoffschädigungen als nicht zuständig an (vgl. Milles 1989).

trieblichen Produktionsbedingungen zurückzuführen sind, stehen für die durch Gefahrstoffe geschädigten Arbeitnehmer immer noch auf der Tagesordnung. Ein solcher Zusammenhang war und ist von den Geschädigten häufig nicht eindeutig nachzuweisen. Der zugespitzte Artikel des Spiegels (10/1994) zur Entschädigungspraxis der Berufsgenossenschaften verdeutlicht die Fallstricke des Versicherungsprinzips. Präventiver Arbeitsschutz ist auf diese Weise kaum umzusetzen.

Ich möchte die Ausführungen zu den Berufsgenossenschaften an dieser Stelle beenden und auf die verbandlich getragene technische Normung eingehen (Bolenz 1987; Voelzkow 1996; Voelzkow u.a. 1987). Für den Bereich der Lasertechnik ist vor allem das DIN von Bedeutung, das hier in den Mittelpunkt der Betrachtung gestellt werden soll. Die folgenden Ausführungen bleiben in bezug auf die empirische Fundierung zwangsläufig unbefriedigend. Arbeitsschutz ist zwar ein Aspekt, der bei der technischen Normung eine Rolle spielt, jedoch (bislang) keine dominante Bedeutung hat. Konkret auf die Lasermaterialbearbeitung bezogen lassen sich bislang noch keine deutlichen Bezüge zur Lasersicherheit erkennen. Umfassendere Aktivitäten sind in den nächsten Jahren zu erwarten, da inzwischen die Forschungsarbeiten im EUREKA-Verbundprojekt EU 643 „EURO-LASER-Safety in the Industrial Applications of Lasers" abgeschlossen sind. Die Ergebnisse der europaweit etwa 75 Forschungsprojekte sollen – so die ursprüngliche Planung im Bereich der Forschungsförderung – nun in die europäische Normungsarbeit einfließen. Hiermit wird die Hoffnung verknüpft, genau jene politische Intention umzusetzen, die Ausgangspunkt der vorliegenden Arbeit war: Förderung der Diffusion der Lasertechnik durch hohe Sicherheitsstandards. Bislang ist allerdings noch nicht zu erkennen, ob dieses Unterfangen von Erfolg gekrönt sein wird. Auch zwei Jahre nach Abschluß der Forschungsarbeiten lassen sich noch keine Normungsaktivitäten erkennen, die sich dem Thema Lasersicherheit annehmen. Es sei, so ein Vertreter des DIN, nicht gelungen, eine allgemeine Norm, die wichtige Eckpunkte der Lasernutzung festschreiben würde, aus den Forschungsergebnissen abzuleiten. Ganz offensichtlich besteht zur Zeit auf seiten des DIN und der Forschungs- und Technologieförderung Ratlosigkeit darüber, wie die Normungsaktivitäten nun in Gang gesetzt werden können. Der nur schleppende Beginn der Normungsarbeiten läßt sich vermutlich relativ einfach erklären, wenn man sich die etablierten Formen der Normung und die laserbezogenen politischen Intentionen vor Augen führt.

Um die Bindung des DIN an die Politik und ihre Interessen in bezug auf die technische Normung sicherzustellen, wurde zwischen dem Verband und der Bundesrepublik ein Vertrag geschlossen (Bundesrepublik Deutschland – DIN 1975), der das DIN zur Einhaltung festgelegter Verfahrensspielregeln sowie zur Beachtung des Gemeinwohls anhält. Die Spielregeln der Normung sind in der DIN-Norm 820 (sie ist die grundlegende Verfahrensnorm) festgelegt. Hierin verpflichtet sich das DIN, bei der Normung den „Nutzen der Allgemeinheit" zu beachten und auf die Mehrung der „Sicherheit von

Menschen und Sachen" sowie „die Qualitätsverbesserung in allen Lebensbereichen" hinzuwirken. Zu den Verfahrensgrundsätzen des DIN gehört zugleich, daß die Normen gemeinschaftlich durch die interessierten Kreise erarbeitet werden. Die einzelnen Normungsverfahren sind damit für alle interessierten individuellen und kollektiven Akteure offen, die über finanzielle und zeitliche Ressourcen sowie über den notwendigen Sachverstand auf dem jeweiligen Normungsgebiet verfügen.

Wichtig für die hier anzustellenden Überlegungen ist, daß das etablierte Normungsverfahren darauf aufbaut, daß die Interessengruppen selbst aktiv werden und an das DIN mit einem Normungsantrag herantreten müssen. Erst ein zumeist von (einzelnen) Unternehmen geäußertes Interesse an der Vereinheitlichung eines technischen Sachverhalts führt zu Normungsaktivitäten. Bei der entwicklungsbegleitenden Normung zur Lasertechnik geht die Initiative von der Politik aus, die aufgrund programmatischer Erwägungen ausgewählte Techniken einer frühzeitigen Normung zuführen möchte. [84] So wurde das Thema Lasersicherheit gegenüber der weiteren rein technisch orientierten Entwicklung von Lasertypen und -verfahren in den Jahren 1991-1995 in den Vordergrund bei der entsprechenden Forschungsförderung gestellt. Auf seiten der Technikhersteller ist diese Maßnahme vor allem mit der Befürchtung verbunden, „daß die Lasertechnik kaputtgenormt wird, indem die Sicherheitsprobleme dramatisiert werden" (so oder ähnlich äußerten sich einige Interviewpartner). Diese Kritik an dem politisch für notwendig erachteten Normungsverfahren führt aufgrund der abweichenden Einschätzung der Technikhersteller bezüglich der Notwendigkeit von Sicherheitsnormen zu einem defensiven Verhalten.

Ein am Normungsverfahren beteiligter Experte aus einem Laserforschungsinstitut berichtete: „Solange die Arbeitsgruppe nicht eingerichtet war, wollte sie niemand haben. Als sie dann institutionalisiert wurde, da waren sie alle da, da wollte dann keiner außen vor bleiben. Dann kümmern sich genügend Leute schon deshalb um das Thema, weil sie am Ende nicht die Gelackmeierten sein wollen. Wenn es vorwärts geht, ziehen plötzlich alle mit. Europaweit sind die anderen dann gezwungen, wenn sie nicht hintanstehen wollen. Dann kommen Firmen wie X oder Y und versuchen, soweit nötig zu blockieren."

Für das DIN ändern sich damit die Spielregeln. Es bekommt nicht den konkreten Auftrag, einen bestimmten Sachverhalt zu normen. Das DIN muß vielmehr die relevanten Akteure dafür gewinnen, Normung in einem politisch nur diffus definierten Bereich (etwa Lasersicherheit) zu betreiben. Das DIN, das im etablierten Verfahren vor allem auf die Einhaltung der Spielregeln zu achten hat und die einzelnen Anträge lediglich

---

[84] Die Politik hatte auch bislang fest eingeräumte Möglichkeiten der Einflußnahme auf die technische Normung. Sie bestehen in der bevorzugten Bearbeitung von Normungsanträgen der Bundesregierung, in der Möglichkeit der Teilhabe am Normungsverfahren, in der Beteiligung in den Führungsgremien des Verbandes sowie in einer umfangreichen Informationspflicht des DIN. Die programmatische Entscheidung, die Lasertechnik der entwicklungsbegleitenden Normung zuzuführen, dürfte über die bevorzugte Behandlung von Normungsanträgen der Bundesregierung jedoch deutlich hinausgehen.

durch das Normungsverfahren „hindurchschleust", kann damit nicht mehr nur auf den Eingang von Normungsanträgen warten. Es wird vielmehr selbst zum gestaltenden Akteur, der die potentiellen Interessenvertreter motivieren muß.

So wurde von einem Verbandsvertreter im Bereich Maschinenbau moniert, daß es von seiten des DIN nicht gelungen sei, der Industrie stichhaltig zu vermitteln, was es mit dem Verfahren der entwicklungsbegleitenden Normung bei der Lasertechnik auf sich habe und worin der besondere Vorteil für die weitere Entwicklung der Lasertechnik zu sehen sei. Das DIN verfüge zwar über „solide Fachleute" zur Technik, diese seien jedoch „... keine Verkäufer, die ihr Produkt an den Mann bringen könnten." Auch Interviewpartner aus dem DIN berichten, daß es selbst im eigenen Hause ausgesprochen mühselig gewesen sei, Bereitschaft für die Integration der Lasertechnik in bestimmte Normungsbereiche zu wecken. Desgleichen wurde die Bereitwilligkeit der Industrie als gering bezeichnet, sich des Themas anzunehmen.

Die „List des Staates", das Eigeninteresse der Wirtschaftsakteure zu instrumentalisieren, scheint bislang in bezug auf die entwicklungsbegleitende Normung der Lasertechnik fehlzuschlagen. Es gelingt dem DIN nur sehr eingeschränkt, aufgrund politischer Initiative die eingeübten Mechanismen der Etablierung struktureller Kopplungen zu seinen Mitgliedern „umzudrehen". Das durch das DIN propagierte Vorhaben entwicklungsbegleitende Normung der Lasertechnik wird von der Industrie mit größter Skepsis betrachtet. „Normung geht von der Industrie aus", sagte einer der Industrievertreter in einem Interview. Die technische Normung hat ihre Stärke in Bereichen, in denen die Wirtschaftsakteure ihre Interessen in die Normung einbringen und Normungsverfahren anstoßen können. Das institutionelle Gefüge erweist sich allerdings dort für politische Steuerungsabsichten als unzureichend, wo über das DIN weitreichende politische Interessen in bezug auf die Techniksteuerung an die Wirtschaftsakteure herangetragen werden sollen.

Ein zweiter Gesichtspunkt spricht gegen die Leistungsfähigkeit von Steuerungsversuchen, die durch Initiierung der entwicklungsbegleitenden Normung präventiv die Internalisierung externer Effekte fördern wollen. Ziel des Verfahrens ist, die Technikentwicklung frühzeitig durch Normung zu fördern, indem die Kompatibilität von Komponenten und die Vereinheitlichung von Meßverfahren etc. angestrebt wird (Steffensen 1997). Die Normung hat damit einen strategischen Charakter. Das beinhaltet zugleich, daß die technischen Optionen prospektiv auf ihr technisches Potential hin untersucht werden müssen. Das strategische Element impliziert, daß in den Normungsprozeß ein Verfahren der Technikfolgenabschätzung integriert ist (vgl. hierzu ausführlich Schulz/Steffensen 1995), da nur dieses es erlaubt, die unterschiedlichen Technikpfade zu beurteilen.[85] Zumindest hypothetisch ist anzunehmen, daß gerade in dem frühen Stadium der Technikentwicklung, in dem entwicklungsbegleitende Normung einsetzt, die Kosten noch vergleichsweise gering sind (vgl. Mai 1994), um

---

[85] Den Zusammenhang zwischen technischer Normung und Technikfolgenabschätzung betont auch Baron (1995: 222ff.).

Technikpfade einzuschlagen, die nicht nur technischen und wirtschaftlichen Aspekten, sondern auch Kriterien der X-Verträglichkeit (Ronge 1992) gerecht werden.

Fraglich ist, ob die Bereitschaft der Technikhersteller ausreichend ist, um genau diese Option zu nutzen. Eine so weitgehende Verhandlungslösung setzt voraus, daß die Interaktionen zwischen den am Normungsprozeß beteiligten Akteuren veränderten Regeln folgen. So unterscheidet Mayntz (1993: 47) zwei Koordinationsformen: zum einen den „Tausch", der durch das Kalkül individueller Interessen motiviert ist, bei dem die Ergebnisse folglich aus einer egoistischen Perspektive heraus evaluiert werden.

Ein an der Normung der Lasertechnik beteiligter Interviewpartner berichtete, wie sich die verschiedenen Hersteller darüber geeinigt haben, wer als Hersteller einer Anlage anzusehen sei und entsprechende Haftungsverpflichtungen zu übernehmen habe. Festgelegt wurde, daß derjenige der Hersteller ist, der eine Anlage auf der höchsten Stufe der Integration zusammenbaut. Dieser Formulierung haben jene Technikentwickler sofort zugestimmt, die lediglich Laserstrahlquellen produzieren, die in eine größere Anlagenkonfiguration eingebettet werden. Hersteller sogenannter Komplettanlagen haben sich dagegen darum bemüht, „... daß aus „Muß-" „Kann-" oder „Soll-Bestimmungen" werden, um nicht gleich ganze Maschinen einstampfen zu müssen." Diese Hersteller hätten für ältere Produkte die geforderten Sicherheitsmaßnahmen nicht garantieren können.

Als zweiten Modus stellt Mayntz „Verhandlungen" heraus, die auf die Erarbeitung eines gemeinsamen Ergebnisses abzielen. Erst wenn es gelingt, im Normungsprozeß den Koordinationsmodus der Verhandlung zu verankern, scheint es möglich, die Vermeidung negativer Externalitäten stärker in den Vordergrund zu rücken bzw. die strategischen Optionen der entwicklungsbegleitenden Normung im Sinne der Technikfolgenabschätzung zu nutzen. Um eine solche Umstellung der Strategien zu bewirken, scheint es notwendig, die etablierten, sich typischerweise an der Normung beteiligenden Interessengruppen für Belange zu sensibilisieren, die außerhalb ihrer eigenen technischen oder wirtschaftlichen Grundorientierung liegen. Die Lösung von Defiziten bei der Beachtung des Gemeinwohls wird deshalb nicht in einer erweiterten Partizipation gesehen, sondern vielmehr in der Öffnung der Normungsgremien für Nebenzwecke. Die anzustrebende Integration von übergeordneten Beurteilungskriterien (etwa Lasersicherheit) zielt darauf ab, über einen wirtschaftlich orientierten Interessenausgleich hinauszukommen:

„... für den Interessenausgleich ist lediglich negative Koordination erforderlich, für Problemlösung dagegen ein kooperatives Zusammenwirken im Interesse eines Systems, dem die einzelnen Akteure angehören können, das jedoch einen eigenen Referenzpunkt für die Beurteilung des Ergebnisses darstellt.
Die Ergebnisse des Interessenausgleichs und der sachlichen Problemlösung divergieren tendenziell um so mehr, je weniger die systemrationale Problemlösung mit einer möglichst hohen Summe individueller Nutzen identisch ist. ... Vor allem aber ist zu bedenken, daß der 'Systemnutzen' sachlich auf einer anderen Dimension liegen kann als die entscheidungsrelevanten individuellen Nutzen ..." (Mayntz 1993: 48)

Die von Mayntz abschließend genannten Bedenken dürften auch für die technische Normung einschlägig sein: Aspekte der X-Verträglichkeit und Verbandsinteressen lie-

gen vielfach auf unterschiedlichen sachlichen Ebenen und betreffen verschiedene gesellschaftliche Bereiche. Gleichwohl bleibt anzumerken, daß beide nicht unbedingt in
einem Widerspruch zueinander stehen müssen und zu Beginn der technischen Entwicklung – das läßt sich zumindest als Hypothese formulieren – miteinander vereinbar
sind.

4.4.5 Die Übernahme von Steuerungsaufgaben: Interessenverbände und ihre Mit-glieder

Nachdem nun die strukturellen Kopplungen zwischen der Politik und den Verbänden
anhand der Berufsgenossenschaften, die sich auf sehr umfangreiche staatliche Vorgaben und Garantien stützen können, und des DIN, das wesentlich loser eingebunden ist,
dargestellt wurden, soll im folgenden die in der Literatur als Mitgliedschaftslogik bezeichnete strukturelle Kopplung zwischen den Verbänden und ihren Mitgliedern genauer beleuchtet werden.

Auf den ersten Blick scheint die Annahme plausibel, daß die Intensität der Kopplung –
also die Verpflichtungsfähigkeit der Verbände – vor allem von der rechtlichen Bedeutung der erlassenen Vorschriften abhängig ist. Anders als die Berufsgenossenschaften,
deren Unfallverhütungsvorschriften Gesetzeskraft haben, erarbeiten die Normungsgremien technische Regeln, deren Einhaltung auf Freiwilligkeit beruht. Es ist deshalb
berechtigt, die technischen Normen als freiwillige Vereinbarungen zu klassifizieren,
die in der Vorschriften-Hierarchie am unteren Ende angesiedelt sind. Technische Regeln können jedoch aufgrund einer direkten Bezugnahme in einem Gesetz oder durch
Nennung in einer Unfallverhütungsvorschrift ebenfalls Gesetzeskraft und damit allgemeine Verbindlichkeit erlangen.

Eine Verpflichtungswirkung, die sich in einer Verhaltensänderung niederschlägt, kann
wie beim Erlaß von Gesetzen nur dann entstehen, wenn die Vorschrift auf seiten der
Adressaten bekannt ist. Im Rahmen der qualitativen Untersuchung in 27 laseranwendenden Betrieben zeigte sich des öfteren, daß der Inhalt der einzigen laserrelevanten
Unfallverhütungsvorschrift (VBG 93) oder sogar deren Existenz unbekannt war. Bei
der schriftlichen Befragung von Barthel und Kettler gaben gut ein Viertel der Betriebe
an, die Vorschrift nicht zu kennen. Gut 50% der befragten Betriebe hielt die Vorschrift
für hilfreich und etwa 20% verneinten dies. Diese Antwortverteilung scheint jedoch,
darin waren sich Experten im Rahmen einer Workshop-Diskussion einig, weniger die
betrieblichen Gegebenheiten, als vielmehr die Antizipation von wünschenswerten
Antworten durch die Befragten widerzuspiegeln. Es ist folglich davon auszugehen, daß
die Zahl der Betriebe, die die VBG 93 nicht kennen, höher ist als es die Antwortver-

teilung wiedergibt.[86] Die vergleichsweise hohe Zahl von Antworten, die ein Kennen der wichtigsten deutschen Vorschrift anzeigen, die konkret auf die Lasertechnik bezogen ist, ist schon deshalb überraschend, weil die VBG 93 nicht für alle Betriebe, die den Laser zur Materialbearbeitung nutzen, Gültigkeit hat.

Die technische Normung wird allerdings von Teubner (1991) als Beispiel für eine zumindest in Teilen erfolgreiche strukturelle Kopplung angeführt. Sie gelinge deshalb – so seine Hypothese –, weil die Normungsgremien „mit ihren Normierungsversuchen eng an real ablaufende technische und wirtschaftliche Prozesse" (546) anschließen. Als Vorteil sieht er an, daß die getroffenen Festlegungen von Akteuren vorgenommen werden, die eine Nähe zu den technischen Sachverhalten und ihrer wirtschaftlichen Nutzung aufweisen. Teubner bezieht in dieses positive Urteil allerdings auch Sicherheitsstandards ein und überschätzt damit vermutlich die Erfolge des verbandlichen Arrangements (z.B. in bezug auf die Arbeitssicherheit) deutlich. Erfolge der verbandlichen Techniksteuerung sind in den Fällen zu erkennen, bei denen es den beteiligten und interessierten Akteuren um die Kompatibilität von technischen Komponenten und um das Stabilisieren von Märkten geht. Den vereinbarten Normen kommt hier eine relativ weitgehende Verpflichtungsfähigkeit zu, die jedoch weniger aus den Inhalten der Normen selbst resultiert, als vielmehr auf die Markt- und Wettbewerbsbedingungen zurückzuführen ist, die ja gerade durch die technischen Normen beeinflußt werden sollen.

Soweit es allerdings um die Internalisierung von externen Effekte geht, sinkt die Verpflichtungsfähigkeit merklich ab. Wie gut das mit Normen zu erreichende Sicherheitsniveau ist, läßt sich nicht allein theoretisch postulieren. Es soll nicht geleugnet werden, daß die Normung auch hier Wirkungen erzielt. Untersucht wurde bislang allerdings nur, ob solche Gesichtspunkte überhaupt im Normungsverfahren behandelt und berücksichtigt wurden (klassisch hierzu Ropohl u.a. 1984, einschlägig aber auch die Arbeiten vor Voelzkow). Bereits in bezug auf das gesetzte Recht wurde festgehalten, daß es lediglich normierte Verhaltenserwartungen formuliert, die, weit entfernt von eindeutigen Handlungsprogrammierungen, den Adressaten bestimmte Selektionen von Handlungsoptionen lediglich nahezulegen versuchen. Die Beachtung der Rechtsvorschriften ist nicht zwingend, auch wenn eine Nichtbeachtung mit Sanktionen verknüpft sein kann. Akteure treffen auch hier Entscheidungen unter der Bedingung von Unsicherheit und gehen damit das Risiko ein, später Nachteile aufgrund der gewählten Handlungsalternative in Kauf nehmen zu müssen. Eine handlungsprogrammierende

---

86 Noch deutlicher wurde dieses auf Antizipation gerichtete Antwortverhalten bei der Frage nach der DIN-Norm 31553. Sie war zum Befragungszeitpunkt (Sommer 1995) erst seit kurzer Zeit verabschiedet und damit „in Kraft gesetzt". Trotzdem gibt nur ein gutes Drittel der befragten Betriebe an, diese Norm nicht zu kennen.

Wirkung durch Recht ist nur bedingt festzustellen, die strukturelle Kopplung grundsätzlich lose.

Da die Nichtbeachtung von Rechtsvorschriften zumeist mit negativen Sanktionen verknüpft ist, wird es in vielen Fällen, in denen die Nichtbeachtung der Behörde bekannt wird, zu den angesprochenen negativen Folgen der Entscheidung kommen. Die Sanktionsbewährung der Rechtsvorschrift erhöht die Chance, daß überhaupt eine strukturelle Kopplung entsteht, ohne vermeiden zu können, daß eine Selektion von Handlungsoptionen trotzdem innerhalb jenes Möglichkeitsraumes vorgenommen wird, der durch die Sanktion gerade unattraktiv gestaltet werden sollte. Da die Anwendung der verbandlichen Vereinbarungen grundsätzlich auf Freiwilligkeit beruht, ist hier die Chance geringer, daß überhaupt eine strukturelle Kopplung entsteht. Die Nichtbeachtung ist nur dann mit negativen Sanktionen verbunden, wenn der technischen Norm in einem Gesetzestext oder in einer Unfallverhütungsvorschrift eine Verbindlichkeit zugewiesen wurde.

Für die Betriebe als potentielle Adressaten der technischen Normung heißt dies, daß für sie kaum ein Anlaß besteht, die Entwicklungen im Bereich der technischen Normung mit großer Aufmerksamkeit zu verfolgen. Läßt sich für jene Normen, die sich auf die Konstituierung und Kompatibilisierung von Märkten beziehen, ein über den Markt vermittelter sanktionierender „Begleitschutz" für die Normbeachtung feststellen, so ist dies für Normen, die sich auf die Internalisierung externer Effekte beziehen, nicht der Fall. Dieser Befund gilt zumindest für die Fälle, bei denen zum Beispiel (Arbeits-) Sicherheit nicht als Qualität eines Produktes anzusehen ist.[87] Prozeßsicherheit dagegen, die sich erst aus der konkreten Art und Weise der betrieblichen Nutzung und aus der Einbettung einer Technik in die alltäglichen Arbeitsabläufe ergibt, wird nicht über einen vergleichbaren, ökonomisch ansetzenden Begleitschutz sicherzustellen versucht. Hinzukommt, daß die Bemühungen der Aufsichtsinstanzen hier zu schwach ausfallen. Dies gilt vor allem für die neuen Technologien, die auch mit neuen Gefährdungslagen verbunden sind, oder bei Gefahrstoffgefährdungen, die sich durch eine eingeschränkte sinnliche Wahrnehmbarkeit auszeichnen.

Die strukturelle Kopplung, die zwischen Verband und Mitglied im Bereich der technischen Normung hergestellt werden kann, beschränkt sich im Arbeitsschutz auf den Weg der Informationsgewinnung durch die Betriebe. Wobei zu beachten ist, daß das DIN – als wichtigster deutscher Normungsverband – selbst keine dezidierte Informationspolitik betreibt und dies explizit nicht als Teil der eigenen Aufgaben versteht. Auf

---

[87] Es dürfte kaum möglich sein, eine Maschine auf den Markt zu bringen, die nicht TÜV geprüft ist bzw. eine CE-Kennzeichnung erhalten hat, um die Maschinensicherheit zu garantieren. In diesen Fällen führen die zum Teil in Normen gefaßten Sicherheitsvorschriften dazu, daß die technischen Geräte in einer Form ausgelegt werden, die das geforderte Maß an Sicherheit für die Nutzer gewährleistet.

einem unserer Workshops äußerte ein Vertreter der Forschungsförderung deshalb die Kritik:

„Die Informationsstrategie des DIN geht davon aus, daß der Anwender weiß, nach welchen Normen er schauen muß. Er geht weiterhin davon aus, daß durch die Verschlagwortung von etwa 20 bis 30 Schlagworten im Normenkatalog der Anwender jederzeit dazu in der Lage ist, sich die relevanten Normen herauszusuchen. Sie können Herrn Dierken[88] fragen, der sicherlich zu den am besten informierten Experten in diesem Bereich zählt, daß es nicht einfach war, die Zusammenstellung anzufertigen, und er steckt nicht in dem betrieblichen Alltag drin, wo man eine viertel Stunde hat, um den Normenbestand zu sichten. Ich denke, es bleibt die Forderung an die regelsetzenden Instanzen – ... –, eine aktive Informationspolitik zu betreiben. Da steht ein informationstheoretisches Problem dahinter. Ich kann nur danach fragen, wenn ich sensibilisiert bin und die Themen kenne, die ich in Schlagworten der Datenbank[89] suchen muß."

Die Frage ist, ob angesichts der nur losen Anbindung von Verband und Klientel überhaupt von einer Mitgliedschaftslogik (Streeck 1987) im eigentlichen Sinne gesprochen werden kann. Selbst gegenüber den Mitgliedern des Verbandes kann nicht davon ausgegangen werden, daß das DIN deren Interessen oder das der deutschen Industrie insgesamt vertritt. Das DIN versteht sich als Verhandlungsarena oder Runder Tisch, an dem sich Interessenvertreter aus Verbänden oder von Einzelorganisationen zusammensetzen können. Mit diesem Funktionsverständnis geht einher, daß das DIN nicht darum bemüht ist, die getroffenen Vereinbarungen umzusetzen und den potentiellen Adressaten nahezubringen. Die Herstellung struktureller Kopplungen, die auf den Vollzug von Vorschriften zielen würden, ist im Aufgabenkatalog des deutschen Normungsinstituts nicht vorgesehen. Eine Norm stellt ein Angebot dar, das von Firmen wahrgenommen oder ignoriert werden kann, wobei grundsätzlich die Möglichkeit eingeräumt wird, auch auf anderem Wege die gesetzlich vorgeschriebenen Sicherheitsstandards zu erreichen:

„Sicherheitsnormen z.B. enthalten immer die Klausel, daß eine andere Gestaltung der Produkte jederzeit möglich ist, solange das geforderte Sicherheitsniveau eingehalten wird; insoweit können die Normen also umgangen werden. Im Gegensatz dazu müßten die Vorschriften des Gerätesicherheitsgesetzes exakt eingehalten werden." (Bolenz 1987: 146)

---

88 Roland Dierken hat im Rahmen des Verbundprojektes EUREKA-Forschungsverbund EU 643 „EURO-LASER-Safety in the Industrial Application of Lasers" die in Deutschland für die Laseranwendung einschlägigen Normen im Rahmen eines Forschungsprojektes zusammengetragen (vgl. Dierken/Bergmann 1994). Bei der Zusammenstellung der Normen, die gemeinsam mit Vertretern des DIN erfolgte, zeigte sich, daß über die etablierten Rechercheverfahren selbst für die Experten kaum die Möglichkeit bestand, eine lückenlose Sichtung des Normenbestandes vorzunehmen.

89 Gemeint ist die Datenbank PERINORM, in die der gesamte Normenbestand anhand von Schlagworten aufgenommen ist. Sie kann für Recherchezwecke auch von den Betrieben genutzt werden. Bei der Eingabe des Stichwortes „Laser" wird allerdings nur ein Bruchteil der einschlägigen Normen ausgegeben. Diese Schwierigkeit ist zum Teil auf die Strategie der beteiligten Interessierten Kreise zurückzuführen, nur wenig laserspezifische Normen zu erarbeiten. Stattdessen war beabsichtigt, möglichst viele regelungsbedürftige Sachverhalte in bereits bestehende Normen einzuarbeiten, um so den Normenbestand nicht unnötig zu erweitern.

Die im Vertrag zwischen der Bundesrepublik Deutschland und dem DIN festgelegte Verpflichtung auf das Allgemeinwohl kann vom DIN also nur zum Teil eingelöst werden. Es kann weder die eigene Agenda selbst setzen noch die Implementation der freiwilligen Vereinbarungen fördern.

Unter dem Dach des DIN werden in wachsendem Maße auch Normen erarbeitet, die Gesichtspunkte der X-Verträglichkeit unterschiedlicher Techniken berühren. Deren Verabschiedung führt jedoch nicht zwingend auch zur Umsetzung. Aufgrund der Schwächen der aufsichtsbehördlichen Praxis, die gerade die Anwendung von Schutzvorschriften sicherstellen soll, kommt es nicht dazu, daß die entsprechenden Normen in der Breite angewendet werden. Dies gilt auch dann, wenn ihnen auf gesetzlichem Wege besondere Bedeutung zugemessen wird. Die Gesichtspunkte, die das Verbandshandeln als staatsentlastende Veranstaltung privater Regierungsfähigkeit auszeichnen, lassen sich in bezug auf Arbeitssicherheit im Rahmen der Aktivitäten des DIN nur bedingt erkennen: Die Verpflichtungsfähigkeit und der Vertretungsanspruch gegenüber Mitgliedern ist hier in der im Neo-Korporatismus thematisierten Form nicht eindeutig festzustellen.

Anders ist dies bei den Berufsgenossenschaften als Träger der Unfallversicherung. Sie haben aufgrund weitreichender staatlicher Garantien einen relativ guten Zugriff auf ihre Mitglieder. Den Berufsgenossenschaften steht im Prinzip ein effizienteres Instrumentarium zur Verfügung als der staatlichen Seite.[90] Der relativ gute Zugriff kommt aufgrund des Instituts der Zwangsversicherung jedes einzelnen Betriebes bei einer Berufsgenossenschaft zustande. Die strukturelle Kopplung zwischen Verband und Betrieb entsteht aufgrund der vorgeschriebenen Mitgliedschaft und der erhobenen Versicherungsbeiträge. Diese Mitgliedschaft beinhaltet einerseits die Anerkennung der gültigen Unfallverhütungsvorschriften. Andererseits wird akzeptiert, daß die Höhe der Versicherungsbeiträge an die Anzahl und die Schwere der im Betrieb aufgetretenen Unfälle sowie an die übliche Unfallträchtigkeit dieser und vergleichbarer Betriebsstätten gekoppelt wird. In Form von Zahlungen wird dem Versicherungsprinzip folgend ein höheres Sicherheitsniveau (gemessen an der Zahl meldepflichtiger Unfälle) gratifiziert. Arbeitssicherheit ist damit in eine ökonomische Größe konvertierbar und in innerbetrieblichen Aushandlungsprozessen als Argument nutzbar. Somit können die Arbeitsschützer verdeutlichen, daß Arbeitsschutzmaßnahmen nicht nur Kosten verursachen, sondern über die Reduzierung von Krankheitstagen und Versicherungsbeiträgen auch positiv zum ökonomischen Erfolg eines Betriebes beitragen können. Hinzu kommt die von politischen und betrieblichen Arbeitsschützern vielfach beschworene Ansicht, daß

---

[90] Auch die Berufsgenossenschaften erfüllen eine Aufsichtsfunktion und können über Sanktionen ihre Mitglieder zur Erhöhung des Sicherheitsniveaus anzuregen versuchen. Die Dualität und die vielfach feststellbare Rivalität der Aufsichtsbehörden läßt jedoch Zweifel an der Effizienz des Arbeitsschutzsystems aufkommen.

Arbeitssicherheit ein Wert an sich sei und rein wirtschaftliche Kalküle schon deshalb fehl am Platz seien.

Das Versicherungsprinzip, das im Falle von Unfällen und auch sonstiger kausal belegbarer Gesundheitsbeeinträchtigungen relativ gut funktioniert, hat allerdings dort seine Schwächen, wo es um die Ausweitung von Versicherungsleistungen auf neu hinzutretende Beeinträchtigungen geht. Prävention, so scheint es, steht dem Versicherungsprinzip diametral entgegen, da es sich auf die nachträgliche Reparatur oder Kompensation eingetretener Schäden beschränkt. So stellen die Emissionen, die bei der Lasermaterialbearbeitung entstehen, für die Vertreter der Berufsgenossenschaften kein Thema dar. Ein hier durchgeführtes Interview zur Relevanz dieses Problems förderte die verbandliche Ansicht zutage, daß diesbezüglich kein Problem bestehe und lediglich Hysterie erzeugt werde, wenn man dieses Thema in die Öffentlichkeit trage. Vor allem für die Berufsgenossenschaften gilt, was Renner (1988: 66) generell in bezug auf Prävention im Arbeitsschutz festgehalten hat. „Präventive Maßnahmen setzen nun zunächst Wissen über Ursachen, Bedingungen und Zusammenhänge voraus, die für die Entstehung und den Verlauf gesundheitlicher Schäden bedeutsam sind". Hieraus folgt allerdings, daß „präventive Maßnahmen ihr eigentliches Ziel zum Teil verfehlen" (71).

Das starke Instrumentarium der Berufsgenossenschaften, das dem der staatlichen Akteure grundsätzlich überlegen ist, weist folglich dort Defizite auf, wo es um neue Gefährdungen geht. Auch der direkt ökonomisch ansetzende Zugriff auf die Betriebe verliert an Schlagkraft, sobald es um neue, noch unbekannte Gefährdungslagen geht. Die Bemerkung von Poy und Weißbach (1994: 402), „... daß mit steigenden Sicherheitsanforderungen an die Technik ausgerechnet Unfälle immer wichtiger als Basis neuen Wissens werden", hat deshalb auch für den Umgang mit Gefahrstoffgefährdungen seine Berechtigung. Ganz in diesem Sinne verlief eine der Workshop-Diskussionen:

„Ein ähnliches Problem gab es bei den Kühlschmierstoffen. Da war auch lange bekannt, daß es irgendwelche Pyrolyseprodukte gibt. Man hat Nitrosamine entdeckt. Daraufhin haben die Gewerkschaften verschiedene Broschüren für ihre Mitglieder herausgegeben, und damit kam Bewegung in die ganze Angelegenheit. D.h., es müssen irgendwo einschneidende Momente entdeckt werden, damit die gesamte Regulierung ins Laufen kommt. In der Folge wurde die Entsorgung der Kühlschmierstoffe besser und damit teurer, was dazu führte, daß nach Substituten gesucht wurde. Ich denke, daß sich in bezug auf die Lasertechnik irgendwann etwas Ähnliches ereignen wird. Die Frage ist nur, wann kommt es bei der Bearbeitung welcher Werkstoffe zu welchen Einschnitten, so daß die Bremse gezogen wird. Ich denke, daß irgendwann so ein worst case auf uns zukommen wird" (Arbeitsmediziner).

Ein Vertreter des Projektträgers, der sich darum bemüht, die Laserdiffusion auch über eine verbesserte Arbeitssicherheit zu fördern, konnte dieser Position nicht zustimmen.

„Ich wäre da aber eher für einen präventiven Ansatz. Einen solchen Einschnitt wollten wir eigentlich mit der Förderung dieses Themas verhindern. Auf der anderen Seite unterstütze ich die Aussage von Herrn X (Vertreter eines Forschungsinstituts, BS), daß wir deregulieren sollten und nicht regulieren.

Ich glaube, wir müssen an dieser Stelle auch den Mut haben zu sagen, wenn 75% Wahrscheinlichkeit für eine Gefährdung da ist, dann muß das genug sein."

Prävention im Arbeitsschutz ist durchaus ein sinnvoller Ansatz, jedoch aus verschiedenen Gründen nicht ohne weiteres umzusetzen. Von der begründeten Vermutung, daß bestimmte Werkstoffbearbeitungen mit der Lasertechnik auch mit Gesundheitsbelastungen verbunden sind, bis zu deren Bearbeitung durch die Arbeitsschutzakteure ist es ein weiter Weg. Trotzdem lassen sich einige Hinweise geben, die aus den theoretischen und empirischen Befunden abgeleitet werden können. Sie sollen im Anschluß an ein Resümee in den abschließenden Schlußfolgerungen vorgestellt werden.

*„Es würde aber der Einrichtung der Fabriken die größten
Hindernisse bereiten, wenn dabei immer das Leben und die
Gesundheit der Arbeiter sicherstellende Einrichtungen getroffen werden sollten. Zum Teil sind die Gefahren ganz un-
vermeidlich und solche Einrichtungen überhaupt unausführ-
bar."*

(nach Tennstedt 1981: 108)

„Safety comes in cans. I can, you can, we can!"

(amerikanische Werbung für den Arbeitsschutz)

5 Schlußfolgerungen

Arbeitsschutzpolitik wurde in den vorangegangenen Ausführungen als ein Steuerungsproblem moderner d.h. funktional differenzierter Gesellschaft(en) vorgestellt und diskutiert. Organisierte kollektive Akteure, die typischerweise den Funktionssystemen
Politik, Wirtschaft oder Wissenschaft zugerechnet werden, definieren, was Arbeitssicherheit sein soll und wie sie zu erreichen ist. Um Arbeitsschutzpolitik zu betreiben,
reichen solche Definitionen allein nicht aus. Die politisch formulierten Programme –
vor allem verabschiedete Gesetze – müssen von den Adressaten zur Kenntnis genommen und umgesetzt werden. Die zu bewältigende Steuerungsaufgabe ist damit zumindest zweistufig: Es geht in einem ersten Schritt darum, politische Handlungsprogramme zu beschließen, in einem zweiten sind diese zu implementieren und zu vollziehen.
Die Geschichte des Arbeitsschutzes ist jedoch gerade was den Gesetzesvollzug angeht
auch eine Geschichte von Vollzugsdefiziten. Warum ist das so?

Um diese Frage zu beantworten, wurde hier auf das Theorieangebot einer systemtheoretisch angeleiteten Steuerungstheorie zurückgegriffen. Diese ist in den bislang vorliegenden Ausarbeitungen vor allem auf den Aspekt der Politikformulierung und der Koordination gesellschaftlicher Teilsysteme ausgerichtet. Der zweite Schritt – die Politik-
umsetzung und der Gesetzesvollzug – wird in diesen Arbeiten nicht betrachtet. Ziel der
vorliegenden Arbeit war es deshalb, diesen dunklen Fleck unter Zuhilfenahme von
empirischem Material auszuleuchten. Die Stärke des gewählten Ansatzes liegt dabei in
der Möglichkeit, die verschiedenen Akteure aber auch die verschiedenen Phasen der
Entwicklung und Umsetzung politischer Maßnahmen mit einem einheitlichen theoretischen Konzept zu erfassen. Zugleich ergeben sich bei diesem theoretischen Zugriff
Möglichkeiten zur Beschreibung der organisationsinternen Vorgänge, die zu Erfolg
oder Mißerfolg von Steuerungsbemühungen beitragen. Innerorganisatorische Ent-

155

scheidungsprozesse, die zu Selbststeuerungsleistungen führen, und interorganisatorische Abstimmungsprozesse zwischen verschiedenen Akteuren (sowohl in der Phase der Politikformulierung wie in der der Umsetzung), die als Kontextsteuerungen zu verstehen sind, lassen sich in einem einheitlichen steuerungstheoretischen Rahmen verankern. Mit dem gewählten theoretischen Problemzugang lassen sich die im Kapitel 3 dieser Arbeit vorgestellten und diskutierten Forschungsstränge, die verschiedenen Spezialbereichen der Sozialwissenschaft zuzuordnen sind, zusammenführen. Hieraus ließen sich dann im Kapitel 4 der Arbeit instruktive Einsichten gewinnen. Diese Einsichten beziehen sich erstens auf das Zusammenwirken der Akteure, zweitens auf die den Akteuren eigenen Handlungsrestriktionen und drittens auf die daraus abzuleitenden Möglichkeiten und Grenzen der Steuerung im Politikfeld Arbeitsschutz.

Bei der Annäherung an den Gegenstandsbereich Arbeitsschutz erwies es sich als vorteilhaft, nicht die Betrachtungsebene der Teilsysteme zu wählen, sondern vielmehr Organisationen und ihr Operieren in den Mittelpunkt zu rücken. Organisationen, so habe ich mit Luhmann argumentiert, sind Sozialsysteme, die „in eigenem Namen kommunizieren können", denen Kommunikationen als Handlungen zugerechnet werden können. Sie stellen die sozialen Entitäten dar, die im Forschungsprozeß als Betrieb, Gewerbeaufsichtsbehörde, Berufsgenossenschaft oder Normungsinstitut etc. beobachtet werden können. Sie sind insofern handlungsfähig, als ihnen Kommunikationen, die die Form der Entscheidung haben, zurechenbar sind. Die Bearbeitung von Problemen der Arbeitssicherheit wurde deshalb als ein Entscheidungsproblem von Organisationen (Betrieb, Gewerbeaufsichtsbehörde, Berufsgenossenschaft oder Normungsinstitut) aufgefaßt. Der Ausgangspunkt war folglich der Umgang mit informatorischer Unsicherheit, was impliziert, daß auch sicherheitsbezogene Entscheidungen mit Überraschungen oder Nebenwirkungen verbunden sein können.

Organisationen – so wurde weiter argumentiert – lassen sich jedoch nicht eindeutig bestimmten Teilsystemen zurechnen, auch wenn sie zumeist sehr ausgeprägte Affinitäten zu einzelnen Funktionssystemen aufweisen, die ihnen eine Leitorientierung bieten. Zugleich wenden sie sich auch Umweltsegmenten zu, die sich dadurch auszeichnen, daß die hier beobachteten Kommunikationen vorwiegend Organisationen zugerechnet werden, die den Leitorientierungen anderer Funktionssysteme folgen. Organisationen sind „Multireferenten", die die in sich geschlossenen Kommunikationsabläufe verschiedener Teilsysteme aufeinander beziehen und gemäß der eigenen Operationsweise zu integrieren versuchen. Wirtschaftsorganisationen reagieren nicht nur auf Kommunikationen, die den Code Zahlung/Nicht-Zahlung nutzen, sie befassen sich auch mit Aspekten der Bildung, der Politik, des Rechts etc.

Mit der Bezugnahme auf Organisationen lassen sich die steuerungstheoretischen Überlegungen, die im Zusammenhang mit der (Bielefelder) Systemtheorie von Willke (vgl. insb. 1983; 1995) vorgestellt wurden, weiterführen. Willke arbeitet mit dem fast ausschließlichen Blick auf die Teilsystemebene heraus, worin in modernen funktional differenzierten Gesellschaften die Schwierigkeiten einer (möglichst zielgenauen) Gesellschaftssteuerung bestehen. Bei der Betrachtung von Teilsystemen scheint es durchaus plausibel, von wechselseitiger Undurchdringbarkeit und Unzugänglichkeit auszugehen. Die kommunikativ geschlossenen Teilsysteme weisen – so das theoretische Argument – einen exklusiven und nur begrenzt für anderes zu erweiternden Bezug auf das Prozessieren des je systemspezifischen Codes auf. Wirtschaftliches Operieren schließt an wirtschaftliches Operieren an, d.h. Zahlungen orientieren sich an anderen Zahlungen. Gleichzeitig besteht jedoch die Möglichkeit, daß einzelne Kommunikationen eines anderen Teilsystems Aufmerksamkeit erregen und für die wirtschaftlichen Operationen Relevanz erlangen. Diesen Weg muß auch eine politische Steuerung nehmen, die darauf abzielt, in anderen Funktionssystemen Veränderungen herbeizuführen, indem sie deren Operieren in andere Bahnen zu lenken versucht.

In der Systemtheorie ist für diesen Prozeß der Bezugnahme auf unterschiedliche Umweltereignisse durch operativ geschlossene, autopoietische Systeme der Begriff der strukturellen Kopplung reserviert. Strukturelle Kopplungen entstehen, indem die Operationen eines Systems zu relevanten Umweltereignissen eines anderen Systems werden, das diese zum Aufbau eigener Operationen nutzt. Die ursprüngliche Operation und das wahrgenommene Umweltereignis sind jedoch nicht für beide Systeme identisch, sondern sie haben einen systemrelativen Charakter. Handelt es sich bei der ursprünglichen Operation etwa um eine wissenschaftliche Entdeckung, so kann sie wissenschaftlichen Erkenntnisfortschritt und individuelle Reputation bedeuten. Als wahrgenommenes Umweltereignis eines Wirtschaftsunternehmens werden vermutlich vor allem ökonomische Kalküle angeschlossen und die Möglichkeiten zukünftiger wirtschaftlicher Entwicklungen evaluiert.

Organisationen wird in besonderem Maße die Eigenschaft zugeschrieben, strukturelle Kopplungen herzustellen und zu stabilisieren. Sie ermöglichen so die Verknüpfung von Operationen unterschiedlicher gesellschaftlicher Teilsysteme. Ihre herausgehobene Bedeutung für Überlegungen zu den Möglichkeiten und Grenzen von Steuerung liegt damit genau in der Tatsache, daß sie als Multireferenten diese Verknüpfungsleistungen erbringen.[1] Als handlungsfähige Sozialsysteme sind Organisationen nicht nur Steuerungsobjekt, sondern auch Steuerungssubjekt, denn politische Steuerungsleistungen werden nicht vom gesellschaftlichen Teilsystem Politik, sondern von organisierten Akteuren erbracht.

---

1 Auch wenn Organisationen die Operationen unterschiedlicher gesellschaftlicher Teilsysteme koppeln, ist nicht davon auszugehen, daß sie in besonderer Weise zur Bearbeitung der Integrationsprobleme moderner Gesellschaften beitragen können. Sie folgen bei der Herstellung struktureller Kopplungen schließlich keiner übergeordneten Logik, sondern ausschließlich ihren eigenen Operationsweisen, die sich an ihrer eigenen systemspezifischen Rationalität orientieren.

Aus der Sicht des Systems, das die ursprüngliche Operation vornimmt, können strukturelle Kopplungen einerseits naturwüchsig und unbeabsichtigt entstehen: Ein Beispiel: Wissenschaftliche Erkenntnisse werden häufig nicht mit Seitenblick auf die ökonomische Verwertbarkeit gewonnen. Ihre Publikation zielt dann nur auf die wissenschaftliche Kommunikation, ein mögliches Zugreifen von Wirtschaftsakteuren hierauf ist nicht intendiert. Andererseits lassen sich jedoch auch Bestrebungen feststellen, gezielt und absichtsvoll strukturelle Kopplungen herzustellen. In diesen Fällen läßt sich von Steuerungsversuchen sprechen: Die ursprüngliche Operation wird dann mit der Intention ausgeführt, relevantes Umweltereignis für bestimmte oder bestimmbare Adressaten zu sein. Steuerungshandeln – im Sinne einer von außen ansetzenden Interventionsabsicht – wurde entsprechend als Versuch der Etablierung einer strukturellen Kopplung zum Zweck der Anregung von Selbststeuerungsaktivitäten des adressierten Systems beschrieben. Kontextsteuerungen sollen durch die zu steuernden Systeme als Veränderung relevanter Umweltbedingungen wahrgenommen werden und Selbststeuerungsbemühungen einleiten.

Das solchermaßen explizierte Steuerungsverständnis geht davon aus, daß Steuerung ein ausschließlich und unhintergehbar systeminterner Vorgang ist, dem von außen keine zielgenauen Vorgaben gemacht werden können. Dieses gilt zumindest so lange, wie die Beziehung zwischen Steuerungssubjekt und Steuerungsobjekt eine gewisse Symmetrie aufweist.[2] Der damit skizzierte theoretische Befund hat auch Folgen für die durch die Politik betriebene Gesellschaftssteuerung durch Recht. Anders als das Alltagsverständnis es nahelegt, hat auch Recht nicht die Möglichkeit, eine zielgenaue Handlungssteuerung zu gewährleisten, die nur im Ausnahmefall mißlingt. Recht wurde vielmehr als eine „normierte Verhaltenserwartung" begriffen, die nur dann das Verhalten in die erwartete Richtung lenken kann, wenn der Adressat der Vorschrift diese zur Kenntnis nimmt. Auch Recht ist darauf verwiesen, daß – etwa im Arbeitsschutz – von den Betrieben strukturelle Kopplungen zur Politik bzw. zum Recht aufgebaut werden, indem die verabschiedeten Vorschriften als relevante Informationen Eingang in das organisatorische Operieren (d.h. Entscheiden) finden. Das Erarbeiten von Rechtsvorschriften reicht folglich nicht aus, um bestimmte Verhaltenssteuerungen oder – weniger anspruchsvoll – Verhaltenskorrekturen sicherzustellen: Politische Akteure machen dann die Erfahrung, daß es nur zu einer defizitären Beachtung von Rechtsvorschriften durch die Adressaten kommt. Zugleich liegt der Schluß nahe, daß Recht in modernen Gesellschaften ein relativ schwaches Steuerungsinstrument ist.

Um die Wirkung von Rechtsvorschriften im Arbeitsschutz zu erhöhen, wurde eine Reihe von sichernden Mechanismen etabliert. Eine der ältesten ist die Institutionalisie-

---

2   Macht – verstanden als einseitige und determinierende Vorgabe von Selektionen – spielt
     damit im vorliegenden Zusammenhang nur eine untergeordnete Rolle.

rung der Fabrikinspektion bzw. der Gewerbeaufsicht, die das Recht hat, die betrieblichen Anlagen jederzeit zu inspizieren und auf der Basis von Rechtsvorschriften Auflagen zu erteilen. Dieser in der Gewerbeordnung rechtlich abgesicherte Kontakt zwischen Betrieb und Aufsichtsbehörde dient dazu, den politischen Absichten im Arbeitsschutz verstärkt Ausdruck zu verleihen und die Herstellung einer strukturellen Kopplung wahrscheinlicher werden zu lassen. Bei der Revision entsteht eine Interorganisationsbeziehung zwischen Behörde und Betrieb, die dazu führt, daß der Betrieb zumindest mit den als Recht formulierten Verhaltenserwartungen konfrontiert wird, sie als Informationen zur Kenntnis nimmt. Es entsteht damit eine strukturelle Kopplung, die eine Basis für die Umsetzung der rechtlich formulierten Steuerungsabsicht bildet: Der in der Vorschrift geregelte Sachverhalt ist auf diese Weise zumindest in die betrieblichen Entscheidungsprozesse eingespielt, ohne deren Ergebnis allerdings determinieren zu können. Die politischen Steuerungsbemühungen bleiben auch in diesem Fall auf die Bereitschaft des Betriebes zur Selbststeuerung angewiesen. Um diese Bereitschaft zu erhöhen, werden die Vorschriften mit Sanktionsmöglichkeiten versehen, die im Falle der Entdeckung einer Nichtbeachtung ausgesprochen werden können.

Das aufeinander aufbauende Instrumentarium von Rechtsetzung und Kontrolle setzt allerdings voraus, daß die Politik über einen wirksamen Zugriff auf das Verwaltungshandeln verfügt. Der Begriff „behördlicher Gesetzesvollzug" impliziert diesen starken Einfluß der politischen Steuerung auf das Operieren der Verwaltung. Hierbei wird unterstellt, daß die Behörde ausschließlich den Buchstaben des Gesetzes folgt. Eigene Erwägungen, die für die Behörde eine Entscheidung unter Unsicherheit bedeuten würden, sind in dieser Vorstellung nicht vorgesehen. Gerade im Technikrecht oder auf dem Gebiet des Arbeitsschutzes hat sich jedoch etabliert, daß die politischen Akteure bei der Gesetzesformulierung mit unbestimmten Rechtsbegriffen operieren, um die technische Entwicklung nicht durch statische Rechtsvorschriften zu behindern. Auf diese Weise erfolgt eine Dynamisierung des Rechts, indem eine gleitende Anpassung an sich verändernde Bedingungen ermöglicht wird. Zugleich reduziert sich jedoch die Exaktheit der rechtlich formulierten Verhaltenserwartungen an die Betriebe. Sicherheitsmaßnahmen sollen dann dem „Stand der Technik" entsprechen, und diesbezügliche behördliche Auflagen sollen beachten, daß die „Natur des Betriebes" diese auch zulassen. Der Politisierung von Verwaltungsentscheidungen ist so Tür und Tor geöffnet, die Entscheidungslast und auch die Verantwortung für Steuerungsbemühungen ist damit in Teilen aus der Gesetzesformulierung herausgenommen und in den Gesetzesvollzug hineinverlagert.

Aushandlungsprozesse zwischen Verwaltung und Betrieb um die vor Ort angemessene Definition von Arbeitssicherheit und eventuell ausgesprochene Auflagen werden damit zur Regel. Die Verwaltungen haben darauf in der Praxis mit der Etablierung des informalen Verwaltungshandelns reagiert, da zusehends deutlicher wurde, daß einseitig hoheitliche Handlungsformen an Wirkungskraft einbüßen. Dies gilt nicht nur, aber auch für den Politikbereich Arbeitsschutz, wo sich dieser Trend bis in die Mitte des letzten Jahrhunderts zurückverfolgen läßt. Auslöser für ein informales und auf Verhandlungen setzendes Vorgehen war vielfach die nur mangelhafte Informationsbasis auf seiten der Beamten, die den betrieblichen Akteuren Vorteile bei der Beurteilung der technischen Sachverhalte verschaffte. Um überhaupt zu Verbesserungen des Sicherheitsniveaus zu kommen, waren die Behördenvertreter deshalb auf die Kooperationsbereitschaft der Betriebe angewiesen. Zugleich ist die Verwaltung bei ihren Entscheidungen bemüht, sich auf Rechtsvorschriften zurückzuziehen, um dem Risiko gerichtlicher Auseinandersetzungen über die erteilten Auflagen aus dem Weg zu gehen. Der vor etwa zwanzig Jahren mit der Novellierung des deutschen Arbeitsschutzes verankerte präventive Ansatz läßt sich auf diese Weise jedoch kaum umsetzen. So wird in der Literatur vielfach der sehr ausgeprägte Bezug des behördlichen Operierens auf Rechtsvorschriften als Defizit eines zeitgemäßen Arbeitsschutzes kritisiert.

Zugleich beschränkt dieses Arrangement die behördlichen Maßnahmen auf den Kanon der bekannten Probleme und führt dazu, daß neue Problemlagen nur sehr zögerlich aufgegriffen werden. Dies gilt sowohl für den Umgang mit neuen Technologien, die mit veränderten Arbeitsschutzanforderungen verbunden sind, wie auch für den Bereich der Gefahrstoffe, für die eindeutige Kausalitäten zwischen Exposition und Gesundheitsbeeinträchtigung vielfach noch nicht auszumachen sind. Die Behördenvertreter seien – so sagte einer der Workshopteilnehmer – nicht dazu ausgebildet, neue Problemlagen und Gefährdungsbereiche in den Betrieben aufzuspüren. Präventive Gestaltungsoptionen laufen auf diese Weise vielfach ins Leere, da die gegebenen Vorschriften hierfür zumeist keine rechtlichen Ansatzpunkte bieten.

> „Hier zeigen sich die Grenzen eines nur reagierenden, an Vorschriften orientierten Arbeitsschutzes. Der zunehmende dynamische technische Wandel fordert problembezogene Gestaltungskonzepte mit z.T. experimentellem Charakter, die kaum über die relativ schwerfälligen Verfahren der Normbildung und Normanwendung gewonnen werden können. Der reaktive Arbeitsschutz bedarf der Ergänzung um präventive Arbeitsgestaltung: Eine Aufgabe, die nicht der Arbeitsschutz allein übernehmen kann, eine Aufgabe, die jedoch auch eine gestalterische Wende im Arbeitsschutz erfordert." (Peter 1992b: 33)

Die Folge des nach wie vor etablierten Vorgehens ist, daß sich für den Arbeitsschutz in zunehmendem Maße die häufig benannte Schere zwischen einer dynamischen Technikentwicklung und einem eher statischen Recht auftut. Eingriffsmöglichkeiten und Handlungsoptionen reduzieren sich auf diese Weise. Die von den Arbeitsschützern als Gefährdungen wahrgenommenen Handlungsbedarfe stimmen immer weniger mit den Gefährdungslagen überein, die für die Beschäftigten zu Gesundheitsbeeinträchtigungen führen. Aufgrund der skizzierten Befunde konstatieren die Dortmunder Forscher (Peter, Pröll, Thon-Jacobi) unisono die Gefahr eines drohenden Funktions- und Bedeutungsverlustes für den deutschen Arbeitsschutz (aktuell Pröll in Steffensen u.a. 1994).

„Unterstellt wird, daß die unter präventiv-gestalterischen Rationalitätskriterien zunehmend gebotenen Handlungs- und Thematisierungsmuster im Umgang mit Sicherheits- und Gesundheitsproblemen moderner Industriearbeit von der Institution 'Arbeitsschutz' nicht hinreichend als Normalität arbeitsschutzbezogenen Handelns und Deutens gesichert und reproduziert werden. ... Parallel dazu verliert die Klasse typischer Handlungsprobleme und -routinen, bei denen diese normalitätsstiftende Leistung noch greift (Unfallverhütung und Sicherheitstechnik), funktional und in der Relevanzskala des Betriebsalltags zunehmend an Bedeutung." (Pröll 1991: 10)

Vor allem bei den aufgeklärteren, d.h. zumeist jüngeren Arbeitsschützern setzt sich inzwischen das Verständnis vom „ausgereizten Maschinenschutz" (Pröll 1991: 111) durch. Das konnten wir auch bei unserer Untersuchung zur Lasertechnik in der Materialbearbeitung feststellen. In den Betrieben entsteht eine ausgeprägtere Sensibilität für die sicherheitstechnischen Fragen, die mit der Arbeitsorganisation, der Koordination und Kompetenzabgrenzung oder mit den subjektiven Ursachen sicherheitsbewußten Verhaltens verbunden sind. In vielen Betrieben und Aufsichtsbehörden wird allerdings auch die These vertreten, daß zwischen den konventionellen Bearbeitungsverfahren und der Nutzung der Lasertechnologie grundsätzlich kein sehr großer Unterschied bestehe. Ein Befund, der auch von Frevel (1991: 227) mit Bezug auf die Lasermaterialbearbeitung formuliert wurde.

Betriebliche und behördliche Sichtweisen unterscheiden sich in diesem Zusammenhang kaum. Die Erörterungen über den innerbetrieblichen Wandel möchte ich an dieser Stelle knapp halten. Es soll hier vor allem um das Steuerungsproblem Arbeitsschutz gehen, also um die Bemühungen, von außen über Kontextveränderungen strukturelle Kopplungen zwischen Betrieben und Politik oder Verbänden herzustellen. Zur betrieblichen Situation nur soviel: Veränderungen bei der thematischen Ausrichtung des betrieblichen Arbeitsschutzes werden innerbetrieblich einerseits durch Modifikation der Entscheidungsprogramme, andererseits durch sich wandelnde Einstellungen der Mitglieder oder durch neue Mitglieder hineingetragen. Wobei insbesondere die Mitglieder als nur begrenzt anpassungsfähig angesehen werden, zumal sie durch die innerbetrieblichen Entscheidungsroutinen und Mitwirkungsmöglichkeiten geprägt werden, die vielfach nicht primär auf die Beachtung von Arbeitsschutzproblemen ausgelegt sind. Da die Zahl der sich ereignenden Unfälle und Gesundheitsbeeinträchtigungen (soweit letztere wahrnehmbar sind) in den Betrieben vergleichsweise gering ist, besteht auf seiten der Wirtschaftsunternehmen zumeist wenig Anlaß, die eingeübten Entscheidungsroutinen und Vorgehensweisen zu verändern. Dies betont zugleich die Notwendigkeit externer Anregungen zur Initiierung eines betrieblichen Wandels im Arbeitsschutz.

Da dem Recht als Steuerungsinstrument in diesem Zusammenhang eine nur begrenzte eigenständige Wirkung zugemessen werden kann, um die betrieblichen Vorgehensweisen strukturell an die politischen Vorgaben im Arbeitsschutz zu koppeln, kommt den außerbetrieblichen Arbeitsschutzinstanzen Gewerbeaufsicht und Berufsgenossenschaft eine besondere Bedeutung zu. Die ihnen rechtlich zugebilligten Befugnisse ermöglichen die gezielte Herstellung struktureller Kopplungen in Form von kurzfristig aktualisierten und einseitig herbeiführbaren Interorganisationsbeziehungen. In bezug auf diese beiden Einrichtungen sowie die gesamte rechtliche Materie des Arbeitsschutzes ist in der Vergangenheit allerdings vielfach Kritik geübt worden:

- Die Arbeitsschutzmaßnahmen orientieren sich immer noch am polizei- und ordnungsstaatlichen Denken der Gewerbeordnung, wie es im letzten Jahrhundert vom Gesetzgeber verabschiedet worden ist.

- Mit Blick auf die unbestimmten Rechtsbegriffe erweisen sich die einzelnen Instanzen als nicht sehr anpassungsfähig. Der Vorschriftenkanon sei zwar durch aktuelle Vorschriften erweitert, aber nicht im eigentlichen Sinne modernisiert worden.

- Die Gesetzgebung ist fragmentiert und zersplittert. „Dem empirischen Befund zufolge existieren einige in sich mehr oder weniger geschlossene Teilsysteme, die zwar jeweils spezifische Beiträge zum Arbeitsschutz leisten, die aber nicht nach einem einheitlichen Konzept miteinander verschränkt sind und deshalb partiell zu dysfunktionalen Überschneidungen führen" (Deppe u.a. 1980, Bd.2, 719).

- Die Feinsteuerung im Arbeitsschutz bleibt den Verbänden überlassen, was den Herstellern und Anwendern von Technik große Gestaltungsspielräume eröffnet.

- Der Arbeitsschutz ist nach wie vor weitgehend technikzentriert.

- Der Arbeitsschutz geht thematisch ausgesprochen selektiv vor.

Hinzukommt, daß einige Autoren der Meinung sind, die Maßnahmen des Arbeitsschutzes hätten nicht die notwendige Reichweite. So kritisierte Bispinck (1979: 566), daß der deutsche Arbeitsschutz auch nach der Novellierung von einem negativen Arbeitsschutzbegriff ausgehe, der die Vermeidung von Schädigungen in den Mittelpunkt stelle, ohne jedoch positiv auch Aspekte der Humanisierung oder der gezielten Gestaltung von Arbeit aufzunehmen.

Einige der Kritikpunkte, die auch in den vorangegangenen Ausführungen angesprochen wurden, greifen aufgrund feststellbarer neuerer Entwicklungen nur noch in abgeschwächter Form oder sind aufgrund der etablierten Strukturen und Beziehungen zwischen den Arbeitsschutzakteuren erklärlich. So ist etwa die Selektivität bei der Themenwahl auch dem Umstand geschuldet, daß es Organisationen sind, die sich mit den Themen befassen. Deren Aufmerksamkeit und Informationsverarbeitungskapazität ist grundsätzlich begrenzt und Selektivität damit nicht zu vermeiden. Sie wirkt sich allerdings dann negativ aus, wenn sich die Bemühungen von Gewerbeaufsicht und Berufsgenossenschaft an fast identischen Selektionskriterien orientieren. Auch wenn Redundanz vielfach als struktureller Vorteil von Systemen angesehen wird, ist sie im vorliegenden Fall mit deutlichen Einbußen bei der Funktionserfüllung des – wie auch immer genau abzugrenzenden – Arbeitsschutzsystems verknüpft.

Die Dualität von Gewerbeaufsicht und Berufsgenossenschaft, die weitgehend nach identischen Kriterien die Arbeitsbedingungen in den Betrieben überprüfen, führt zu

Streitigkeiten und Problemen bei der Kompetenzabgrenzung. Als ein Reformvorschlag, der sich aus den Ausführungen zur Steuerungsproblematik ableitet, läßt sich die Empfehlung formulieren, die Überschneidungsbereiche innerhalb des Aufgabenkanons beider Aufsichtsdienste zu verringern. Die Möglichkeiten, strukturelle Kopplungen zu den Betrieben herzustellen, ließen sich so wirkungsvoller nutzen. Insbesondere für die Berufsgenossenschaften scheint zu gelten, was Bauerdick mit Blick auf den gesamten Arbeitsschutz formuliert hat.

> „Die Darstellung des Arbeitsschutzsystems der Bundesrepublik Deutschland zeigt ein 'zersplittertes' und 'fragmentiertes' System, das in einigen Bereichen erhebliche Mängel aufweist, in anderen aber sehr wirkungsvoll ist, v.a. in denen, deren Arbeits- und Unfallstrukturen denen aus dem 19. Jahrhundert noch sehr ähnlich sind." (1994: 67)

Gerade die Berufsgenossenschaften sind mit der Orientierung ihrer Operationsweisen am Versicherungsprinzip grundsätzlich konservativ ausgerichtet und darum bemüht, neue Gefährdungslagen, die zu neuen Entschädigungsansprüchen der Versicherten führen könnten, zu verneinen. Beim Umgang mit neuen Technologien weisen sie entsprechende Defizite auf, die ihre Aktivitäten vorwiegend auf den Unfallschutz beschränken. Peuker (1990), als Vertreter der Berufsgenossenschaft Feinmechanik und Elektrotechnik (BG 10, sie ist fast exklusiv für Fragen der Lasersicherheit zuständig), weist entsprechend auf die besonderen Erfolge bei der Verhinderung von Unfällen durch Kontakt mit der Laserstrahlung hin. So wird ein eher hypothetischer Zusammenhang zwischen der Verabschiedung der Unfallverhütungsvorschrift „Laserstrahlung" und den geringen Unfallzahlen beim Lasereinsatz konstruiert. Die Zahl der Laserunfälle ist allerdings nie sehr hoch gewesen. Der entscheidende Grund ist vermutlich eher darin zu sehen, daß die Nutzer, Betreiber oder Bediener von Laseranlagen sich recht gut vorstellen können und konnten, daß mit der Einwirkung von Laserstrahlung auf die Haut oder die Augen gravierende Gesundheitsschäden verbunden sind: Diese Wirkungen sind während der täglich ausgeführten Materialbearbeitungsvorgänge an den bearbeiteten Werkstoffen mit eigenen Augen zu erkennen. Entsprechend prägt Vorsicht auch den routinisierten Umgang mit dem Laser.

Die eigentliche Stärke des berufsgenossenschaftlichen Handelns liegt in den eingebauten wirtschaftlichen Aspekten. Mangelnde betriebliche Arbeitssicherheit und daraus resultierende Unfälle sind eng mit (höheren) Beitragszahlungen an die Unfallversicherung verbunden. Arbeitsschutz wird bei Standardproblemen vor allem im Unfallbereich zu einem ökonomischen Posten, der bei betrieblichen Wirtschaftlichkeitsüberlegungen durchaus Gewicht erlangen kann. Um die verbandliche Aufgabenerfüllung in diesem Bereich sicherzustellen, dürfte die von Offe angesprochene „Rute im Fenster", also die dauerhafte staatliche Drohung, die Aufgabe auch in eigener Regie durchführen zu können, nicht notwendig sein. Aus wohlverstandenem Eigen- d.h. Bestandsinteresse verfügen die Berufsgenossenschaften sicherlich über eine ausreichende Motivation, um die übertragenen Aufgaben in der etablierten Manier auch zukünftig zu erledigen.

Die grundlegende Schwäche der Berufsgenossenschaften (ihre Zurückhaltung bei der Aufnahme neuer Themen und Problembereiche) könnte durch die Gewerbeaufsichtsbehörden kompensiert werden. Es scheint vermutlich paradox, aber es soll argumentiert werden, daß das größere Innovations- bzw. Veränderungspotential bei der Aufnahme und Bearbeitung neuer Anforderungen auf seiten der Verwaltung besteht. Dies gilt trotz der festgestellten Mängel beim etablierten behördlichen Vorgehen. So läßt die nur geringe Ausstattung mit Sanktionsbefugnissen und -mitteln hoheitliche Maßnahmen zur Verbesserung der Arbeitssituation in den Betrieben vielfach scheitern. Prävention, die bei der Diffusion neuer Technologien in die Betriebe angebracht erscheint, ist auf diese Weise kaum möglich. Die betriebliche Nachfrage „Wo steht das geschrieben" schiebt hoheitlichen Bestrebungen und behördlichen Eingriffsversuchen zumeist einen Riegel vor.

Das wesentliche Manko der behördlichen Aufgabenerledigung scheint ihre Allzuständigkeit zu sein. Während die Berufsgenossenschaften sich jeweils auf einzelne Branchen und deren typische Probleme konzentrieren können, hat die Gewerbeaufsicht den gesamten Bereich des Arbeitsschutzes in einer Region abzudecken. Neben dem technischen Arbeitsschutz – Maschinen- und Anlagensicherheit im weitesten Sinne – umfaßt das Aufgabengebiet der Behörde auch den sozialen Arbeitsschutz – Arbeits- und Lenkzeiten, Mutterschutz, Jugendschutz etc. Hieraus ergibt sich erzwungenermaßen eine Selektivität bei den Aktivitäten, die einerseits die Beibehaltung eingeübter Routinen und die Beachtung von Standardproblemen fördert, andererseits besonderen Ereignissen folgt. So führten die vor einigen Jahren in der Presse intensiv behandelten Lastwagen- bzw. Busunglücke in Herborn und Donaueschingen dazu, daß Lenkzeiten vorübergehend zu einem der wesentlichen Aufgabenschwerpunkte der Gewerbeaufsicht wurden. Auch für die Verwaltung erfüllen die Medien offenbar die Funktion des agenda-settings (etwa Pfetsch 1995; Ruß-Mohl 1994). Entsprechend führte einer unserer Workshopteilnehmer aus: „Die Gewerbeaufsicht ist in der Wahl ihrer Themen und bei der Schwerpunktsetzung nicht frei. Sie ist von den Medien und vom Unfallgeschehen abhängig" (Vertreter eines für die Gewerbeaufsicht zuständigen Landesministeriums).

Wenn es stimmt, daß Steuerungsansprüche und Steuerungskapazitäten in modernen Gesellschaften in einen Widerspruch geraten, so kann dem auf unterschiedlichen Wegen begegnet werden. Ein entschiedener Vorschlag liefe darauf hinaus, den Aufgabenkanon der Gewerbeaufsicht daraufhin zu überprüfen, welche Aufgaben notwendigerweise von den staatlichen Vertretern wahrgenommen werden müssen. Ein Vorschlag, der in die Diskussion um die Verschlankung von Staat und Verwaltung paßt, in der der Aufgabenkritik große Bedeutung beigemessen wird. Vieles spricht dafür, daß die Gewerbeaufsichtsbehörden das Feld der Standardprobleme im Unfallschutz weitgehend räumen und den Berufsgenossenschaften zur Bearbeitung überlassen sollten. Statt dessen sollte der Aufmerksamkeitsfokus der Behörden deutlicher (auch durch die Parteienpolitik) auf neue Problemlagen eingestellt werden, die sich aus der Diffusion neuer Technologien und der wachsenden Bedeutung von Gefahrstoffgefährdungen ergeben.

Bei allen Einschränkungen, die mit Blick auf die Handlungsprogrammierung der Verwaltung durch Recht formuliert wurden, scheinen die Verwaltungen noch am ehesten für politische Steuerungsbemühungen empfänglich zu sein. Die strukturelle Kopplung zwischen Parteienpolitik und Verwaltung ist die Verbindung zweier Gesellschaftsbereiche, die im Vergleich zu den anderen hier beschriebenen Beziehungen sicherlich die größte Bereitschaft zur Herstellung von strukturellen Kopplungen aufweist. Das Ergebnis, gerade der Gewerbeaufsicht die benötigte Innovationsfähigkeit zuzurechnen, ist aus diesem Grund wenig überraschend. Die eingebauten hierarchischen Weisungsbeziehungen und die etablierte Gesetzesbindung des behördlichen Operierens impliziert zugleich ihre Zugänglichkeit für Steuerungsabsichten, die in die Form von Recht gegossen wurden. Wenn Technikdiffusion politisch – wie im Fall der Lasertechnik – auch durch die Gewährleistung hoher Sicherheitsanforderungen beim Technikeinsatz gefördert werden soll, so bietet es sich an, neue Techniken auf der Tagesordnung der Gewerbeaufsicht gezielt zu verankern. Hierbei gilt es jedoch, einen Kritikpunkt auszuräumen, den Bolenz formuliert hat:

> „Der Staat wolle 'Aktivität demonstrieren', während die Wirtschaft danach trachte, 'Kosten zu sparen'. Diese Zielsetzung des Staates habe zur Folge, daß er viele Vorschriften erlasse, 'ohne daß ihre Kontrolle gewährleistet' sei. Zudem beziehe sich bei den staatlich verordneten technischen Regeln die Kontrolle mit ihrem Schwerpunkt nicht auf das Produkt, sondern auf den Produktionsvorgang; ..." (1987: 144f.)

Um den Einsatz neuer Technologien in der Industrie zu fördern, ohne allzu große Sicherheitsrisiken einzugehen, scheint es notwendig, den Betrieben, die diese Technik einsetzen, gezielt Informationen an die Hand zu geben. Der Umgang mit neuen Technologien erfordert ein verändertes Informationsmanagement (siehe hierzu Steffensen/Barthel 1996). Die Akteure müssen darauf eingestellt sein, daß sich neue wissenschaftliche Erkenntnisse ergeben, die modifizierte Sicherheitsmaßnahmen erforderlich machen, ohne sich in der ganzen Breite der Problematik auf vorhandene Gesetze, Unfallverhütungsvorschriften und technische Normen stützen zu können.

Die zukünftige Aufgabe der Gewerbeaufsicht könnte in diesem Zusammenhang darin bestehen, sich vor allem um Betriebe zu kümmern, die die Lasertechnik oder andere neue Technologien einsetzen. Betriebe haben vielfach – das wurde uns in den Betriebsuntersuchungen bestätigt – einen großen Informationsbedarf, der sich auch auf die Sicherheitsaspekte beim Einsatz neuer Technologien bezieht. Zugleich haben die Betriebe in der Regel von ausgesprochen großen Problemen bei der Beschaffung der notwendigen Informationen berichtet. Die Erfahrung der Betriebe zeigt beispielsweise, daß die Gewerbeaufsicht aufgrund ihres breiten Aufgabenspektrums nicht in der Lage ist, Informationen und Lösungen bei neuen Anforderungen anzubieten. Die folgende Aussage eines Arbeitsschützers ist als typisch anzusehen: „Die (Gewerbeaufsichtsbeamten, BS) sehen zwar im Betrieb sofort, wenn irgendwo ein Blech vorsteht, so daß sich jemand verletzen könnte, vom Laser haben die Aufsichtsbeamten jedoch keine Ahnung". Ausnahmen bestätigen auch hier die Regel.

Die Politik wäre bei diesem Aufgabenzuschnitt der Verwaltung ebenfalls entlastet. Arbeitsschutzpolitik würde sich in bezug auf die Gewerbeaufsicht vor allem auf das Festsetzen der Agenda beziehen, sie hätte insbesondere Themen vorzugeben, ohne festlegen zu müssen, wie mit diesen Themen umzugehen und was das jeweils angemessene Sicherheitsniveau ist. Forschungs- und Technologiepolitik ließe sich dann in einem ersten Schritt dadurch in Arbeitsschutzpolitik überführen, daß die Gewerbeaufsicht beispielsweise das Thema Lasertechnik in der industriellen Materialbearbeitung als neues Aufgabenfeld zugewiesen bekäme. Die Gewerbeaufsicht hätte in der Folge die Aufgabe, den bestehenden Wissensstand zu Sicherheitsfragen und die bereits vorhandenen Erfahrungen zusammenzutragen, um in Betrieben, die den Laser neu einsetzen möchten, beratend tätig werden zu können und aktuelle Informationen zur Verfügung zu stellen. Ein Funktionsverständnis, das sich in immer stärkerem Maße herauszubilden beginnt.

Der zweite von Bolenz angesprochene Kritikpunkt an der Aufsichtspraxis, daß sie zu stark auf den Produktionsprozeß ausgerichtet sei und die Produkte nur unzureichend kontrolliere, scheint mir angesichts der neueren Entwicklungen im Arbeitsschutz nur bedingt ein Problem zu sein.

> „Gleichzeitig werden bestimmte Mindestanforderungen an den Arbeitnehmerschutz im Sinne von Vermeidung von Risiken und Gefährdungen tendenziell in die neuen Technologien selbst inkorporiert. Also ehemals originäre Aufgaben professioneller Arbeitsschützer werden von Konstrukteuren, Herstellern, Einkäufern sowie Technikern in den Betrieben zunehmend als eigene Inhalte übernommen." (Peter 1992b: 39)

Das von Peter eher kritisch gewendete Argument, daß Arbeitssicherheit zunehmend in die Produktionstechnik selbst inkorporiert und damit materialisiert wird, läßt aufgrund der steuerungstheoretischen Überlegungen durchaus ein positiveres Urteil zu. Die in den letzten Jahren durch Maßnahmen auf der Ebene der Europäischen Union intensivierte Produkthaftung und Verpflichtung zur „CE-Kennzeichnung" von Maschinen hat dazu geführt, daß die Hersteller von Technik wesentlich größeres Gewicht auf die Sicherheit ihrer Produkte legen. Maschinen, Laseranlagen gehören dazu, dürfen nur in den Verkehr gebracht werden, wenn sie von einer autorisierten Stelle auf die Einhaltung grundlegender Sicherheitsanforderungen geprüft wurden.[3] Damit scheint zumindest ein Weg skizziert zu sein, der über die Investition in bestimmte Produktionsanla-

---

[3] Diese Vorschrift hat allerdings auch ihre Tücken. Sie nimmt zwar den Hersteller einer Produktionsanlage in die Pflicht. Wie diese Pflicht allerdings umgangen werden kann, zeigt die DIN-Norm 31553. In ihr wird definiert, daß derjenige Hersteller einer Laseranlage ist, der die Anlage in ihrer höchsten Integration zusammenbaut. Da in vielen Fällen die Laseranlage vom Anwenderbetrieb konfiguriert und integriert wird, wird auch die Haftungsverpflichtung verlagert.

gen auch ein relativ hohes Sicherheitsniveau in die Betriebe hineinträgt, da es im wohlverstandenen Eigeninteresse der Hersteller liegt, die produzierten Anlagen sicher zu gestalten. Nur so lassen sich nichtkalkulierbare Haftungsrisiken zumindest minimieren.

Zugleich kann hier auch die technische Normung besondere Bedeutung in Sicherheitsfragen bekommen. Die vorgestellten Überlegungen zeigten, daß die Normung, vor allem des DIN, überall dort Wirksamkeit entfaltet, wo Marktprozesse als Begleitschutz für die Beachtung der „X-Verträglichkeit" (Ronge) von Produkten in Anschlag gebracht werden können. Die „Hineinverlagerung" von Arbeitssicherheit in die Produkte könnte diesbezüglich ein durchaus adäquater Weg sein. Sicherheit wird dadurch eng mit ökonomischen Kalkülen verknüpft.

Für die Gewerbeaufsicht bleibt damit vor allem jener Bereich als Aufgabengebiet, der als produktions- oder prozeßbezogener Arbeitsschutz zu fassen ist. So entstehen die betrachteten Gefahrstoffprobleme beim Einsatz der Lasertechnik in der industriellen Materialbearbeitung nicht aus der grundlegenden Tatsache, daß ein Laser im Betrieb eingesetzt wird. Die Gefahrstoffgefährdungen sind vielmehr eine Folge der Einwirkung von Laserstrahlung auf die einzelnen Werkstoffe während des betrieblichen Technikeinsatzes. Die Emissionen beruhen also auf den betrieblichen Produktionsentscheidungen für oder gegen die Bearbeitung einzelner Werkstoffe. Bezüglich dieser Sicherheitsprobleme besteht auf seiten der Betriebe zugleich der größte Informationsbedarf, den sie bislang vielfach nicht oder nur unzureichend befriedigen können. Die bereits bei anderen Techniken genutzte Anzeigepflicht[4] für genehmigungspflichtige Anlagen ließe sich dann dazu nutzen, die Gewerbeaufsicht darüber zu informieren, in welchen Betrieben die neuen Technologien eingesetzt werden.

In dem Forschungsprojekt „Lasertechnik: Nutzungskontexte und Sicherheitsstrategien" haben wir betont, daß der Informationsverarbeitung durch die Betriebe große Bedeutung beim Umgang mit Sicherheitsproblemen zukommt (diesen Aspekt betonen vor allem Steffensen/Barthel 1996). Zugleich haben wir angenommen, daß die „ideale" informatorische Einbindung in das außerorganisatorische Informationsnetzwerk von einem an der Gefährdungsproblematik stark interessierten Betrieb in einer Weise erfolgt, daß er bei der Informationsbeschaffung auf eine Vielzahl externer Quellen zugreifen kann (vgl. Abb. 7, S. 168). Diese intensive Einbindung trifft jedoch nur für ei-

---

4   Sie gilt bei Laseranlagen nur in Fällen, in denen der Laser den Gefahrenklassen 3b oder 4 zugeordnet ist. Für den Umgang mit der Strahlgefährdung ist ein solches Vorgehen ausreichend, da bei Lasern der anderen Gefahrenklassen kaum Gesundheitsbeeinträchtigungen beim Kontakt mit der Laserstrahlung auftreten. Vielfach sind jedoch leistungsstarke Laser ebenfalls mit der Gefahrenklasse 1 klassifiziert, da der Strahlengang nicht zugänglich ist. Außerhalb der Betrachtung bleibt bei diesem Vorgehen, daß mit der Lasermaterialbearbeitung Emissionen verbunden sind, die unabhängig von der zugewiesenen Gefahrenklasse entstehen.

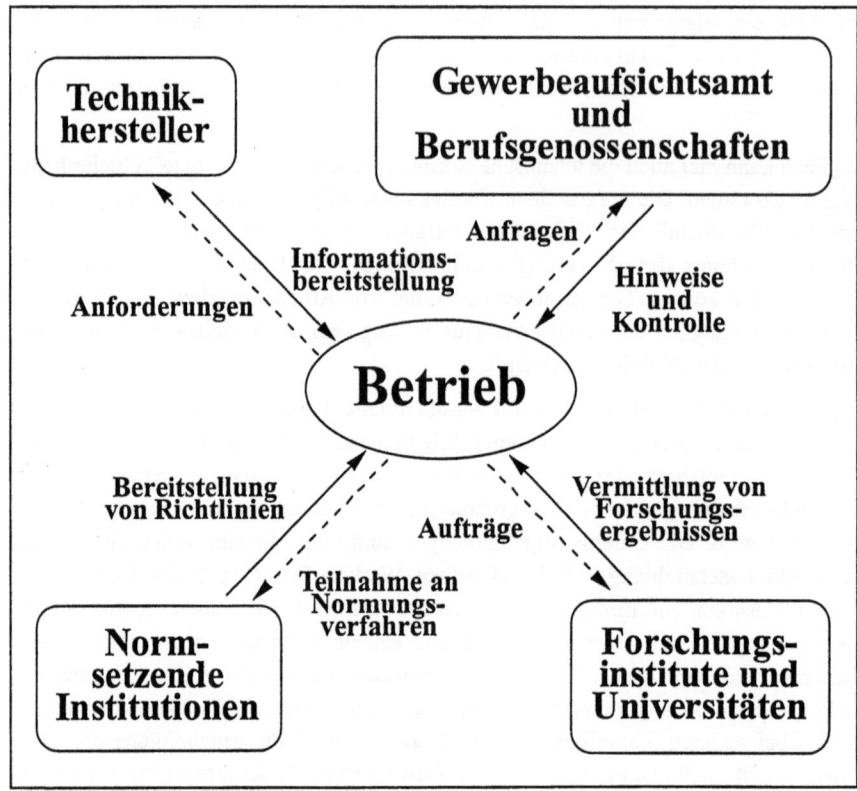

Abb. 7: Informatorische Einbindung der Betriebe (nach Steffensen u.a. 1994: 17)

nige ausgewählte Großbetriebe als einigermaßen stimmiges Bild der Nutzung unterschiedlicher Informationsquellen zu. Ihre interne funktionale Differenzierung erlaubt es ihnen, sich Informationen über eine Vielzahl von zumeist bereits etablierten Informationskanälen zu beschaffen.

Die Darstellung beschreibt jedoch einen Idealfall, der nur für einige Ausnahmefälle zutrifft. Demgegenüber lassen sich für die meisten der untersuchten Betriebe lediglich Beziehungen zu den beiden oberen in der Abbildung aufgeführten Instanzen feststellen, wobei die Gewerbeaufsicht und die Berufsgenossenschaften vielfach mit ausgesprochener Skepsis beäugt werden. Aus den vorgestellten steuerungstheoretischen Überlegungen ist ein wesentlich komplizierteres Geflecht (siehe Abb. 8) von Beziehungen zwischen den verschiedenen beteiligten Akteuren abzuleiten. Es weist zwar eine nur lose Einbindung der Betriebe in das Gesamtgeflecht auf, verdeutlicht allerdings die Relevanz des außerbetrieblichen Beziehungsgefüges. Es scheint deshalb eher das Gefüge der außerbetrieblichen Instanzen zu sein, das durch politische Steuerungsleistungen angesprochen werden sollte.

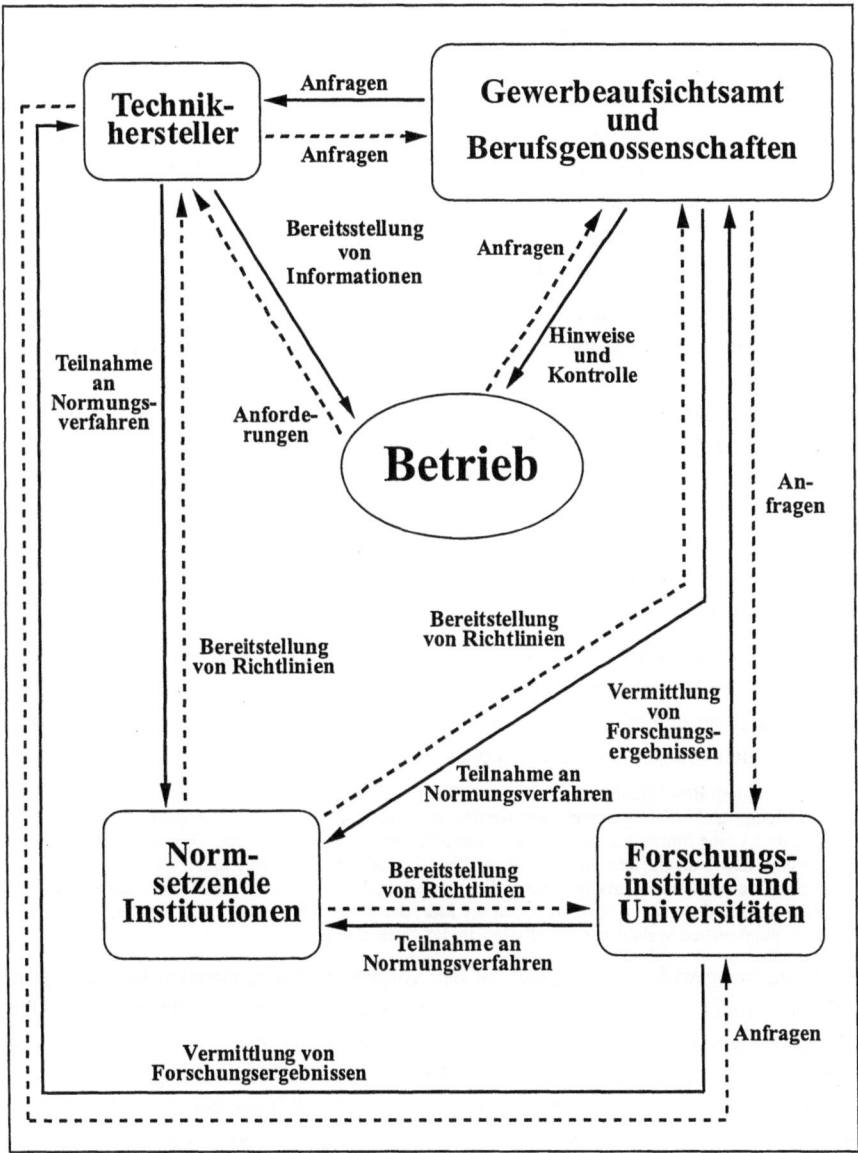

Abb. 8:   Informations- und Beziehungsgeflecht im Arbeitsschutz

Das so skizzierte Informationsgeflecht zeigt einige indirekte Wege auf, um das Sicherheitsniveau in Betrieben zu erhöhen. Der Steuerungsanspruch, der mit der (direkten) rechtlichen Einwirkung der Politik auf die Betriebe verbunden ist, ist dabei deutlich reduziert. Den Technikherstellern wird in diesem Modell auf dem Wege der Produkthaftung die Verantwortung dafür überantwortet, ihre Produkte so sicher wie möglich zu gestalten. Die prozeßbezogene Sicherheit dagegen, die Aufgabe des technikeinsetzenden Betriebes ist, verbleibt bei diesem, erfährt aber durch die politisch initiierte Hinwendung der Gewerbeaufsicht auf neue Themen eine deutlichere und besser nutzbare informatorische Unterstützung. Die rechtlich vorgegebenen Optionen, strukturelle Kopplungen zu den Betrieben aufzubauen, lassen sich auf diese Weise von den Behörden zur Etablierung präventiver Maßnahmen nutzen.

Eine Einschränkung verbleibt jedoch anzumerken, die die Hoffnungen auf weitreichende Steuerungserfolge und eine umfassende Anhebung des betrieblichen Sicherheitsniveaus dämpfen. Die Veränderung in den Betrieben ist von außen – gerade bei präventiven Maßnahmen – nur schwierig zu bewirken. Steuerung ist nur als Kontextsteuerung möglich, die eigentlichen betrieblichen Maßnahmen sind auf dem Wege der Selbststeuerung zu bewerkstelligen. Die Bereitstellung einer verbesserten Informationsbasis kann nur Anregungen geben, trägt jedoch nicht automatisch zu einer erhöhten Arbeitssicherheit bei. Die „Erfolge" einer Modernisierung des Arbeitsschutzes und der etablierten Operationsweisen und Handlungsroutinen hängt also wesentlich von den Betrieben ab.

Es soll deshalb abschließend ein Zitat (nach Steffensen u.a. 1994: 91) aus dem Workshopbeitrag des Vertreters eines Landesministeriums wiederholt werden, das diese Erkenntnis in etwas pathetischen (einer Floskel der hier genutzten Systemtheorie folgend, ließe sich auch von „alteuropäisch" sprechen) Worten zusammenfaßt:

> „Wir können Berufsgenossenschaften und Gewerbeaufsicht noch so sehr verstärken und jede Menge Geld hineinpumpen, wir werden nicht mehr Arbeitsschutz bekommen. Arbeitsschutz ist eine innere Einstellung des Unternehmers zum Beschäftigten. Das hat nichts mit technischen Vorschriften zu tun. Wenn diese Einstellung nicht vorhanden ist, dann kann keine überbetriebliche Instanz diesen Fehler ausbügeln. ... Wenn wir nicht so mißtrauisch sein wollen, dann sagen wir, wir haben die Idee, den Unternehmer dazu zu bewegen, daß er sich gesetzestreu verhält und appellieren an das Gute in ihm."

Die Bemerkung wirkt im Vergleich zu den vorgestellten theoretischen Überlegungen antiquiert, rückt sie doch die Person des Unternehmers in den Vordergrund, der für oder gegen den Arbeitsschutz eingestellt ist. Das Zitat gibt aber – auch wenn es nicht vom Gedanken der Kontextsteuerung als Anregung zur Selbststeuerung inspiriert ist – sehr gut die Einschätzung der Behördenvertreter wieder: Entlang der gesetzlichen Vorschriften ist es immer der (klassische) Unternehmer, der als Verpflichteter und Haftender angesprochen wird. Unternehmen respektive Organisationen sind aber in der Regel nicht als Maschinen oder Instrumente eines Unternehmers zu verstehen, die nach dessen Anweisungen operieren. Organisationen folgen vielmehr ihrer systemeigenen Logik, auch wenn an der Verhandlungsbeziehung zwischen Behörde und Unternehmen ein „typischer Betriebsvertreter" beteiligt ist, der nicht die als angemessen erachtete „Einstellung zum Beschäftigten" hat.

Literatur

Alemann, Ulrich von/Heinze, Rolf G. 1979: Neo-Korporatismus. Zur neuen Diskussion eines alten Begriffs. In: Zeitschrift für Parlamentsfragen 10, H.4, S.469-487.

Andersen, Arne/Brüggemeier, Franz-Josef 1987: Gase, Rauch und Saurer Regen. In: Brüggemeier, Franz-Josef/Rommelspacher, Thomas (Hg.): Besiegte Natur. Geschichte der Umwelt im 19. und 20. Jahrhundert, S.64-85, 171-173, 186-188, München.

Barthel, Jochen/Kettler, Monika (Hg.) 1995: Lasersicherheit in der betrieblichen Praxis. Workshopdokumentation vom 08. 12. 1994. Arbeitsbericht Nr. 50, Akademie für Technikfolgenabschätzung in Baden-Württemberg, Stuttgart.

Barthel, Jochen/Kettler, Monika 1996: Nutzung der Lasertechnik in der betrieblichen Praxis. Ergebnisse der standardisierten schriftlichen Befragung. Arbeitsbericht Nr. 51, Akademie für Technikfolgenabschätzung in Baden-Württemberg, Stuttgart.

Barthel, Jochen/Kettler, Monika/Schiffer, Lutz/Steffensen, Bernd 1994: Lasertechnik: Nutzungskontexte und Sicherheitsstrategien. Unveröffentlichtes Manuskript, Akademie für Technikfolgenabschätzung in Baden-Württemberg, Stuttgart.

Barthel, Jochen/Kettler, Monika/Steffensen, Bernd 1993: Metallbearbeitung mit Industrielasern. Einige Aspekte zu Verbreitung und Arbeitssicherheit. In: Metall, 47. Jg., H.8, S.760-764.

Barthel, Jochen/Kettler, Monika/Steffensen, Bernd 1996: Endbericht des Projektes „Lasertechnik – Sicherheitsstrategien und Nutzungskontexte. Untersuchung von anwenderbezogenen Sicherheitsstrategien gegenüber (potentiellen) Sekundärgefährdungen bei der industriellen Anwendung der Lasertechnik und Erarbeitung von Handlungsempfehlungen für die Verbesserung der Sicherheit". Unveröffentlichtes Manuskript, Akademie für Technikfolgenabschätzung in Baden-Württemberg, Stuttgart.

Barthel, Jochen/Steffensen, Bernd 1994: Projekt Lasertechnik: „Sicherheitsstrategien und Nutzungskontexte". In: TA-Informationen, Nr.2, S.6-7, Akademie für Technikfolgenabschätzung in Baden-Württemberg, Stuttgart.

Baron, Waldemar M. 1995: Technikfolgenabschätzung: Ansätze zur Institutionalisierung und Chancen der Partizipation, Opladen.

BAU (Bundesanstalt für Arbeitsschutz) (Hg.) 1993: Technische Regeln für Gefahrstoffe (TRGS) 900. Grenzwerte. Bekanntmachung des Bundesministeriums für Arbeit vom 10. Dezember 1992 – III b 4 – 35125 – 5 – Bundesarbeitsblatt Heft 2/1993, Dortmund.

Bauer, Hartmut 1987: Informelles Verwaltungshandeln im öffentlichen Wirtschaftsrecht. In: Verwaltungsarchiv, Bd.78, S.241-268.

Bauerdick, Johannes 1991: Technische Sicherheit und Arbeitsschutz: Von staatlicher Kontrolle zur verbandlichen Selbstregulierung. Dokumentations- und Informationspapier des SFB 187, Ruhr-Universität Bochum.

Bauerdick, Johannes 1994: Arbeitsschutz zwischen staatlicher und verbandlicher Regulierung, Berlin.

Beck, Ulrich 1986: Risikogesellschaft. Auf dem Weg in eine andere Moderne, Frankfurt am Main.

Beck, Ulrich 1988: Gegengifte. Die organisierte Unverantwortlichkeit, Frankfurt am Main.

Benz, Arthur 1990: Verhandlungen, Verträge und Absprachen in der öffentlichen Verwaltung. In: Die Verwaltung, Jg.23, H.1, S.83-98.

Berg, Wilfried 1985: Vom Wettlauf zwischen Recht und Technik – Am Beispiel neuer Regelungsversuche im Bereich der Informationstechnologie. In: Juristenzeitung, 40.Jg, Nr.9, S.401-407.

Beyersmann, Ditmar 1990: Zum Verhältnis von Wissenschaft und Politik bei der Grenzwertsetzung für Arbeitsstoffe. In: Kortenkamp, Andreas/Grahl, Birgit/Grimme, Lothar Horst (Hg.): Die Grenzenlosigkeit der Grenzwerte. Zur Problematik eines politischen Instruments im Umweltschutz, S. 149-158, 2. Auflage, Karlsruhe.

Beyme, Klaus von 1991: Theorie der Politik im 20. Jahrhundert. Von der Moderne zur Postmoderne, Frankfurt am Main.

Bimberg, Dieter/Amende, Welf/Kreutz, Ernst Wolfgang u.a. 1991: Materialbearbeitung mit Lasern. Grundlagen und Anwendungen. Kontakt & Studium, Band 343, Ehningen.

Bispinck, Reinhard 1979: Arbeitsschutz als Teil praktischer Sozialpolitik. Anmerkungen zu einigen Aspekten der arbeitspolitischen Diskussion. In: WSI-Mitteilungen, 32.Jg., H.10, S.565-573.

BMA (Bundesministerium für Arbeit und Sozialordnung) (Hg.) 1996: Arbeitssicherheit '96. Unfallverhütungsbericht Arbeit. Bericht der Bundesregierung über den Stand der Unfallverhütung und das Unfallgeschehen in der Bundesrepublik Deutschland im Jahre 1995, Bonn.

BMFT (Bundesminsterium für Forschung und Technologie) (Hg.) 1989: Normen für die Lasertechnik – Ein Beitrag für die Verwirklichung des Europäischen Binnenmarktes bei Hochtechnologien. Pressemitteilung 88/89, abgedruckt in: DIN-Mitteilungen 69/1990, Nr.3, S. 172-173.

BMFT (Bundesminsterium für Forschung und Technologie) (Hg.) 1994: LASER 2000. Förderkonzept 1993-1997, Bonn.

Bohne, Eberhard 1984: Informelles Verwaltungs- und Regierungshandeln als Instrument des Umweltschutzes. In: Verwaltungsarchiv, Bd.74, S.343-373.

Bohnert, Werner/Klitzsch, Wolfgang 1980: Gesellschaftliche Selbstregulierung und staatliche Steuerung. Steuerungstheoretische Anmerkungen zur Implementation politischer Programme. In: Mayntz, Renate (Hg.): Implementation politischer Programme. Empirische Forschungsberichte, S.200-215, Königstein/Ts.

Bolenz, Eckhard 1987: Technische Normung zwischen „Markt" und „Staat". Untersuchungen zur Funktion, Entwicklung und Organisation verbandlicher Normung in Deutschland, Bielefeld.

Borchers, Uwe/Steffensen, Bernd 1992: Ergebnisse einer explorativen Untersuchung zu Sicherheitsstrategien und Nutzungskontexten in der industriellen Lasermaterialbearbeitung. ASIF-Arbeitspapier, Nr.31, Bielefeld.

Botts, Michael/Engel, Kai/Schmidt, Holger (eds.) 1990: Proceedings of the EUREKA Industrial Forum Laser Safety am 30./31. 10. 1990 in Hannover, Hannover.

Braczyk, Hans-Joachim 1994: Kann die Gesellschaft von der Wirtschaft lernen? Überlegungen zu einem neuen Modus der Handlungskoordination. Vortrag am Institut für Sozialforschung der Universität Stuttgart am 12. Dezember 1994, unveröffentlichtes Manuskript, Stuttgart.

Braun, Dietmar 1993: Zur Steuerbarkeit funktionaler Teilsysteme: Akteurtheoretische Sichtweisen funktionaler Differenzierung moderner Gesellschaften. In: Héritier, Adrienne (Hg.): Policy-Analyse: Kritik und Neuorientierung. Sonderband 24 der Zeitschrift Politische Vierteljahresschrift, S.199-222, Opladen.

Breuer, Rüdiger 1976: Direkte und indirekte Rezeption technischer Regeln durch die Rechtsordnung. In: Archiv des öffentlichen Rechts, Bd.101, S.46-88.

Breuer, Rüdiger 1988: Gerichtliche Kontrolle der Technik als Gegenpol zu privater Option und administrativer Standardisierung. In: Neue Zeitschrift für Verwaltungsrecht, H.2, S.104-115.

Brodocz, André 1996: Strukturelle Kopplung durch Verbände. In: Soziale Systeme, 2.Jg., H.2, S.361-387.

Bruch, Joachim 1994: Sekundärgefährdungen beim Einsatz der Lasertechnik. In: Steffensen, Bernd/Barthel, Jochen/Kettler, Monika (Hg.): Lasertechnik: Sicherheitsstrategien und Nutzungskontexte. Workshopdokumentation. Arbeitsbericht Nr.33, Akademie für Technikfolgenabschätzung in Baden-Württemberg, S.20-31, Stuttgart.

Brusl, Helmut 1990: Typical Dangerous Situations When Using Lasers. In: Botts, Michael/Engel, Kai/Schmidt, Holger (eds.): Proceedings of the EUREKA Industrial Forum Laser Safety am 30./31. 10. 1990 in Hannover, S.27-31, Hannover.

Buck-Heilig, Lydia 1989: Die Gewerbeaufsicht. Entstehung und Entwicklung, Opladen.

Buck-Heilig, Lydia/Dose, Nicolai/Drexler, Alexander 1988: Recht und Rechtsinterpretation als Subventionsäquivalente. In: Jahresschrift für Rechtspolitologie, Bd.2, S.112-143.

Bulling, Manfred 1989: Kooperatives Verwaltungshandeln (Vorverhandlungen, Arrangements, Agreements und Verträge) in der Verwaltungspraxis. In: Die öffentliche Verwaltung, 42.Jg., H.7, S.277-289.

Bundesrepublik Deutschland – DIN (Deutsches Institut für Normung e.V.) 1975: Vertrag zwischen der Bundesrepublik Deutschland und dem DIN-Deutsches Institut für Normung vom 5.6.1975. In: DIN-Mitteilungen 54, S.359-364.

Burns, Tom/Stalker, George M. 1961: The Management of Innovation, London.

Bußhoff, Heinrich 1993: Der Staat als politisches System – Überlegungen zu einem (möglichen) Testfall für die Systemtheorie. In: Voigt, Rüdiger (Hg.): Abschied vom Staat – Rückkehr zum Staat? S.121-142, Baden-Baden.

Coenen, Wilfried 1993: Expositionsermittlung und -begrenzung bei Gefahrstoffen. Eine Standortbestimmung des Berufsgenossenschaftlichen Instituts für Arbeitssicherheit – BIA. In: Staub – Reinhaltung der Luft, Jg.53, S.171-176.

Cohen, Michael D./March, James G./Olsen, Johan P. 1972: A Garbage Can Model of Organizational Choice. In: Administrative Science Quarterly, vol.17, no.1, pp.1-25.

Cyert, Richard M./March, James G. 1963: A Behavioral Theory of the Firm, Englewood Cliffs, New Jersey.

Czada, Roland 1991: Regierung und Verwaltung als Organisatoren gesellschaftlicher Interessen. In: Hartwich, Hans-Hermann/Wewer, Göttrik (Hg.): Regieren in der Bundesrepublik III. Systemsteuerung und 'Staatskunst'. Theoretische Konzepte und empirische Befunde, S.151-173, Opladen.

Czada, Roland 1994: Konjunkturen des Korporatismus: Zur Geschichte eines Paradigmenwechsels in der Verbändeforschung. In: Streeck, Wolfgang (Hg.): Staat und Verbände. Sonderheft 25 der Zeitschrift Politische Vierteljahresschrift, S.37-64, Opladen.

Dausinger, Friedrich/Rudlaff, Thomas 1987: Status and Potential of Advanced Materials Treatment by Means of Lasers. In: Kotte, Erwin-Ulrich (ed.): Prosepcts For Laser Applications in the Field of Environment, Medicine and Material Treatment. Final Report. FAST Occasional Papers No. 209, pp.94-114, Brüssel.

Deppe, Raimund/Kannengießer, Ulrike/Kickuth, Udo 1980: Arbeitsschutzsystem – Untersuchung in der Bundesrepublik Deutschland. Hrsg. von der Bundesanstalt für Arbeitsschutz und Unfallforschung. Forschungsbericht 232, 5 Bde., Dortmund.

Dickmann, Klaus 1993: Laserstrahlung: Physikalische und technische Grundlagen. In: Ausbildungsseminar „Laserschutzbeauftragter" 07./08. Juni 1993, durchgeführt vom Laserzentrum Hannover und der Schweißtechnischen Lehr- und Versuchsanstalt, Hannover.

Dierken, Roland/Bergmann, Hans Wilhelm 1994: Statusbericht zur entwicklungsbegleitenden Normung. Darstellung des derzeitigen Standes der Normen und Richtlinien mit Bezug auf das Verbundprojekt 'Lasersicherheit' in EU 643. Herausgegeben vom VDI Technologiezentrum Physikalische Technologien, Düsseldorf.

DIN Deutsches Institut für Normung e.V. (Hg.) 1991: Entwicklungsbegleitende Normung in der Lasertechnik, Berlin/Düsseldorf.

DIN 820: abgedruckt in DIN Deutsches Institut für Normung e.V. (1995): Grundlagen der Normungsarbeit des DIN, 6. geänderte Aufl., Berlin/Köln.

DIN-VDE 0837: Strahlungssicherheit von Lasereinrichtungen, Klassifizierung von Anlagen, Anforderungen, Benutzerrichtlinien.

Ebsen, Henry 1993: Einsatz unterschiedlicher Lasersysteme in der industriellen Lasermaterialbearbeitung. In: Ausbildungsseminar „Laserschutzbeauftragter" 07./08. Juni 1993, durchgeführt vom Laserzentrum Hannover und der Schweißtechnischen Lehr- und Versuchsanstalt, Hannover.

Eichener, Volker 1990: Normungsbedarf für CIM-Schnittstellen. Dokumentations- und Informationspapier des SFB 187, Ruhr-Universität Bochum.

Eichener, Volker 1991: Zertifizierte Software-Ergonomie. Hintergründe und Perspektiven der Software-Qualitätsnorm DIN 66 285. Dokumentations- und Informationspapier des SFB 187, Ruhr-Universität Bochum.

Eichener, Volker/Voelzkow, Helmut 1991: Umweltinteressen in der verbandlichen Techniksteuerung. Eine empirische Untersuchung der technischen Normung im Bereich der Stadtentwicklung, Dortmund.

Eichener, Volker/Voelzkow, Helmut 1992: Gewerkschaftliche Beteiligung an Normungsprozessen. Ansatzpunkte für eine gewerkschaftliche Einflußnahme auf die technische Normung. Herausgegeben von der Hans-Böckler-Stiftung, Graue Reihe – Neue Folge 47, Düsseldorf.

Eichener, Volker/Voelzkow, Helmut 1994: Entwicklungsbegleitende Normung und Forschung & Entwicklung. Gutachten im Auftrag des Deutschen Instituts für Normung e.V. (DIN). Discussion Paper des SFB 187 „Neue Informationstechnologien und flexible Arbeitssysteme", Ruhr-Universität Bochum.

Eichler, Hans-Joachim/Eichler, Jürgen 1995: Laser. High-Tech mit Licht, Berlin u.a.

Eichmann, Rainer 1989: Diskurs gesellschaftlicher Teilsysteme. Zur Abstimmung von Bildungssystem und Beschäftigungssystem, Wiesbaden.

Ellwein, Thomas 1987: Entwicklungstendenzen der deutschen Verwaltung im 19. Jahrhundert. In: Ellwein, Thomas u.a. (Hg.): Jahrbuch zur Staats- und Verwaltungswissenschaft, Bd.1, S.13-54, Baden-Baden.

Elsigan, Gerhard/Geyer, Anton 1993: Gefahrstoffservice für Betriebe. In: Soziale Technik, Zeitschrift des IFZ Graz, 3.Jg., Nr.2, S.17-18.

Frankfurter Rundschau, 7. März 1994 : 20.000 Krebstote im Jahr durch Gefahrstoffe am Arbeitsplatz. „Kein Problem von einigen wenigen Industriebetrieben", Experten warnen vor Unterschätzung des Problems.

Frevel, Alexander 1990: The Role of Education and Training in Laser Safety in Integrated Investment Processes. In: Botts, Michael/Engel, Kai/Schmidt, Holger (eds.): Proceedings of the EUREKA Industrial Forum Laser Safety am 30./31. 10. 1990 in Hannover, S.65-74, Hannover.

Frevel, Alexander 1991: Qualifizierung für Arbeits- und Gesundheitsschutz beim industriellen Lasereinsatz. In: Braczyk, Hans-Joachim (Hg.): Qualifikation und Qualifizierung – Notwendigkeit, Chance oder Selbstzweck? Beiträge zur aktuellen Diskussion, S.223-243, Berlin.

176

Frevel, Alexander/Brennecke, Ulrich 1992: Arbeits- und Gesundheitsschutz beim Einsatz von Lasern in der industriellen Materialbearbeitung – Ergebisse der arbeits- und sozialwissenschaftlichen Begleitforschung. Endbericht zum Vorhaben: Betriebliche Lösungsansätze – arbeits- und sozialwissenschaftliche Fallstudien zu Problemlagen, betrieblichen Anforderungen und positiven Lösungen des Arbeits- und Gesundheitsschutzes beim industriellen Lasereinsatz, Manuskript, Hamburg.

Frevel, Alexander/Steffensen, Bernd/Vassie, Louise 1995: Safe Laser Application Requires More Than Laser Safety. In: Optics & Laser Technology, vol.27, no.1, pp.1-4 .

Fuchs, Karl-Detlef 1984: Die gesicherten arbeitswissenschaftlichen Erkenntnisse. Ein umstrittener Begriff im Arbeitsschutz, Frankfurt am Main/New York.

Führ, Martin 1995: Reform der europäischen Normungsverfahren. Verfassungs- und europarechtliche Anforderungen an private Normungsverfahren. Zusammenfassung, Manuskript, Darmstadt.

Fürst, Dietrich 1987: Die Neubelebung der Staatsdiskussion: Veränderte Anforderungen an Regierung und Verwaltung in westlichen Industriegesellschaften. In: Ellwein, Thomas u.a. (Hg.): Jahrbuch zur Staats- und Verwaltungswissenschaft, Bd.1, S.261-284, Baden-Baden.

Gefahrstoffverordnung (GefStoffV): vom 26. Oktober 1993 (BGBl. I,S.1782, 2049), zuletzt geändert durch Verordnung vom 19. September 1994 (BGBl. I, S.2557).

Gewerbeaufsicht des Landes Nordrhein-Westfalen, diverse Jahre: Jahresbericht, Ministerium für Arbeit, Gesundheit und Soziales des Landes Nordrhein-Westfalen, Düsseldorf.

Gewerbeordnung (GewO): in der Fassung vom 1. Januar 1987 (BGBl. I. S.425), zuletzt geändert durch Gesetz vom 23. November 1994 (BGBl. I S. 3475).

Grimm, Dieter 1993 (zuerst 1987): Der Staat in der kontinentaleuropäischen Tradition. In: Voigt, Rüdiger (Hg.): Abschied vom Staat – Rückkehr zum Staat? S.27-50, Baden-Baden.

Grunow, Dieter 1994: Politik und Verwaltung. In: Dammann, Klaus/Grunow, Dieter/Japp, Klaus P. (Hg.): Die Verwaltung des politischen Systems. Neuere systemtheoretische Zugriffe auf ein altes Thema, S.27-39, Opladen.

Grupp, Hariolf (Hg.) 1993: Technologie am Beginn des 21. Jahrhunderts, Heidelberg.

Haferkamp, Heinz/Bach, Friedrich-Wilhelm/Vinke, Thomas/Wittbecker, Jörg-Stefan 1991: Ermittlung der Schadstoffemission beim thermischen Trennen nach dem Laserprinzip. Schriftenreihe der Bundesanstalt für Arbeitsschutz, Fb 615, 2. Aufl., Dortmund.

Haferkamp, Heinz/Bach, Friedrich-Wilhelm/Wittbecker, Jörg-Stefan 1992: Gefahrstoffe: Charakterisierung bei der CO_2-Laserstrahlbearbeitung. In: Laser und Optoelektronik, 24.Jg., H.6, S.40-47.

Hampe, Andreas 1993: Entstehung und Wirkung von Schadstoffen bei der Laserstrahlbearbeitung. In: Ausbildungsseminar „Laserschutzbeauftragter" 07./08. Juni 1993, durchgeführt vom Laserzentrum Hannover und der Schweißtechnischen Lehr- und Versuchsanstalt, Hannover.

Hartlieb, Bernd 1993: Entwicklungsbegleitende Normung (EBN) – Geschichtliche Entwicklung der Normung, Gründung eines Sonderausschusses des DIN-Präsidiums. In: DIN-Mitteilungen, 72.Jg., Nr.6, S.332-339.

Hauß, Friedrich 1983: Arbeitsbelastungen und ihre Thematisierung im Betrieb, Frankfurt am Main/New York.

Hauß, Friedrich/Kühn, Hagen/Rosenbrock, Rolf 1980: Gesundheitspolitik im Betrieb. In: WSI-Mitteilungen, 33.Jg., H.10, S.570-581.

Heidenescher, Mathias 1992: Zurechnung als soziologische Kategorie. Zu Luhmanns Verständnis von Handlung als Systemleistung. In: Zeitschrift für Soziologie, Jg.21, H.6, S.440-455.

Henking, Rainer 1993: Laserstrahlung. Gefährdungspotentiale – Wirkung auf biologisches Gewebe – Grenzwerte. In: Ausbildungsseminar „Laserschutzbeauftragter" 07./08. Juni 1993, durchgeführt vom Laserzentrum Hannover und der Schweißtechnischen Lehr- und Versuchsanstalt, Hannover.

Hien, Wolfgang 1989: Die Naturzerstörung beginnt bei den Arbeitern: der Paradefall der chemischen Industrie. In: Hamburger Stiftung für Sozialgeschichte des 20. Jahrhunderts (Hg.): Arbeitsschutz und Umweltgeschichte. Tagung der Stiftung Sozialgeschichte im Januar 1989, S.128-149, Köln.

Hilbert, Josef/Voelzkow, Helmut 1984: Umweltschutz durch Wirtschaftsverbände? – Das Problem verbandlicher Verpflichtungsfähigkeit am Beispiel umweltschutzinduzierter Selbstbeschränkungsabkommen. In: Glagow, Manfred (Hg.): Gesellschaftssteuerung zwischen Korporatismus und Subsidiarität, S.140-161, Bielefeld.

Hildebrand, Erny 1992: Tödliche Lichtblitze: Die Gefahrenquellen beim Lasereinsatz sind weitgehend unbekannt. Abhilfe schaffen europaweite Forschungen. In: WirtschaftsWoche, 46. Jg., Nr.35 (21. Aug. 1992), S.67-69.

Hiller, Petra 1990: Grenzwertpolitik im „Dritten Sektor". Probleme nicht-staatlicher Fremdsteuerung im Arbeitsschutz. In: Arbeitsmaterialien zur sozialwissenschaftlichen Planungs- und Entscheidungstheorie (PET), Heft 17, Fakultät für Soziologie, Universität Bielefeld.

Hiller, Petra 1993: Der Zeitkonflikt in der Risikogesellschaft. Risiko und Zeitorientierung in rechtsförmigen Verwaltungsentscheidungen, Berlin.

Hirschhorn, Larry 1984: Beyond Mechanization. Work and Technology in a Postindustrial Age, Cambridge.

Huber, George P./Daft, Richard L. 1987: The Information Environment of Organizations. In: Jablin, Fredric M. u.a (eds.): Handbook of Organizational Communication. An Interdisciplinary Perspective, S.130-164, Newbury Park et al.

Hucke, Jochen/Ullmann, Arieh A. 1980: Konfliktregelung zwischen Industriebetrieb und Vollzugsbehörde bei der Durchsetzung regulativer Politik. In: Mayntz, Renate (Hg.): Implementation politischer Programme, S.105-126, Opladen.

IEC 825 (International Electrotechnical Commission) 1990: Radiation Safety of Laser Products, Equipment Classification And User's Guide, Geneva.

Jänicke, Martin 1987: Staatsversagen. Die Ohnmacht der Politik in der Industriegesellschaft, 2. Aufl., Köln.

Japp, Klaus P. 1992: Mehr Sicherheit durch Technik? In: Bechmann, Gotthard/Rammert, Werner (Hg.): Technik und Gesellschaft, Jahrbuch 6: Großtechnische Systeme und Risiko, S.175-191, Frankfurt am Main/New York.

Japp, Klaus P. 1994: Verwaltung und Rationalität. In: Dammann, Klaus/Grunow, Dieter/Japp Klaus P. (Hg.): Die Verwaltung des politischen Systems. Neuere systemtheoretische Zugriffe auf ein altes Thema, S.126-141, Opladen.

Kämpfer, Siegfried 1992: Die faktische Kraft der Norm. In: Die Mitbestimmung, 38.Jg., Nr.1, S.11-19.

KAN (Kommission Arbeitsschutz und Normung) (Hg.) 1995: Stärkung des Arbeitsschutzes in der Normung. Informationsveranstaltung der KAN am 17. November 1994 in der Berufsgenossenschaftlichen Akademie für Arbeitssicherheit und Verwaltung (BGA) in Hennef, Sankt Augustin.

Kaufmann, Franz Xaver 1970: Sicherheit als soziologisches und sozialpolitisches Problem, Stuttgart.

Kenis, Patrick 1991: Die Selbstregulierung der Industrie: Welche Rollen für den Staat?. In: Österreichische Zeitschrift für Soziologie, 16.Jg., H.2, S.3-17.

Kienzle, Otto 1950: Grenzen der Normung. In: ZVDI (Zeitung des VDI), S.622.

Kleinaltenkamp, Michael/Marra, Andreas 1994: Schaffen Normen Märkte? Die entwicklungsbegleitende Normung im Laserbereich 'auf dem Prüfstand'. In: VDI-Zeitung, 136.Jg., Nr.3, S.74-77.

Konstanty, Reinhold/Zwingmann, Bruno 1995: Perspektiven der Arbeitsschutzreform nach dem Scheitern des Arbeitsschutzrahmengesetzes. In: WSI-Mitteilungen, 48.Jg., H.2, S.61-76.

Kühn, Robert/Birett, Karl (Hg.) 1993: Technische Regeln für Gefahrstoffe (TRGS) 500. Schutzmaßnahmen beim Umgang mit krebserregenden Gefahrstoffen – Zuordnung zu den Gefährdungsgruppen. BArbBl. Nr.2/1993, S.85, Dortmund.

Kühn, Hagen 1982: Betriebliche Arbeitsschutzpolitik und Interessenvertretung der Beschäftigten, Frankfurt am Main/New York.

Ladeur, Karl-Heinz 1994: Recht und Verwaltung. In: Dammann, Klaus/Grunow, Dieter/Japp Klaus P. (Hg.): Die Verwaltung des politischen Systems. Neuere systemtheoretische Zugriffe auf ein altes Thema., S.99-107, Opladen.

Laitinen, Heikki/Honkasalo, Antero/Hietanen, Maila/Järvinen, Tuomo/Kuronen, Juhani 1994: Occupational Safety At Industrial CO_2 Lasers, Lappeenranta University of Technology, Department of Industrial Engineering and Management, Research Report 63.

Lawrence, Paul R./Lorsch, Jay W. 1967: Organization and Environment. Managing Differentiation and Integration, Boston.

Lehder, Günter/Höhn, Katrin 1994: Transformationsprozeß des Arbeitsschutzsystems in den neuen Bundesländern – Betriebliches und überbetriebliches Kooperationshandeln. Manuskript, Dresden/Köln.

Luhmann, Niklas 1969: Legitimation durch Verfahren. Neuwied/Berlin.

Luhmann, Niklas 1970: Soziologie des politischen Systems. In: Luhmann, Niklas (Hg.): Soziologische Aufklärung 1. Aufsätze zur Theorie sozialer Systeme, S.154-177, Köln/Opladen.

Luhmann, Niklas 1973: Zweckbegriff und Systemrationalität. Über die Funktion von Zwecken in sozialen Systemen, Frankfurt am Main.

Luhmann, Niklas 1975a: Allgemeine Theorie organisierter Sozialsysteme. In: Luhmann, Niklas (Hg.): Soziologische Aufklärung 2. Aufsätze zur Theorie der Gesellschaft, S.39-50, Opladen.

Luhmann, Niklas 1975b: Macht, Stuttgart.

Luhmann, Niklas 1982: Autopoiesis, Handlung und kommunikative Verständigung. In: Zeitschrift für Soziologie, Jg.11, H.4, S.366-379.

Luhmann, Niklas 1984: Soziale Systeme. Grundrisse einer allgemeinen Theorie, Frankfurt am Main.

Luhmann, Niklas 1986: Ökologische Kommunikation, Opladen.

Luhmann, Niklas 1987a: Die Differenzierung von Politik und Wirtschaft und ihre gesellschaftlichen Grundlagen. In: Luhmann, Niklas (Hg.): Soziologische Aufklärung 4. Beiträge zur funktionalen Differenzierung der Gesellschaft, S.32-48, Opladen.

Luhmann, Niklas 1987b: Staat und Politik. Zur Semantik der Selbstbeschreibung politischer Systeme. In: Luhmann, Niklas (Hg.): Soziologische Aufklärung 4. Beiträge zur funktionalen Differenzierung der Gesellschaft, S.74-103, Opladen.

Luhmann, Niklas 1987c: Die Unterscheidung von Staat und Gesellschaft. In: Luhmann, Niklas (Hg.): Soziologische Aufklärung 4. Beiträge zur funktionalen Differenzierung der Gesellschaft, S.67-73, Opladen.

Luhmann, Niklas 1988a: Organisation. In: Küpper, Willi/Ortmann, Günther (Hg.): Mikropolitik. Rationalität, Macht und Spiele in Organisationen, S.165-185, Opladen.

Luhmann, Niklas 1988b: Die Wirtschaft der Gesellschaft als autopoietisches System. In: Luhmann, Niklas (Hg.): Die Wirtschaft der Gesellschaft, S.43-90, Frankfurt am Main.

Luhmann, Niklas 1989: Politische Steuerung: Ein Diskussionsbeitrag. In: Politische Vierteljahresschrift, 30.Jg., Nr.1, S.4-9, Opladen.

Luhmann, Niklas 1990: Risiko und Gefahr. In: Luhmann, Niklas (Hg.): Soziologische Aufklärung 5. Konstruktivistische Perspektiven, S.131-169, Opladen.

Luhmann, Niklas 1991a (zuerst 1966): Reflexive Mechanismen. In: Luhmann, Niklas (Hg.): Soziologische Aufklärung 1. Aufsätze zur Theorie sozialer Systeme, S.92-112, Opladen.

Luhmann, Niklas 1991b: Soziologie des Risikos, Berlin/New York.

Luhmann, Niklas 1992 (Hg.): Beobachtungen der Moderne. Opladen.

Luhmann, Niklas 1994a: Die Gesellschaft und ihre Organisationen. In: Derlien, Hans-Ulrich/Gerhardt, Uta/Scharpf, Fritz W. (Hg.): Systemrationalität und Partialinteressen. Festschrift für Renate Mayntz, S.189-201, Baden-Baden.

Luhmann, Niklas 1994b (zuerst 1971): Opportunismus und Programmatik in der öffentlichen Verwaltung. In: Luhmann, Niklas (Hg.): Politische Planung. Aufsätze zur Soziologie von Politik und Verwaltung, S.165-180, 4. Aufl., Opladen.

Luhmann, Niklas 1994c (zuerst 1971): Politische Planung. In: Luhmann, Niklas (Hg.): Politische Planung. Aufsätze zur Soziologie von Politik und Verwaltung, S.66-89, 4. Aufl., Opladen.

Luhmann, Niklas 1995 (zuerst 1991): Die Form 'Person'. In: Luhmann, Niklas (Hg.): Soziologische Aufklärung 6. Die Soziologie und der Mensch, S.142-154, Opladen.

Lukes, Rudolf 1982: 150 Jahre Recht der technischen Sicherheit in Deutschland. Geschichtliche Entwicklung und Rechtsetzungsmethoden (Festvortrag). In: Hosemann, Gerhard (Hg.): Risiko – Schnittstelle zwischen Recht und Technik. VDI/VDE-Tagung am 18-19. Mai 1982, S.11-43, Berlin/Offenbach.

Lundgreen, Peter 1979: Technisch-wissenschaftliche Vereine zwischen Wissenschaft, Staat und Industrie, 1860-1914. Umrisse eines Forschungsfeldes. In: Technikgeschichte, Jg.46, H.2, S.181-191.

Lundgreen, Peter 1981: Die Vertretung technischer Expertise „im Interesse der gesamten Industrie Deutschlands" durch den VDI 1856-1890. In: Ludwig, Karl-Heinz (Hg.): Ingenieure und Gesellschaft. Geschichte des Vereins Deutscher Ingenieure 1986-1991, S.67-132.

Lundgreen, Peter 1986: Standardization – Testing – Regulation. Studies in the history of the science-based regulatory state (Germany and the USA, 19th and 20th centuries), Bielefeld.

Machtan, Lothar 1985: Risikoversicherung statt Gesundheitsschutz für Arbeiter. Zur Entstehung der Unfallversicherungsgesetzgebung im Bismarck-Reich. In: Leviathan, 13.Jg, Nr.3, S.420-441.

Machtan, Lothar/Ott, René 1987: Erwerbsarbeit als Gesundheitsrisiko. Zum historischen Umgang mit einem virulenten Problem. In: Brüggemeier, Franz-Josef/Rommelspacher, Thomas (Hg.): Besiegte Natur. Geschichte der Umwelt im 19. und 20. Jahrhundert, S.124-142, München.

Mai, Manfred 1994: Technikbewertung im Parlament. Gesellschaftlicher Steuerungsbedarf und parlamentarische Eigenrationalität. In: Weyer, Johannes (Hg.): Theorien und Praktiken der Technikfolgenabschätzung, S.51-68, München, Wien.

March, James G. 1994: A Primer on Decision Making: How Decisions Happen. The Free Press, New York.

Martens, Helmut 1992: Beteiligung und Mitbestimmung: Wege aus der Entmündigung der Beschäftigten im Arbeitsschutz. In: Martens, Helmut u.a. (Hg.): Arbeitsschutz und Betriebsalltag – Zusammenarbeit für Sicherheit und Gesundheit. Beiträge zum Workshop der sfs am 29. 04. 1992 in Dortmund, S.78-98, Sozialforschungsstelle Dortmund. Beiträge aus der Forschung Nr. 63.

Martens, Helmut/Peter, Gerd/Pröll, Ulrich/Sczesny, Cordula (Hg.) 1992: Arbeitsschutz und Betriebsalltag – Zusammenarbeit für Sicherheit und Gesundheit. Beiträge zum Workshop der sfs am 29. 04. 1992 in Dortmund, Sozialforschungsstelle Dortmund. Beiträge aus der Forschung, Nr. 63.

Marx, Karl 1975: Das Kapital. Kritik der politischen Ökonomie. Bd.1; MEW, Bd.23, Berlin.

Mayntz, Renate 1979: Regulative Politik in der Krise. In: Matthes, Joachim (Hg.): Sozialer Wandel in Westeuropa. Verhandlungen des 19. Deutschen Soziologentages in Berlin 1979, S.55-81, Frankfurt am Main/New York.

Mayntz, Renate 1980a: Einleitung. Die Entwicklung des analytischen Paradigmas der Implementationsforschung. In: Mayntz, Renate (Hg.): Implementation politischer Programme. Empirische Forschungsberichte, S.1-19, Königstein/Ts..

Mayntz, Renate (Hg.) 1980b: Implementation politischer Programme I, Königstein/Ts.

Mayntz, Renate (Hg.) 1983a: Implementation politischer Programme II, Opladen.

Mayntz, Renate 1983b: Lessons Learned – Problems in the Acceptance of TA by Political Decision Makers. In: Umweltbundesamt (Hg.): Die Rolle der Technikfolgenabschätzung im Entscheidungsprozeß, S.333-345, Köln u.a.

Mayntz, Renate 1987: Politische Steuerung und gesellschaftliche Steuerungsprobleme. Anmerkungen zu einem theoretischen Paradigma. In: Ellwein, Thomas u.a. (Hg.): Jahrbuch zur Staats- und Verwaltungswissenschaft, Bd.1, 89-110, Baden-Baden.

Mayntz, Renate 1988: Funktionelle Teilsysteme in der Theorie sozialer Differenzierung. In: Mayntz, Renate/Rosewitz, Bernd/Schimank, Uwe/Stichweh, Rudolf (Hg.): Differenzierung und Verselbständigung. Zur Entwicklung gesellschaftlicher Teilsysteme, S. 11-44, Frankfurt am Main/New York.

Mayntz, Renate 1990: Entscheidungsprozesse bei der Entwicklung von Umweltstandards. In: Die Verwaltung, Bd.23, H.2, S.137-151.

Mayntz, Renate 1991: Politische Steuerung und Eigengesetzlichkeiten technischer Entwicklung – zu den Wirkungen von Technikfolgenabschätzung. In: Albach, Horst/Schade, Diethard/Sinn, Hansjörg (Hg.): Technikfolgenforschung und Technikfolgenabschätzung, S.45-61, Berlin u.a.

Mayntz, Renate (Hg.) 1992: Verbände zwischen Mitgliederinteressen und Gemeinwohl, Gütersloh.

Mayntz, Renate 1993: Policy-Netzwerke und die Logik von Verhandlungssystemen. In: Héritier, Adrienne (Hg.): Policy-Analyse: Kritik und Neuorientierung. Sonderband 24 der Zeitschrift Politische Vierteljahresschrift, S.39-56, Opladen.

Mayntz, Renate u.a. 1978: Vollzugsprobleme der Umweltpolitik. Empirische Untersuchung der Implementation von Gesetzen im Bereich der Luftreinhaltung und des Gewässerschutzes, Stuttgart.

Milles, Dietrich 1989: 'Künstliche' und 'natürliche' Risiken in der Geschichte der Arbeitsmedizin. In: Hamburger Stiftung für Sozialgeschichte des 20. Jahrhunderts (Hg.): Arbeitsschutz und Umweltgeschichte. Tagung der Stiftung Sozialgeschichte im Januar 1989, S.101-118, Köln.

Mintzberg, Henry 1987: The Strategy Concept I. Five Ps for Strategy. In: California Management Review, Fall 1987, pp.11-24.

Neuendorff, Hartmut/Sabel, Charles F. 1978: Zur relativen Autonomie der Deutungsmuster. In: Bolte, Karl M. (Hg.) Verhandlungen des 18. Deutschen Soziologentages vom 28. September bis 1. Oktober 1976 in Bielefeld, S.842-863.

Nicklisch, Fritz 1982: Wechselwirkung zwischen Technologie und Recht. Zur kontrollierten Rezeption wissenschaftlich-technischer Standards durch die Rechtsordnung. In: Neue Juristische Wochenschrift, 35.Jg., Nr.47, S.2633-2644.

Nicklisch, Fritz 1995: Risikosteuerung durch Haftung im deutschen und europäischen Technologie-
und Umweltrecht. In: Westphalen, Friedrich Graf von/Sandrock, Otto (Hg.): Lebendiges Recht –
Von den Sumerern bis zur Gegenwart. Festschrift für Reinhold Trinkner zum 65. Geburtstag,
S.617-631, Heidelberg.

Nohl, Jörg 1989: Verfahren zur Sicherheitsanalyse: eine prospektive Methode zur Analyse und Bewertung von Gefährdungen, Wiesbaden.

o.V. 1994: „Wir lassen sie sterben.' In: Spiegel, Nr.10, S.114-132.

Offe, Claus 1975: Berufsbildungsreform. Eine Fallstudie über Reformpolitik, Frankfurt am Main.

Offe, Claus 1986: Die Utopie der Null-Option. Modernität und Modernisierung als politische Güte-
kriterien. In: Berger, Johannes (Hg.): Die Moderne – Kontinuitäten und Zäsuren, S.97-117, Göttingen.

Olson, Mancur 1968: Die Logik des kollektiven Handelns. Kollektivgüter und die Theorie der Gruppen, Tübingen.

Orton, J. Douglas/Weick, Karl E. 1990: Loosely Coupled Systems: A Reconceptualization. In: Aca-
demy of Management Review, vol.15, no.2, pp.203-223.

Ossenbühl, Fritz 1982: Die Bewertung technischer Risiken bei der Rechtssetzung. In: Hosemann,
Gerhard (Hg.): Risiko – Schnittstelle zwischen Recht und Technik. VDI/VDE-Tagung am 18-19.
Mai 1982, S.155-181, Berlin, Offenbach.

Parsons, Talcott 1985: Das System moderner Gesellschaften, Weinheim/München.

Perrow, Charles 1989: Normale Katastrophen. Die unvermeidbaren Risiken der Großtechnik, Frankfurt am Main/New York.

Peter, Gerd (Hg.) 1988a: Arbeitsschutz, Gesundheit und neue Technologien, Opladen.

Peter, Gerd 1988b: Der Zusammenhang von Arbeitsschutz und neuen Technologien – Zur Einführung
in den Sammelband. In: Peter, Gerd (Hg.): Arbeitsschutz, Gesundheit und neue Technologien, S.1-
12, Opladen.

Peter, Gerd (Hg.) 1991: Arbeitsforschung? Methodologische und theoretische Reflexion und Konstruktion, Dortmund.

Peter, Gerd 1992a: Situation – Institution – System als Grundkategorien einer Arbeitsanalyse. In: Arbeit, Jg.1, H.1, S.64-79.

Peter, Gerd 1992b: Theorie der Arbeitsforschung. Situation – Institution – System als Grundkategori-
en empirischer Sozialwissenschaft, Frankfurt am Main.

Peuker, Rüdiger 1990: Stand und Entwicklung berufsgenossenschaftlicher Vorschriften in der Lasersicherheit. In: VDI-Technologiezentrum Physikalische Technologien (Hg.): Sicherheit in der La-
sermaterialbearbeiung, S.48-64, Düsseldorf.

Pfetsch, Barbara 1995: Karriere von Themen. Zur Entstehung der politischen Agenda. In: WZB-
Mitteilungen, Nr.68, S.13-15.

Polanyi, Karl 1978: The Great Transformation. Politische und ökonomische Ursprünge von Gesellschaften und Wirtschaftssystemen, Frankfurt am Main.

Poprawe, Reinhard 1994: Lasertechnik bei Thyssen: Neue Verfahren in einem Stahlkonzern. In: Frik-
ke, Werner (Hg.): Jahrbuch Arbeit und Technik 1994, S.44-50, Bonn.

Poy, Andrea/Weißbach, Hans-Jürgen 1994: Vom Sicherheitssystem zur Sicherheitskultur? In: Bek-
kenbach, Niels/Treeck, Werner van (Hg.): Umbrüche gesellschaftlicher Arbeit. Sonderband 9 der
Zeitschrift Soziale Welt, S.393-407, Göttingen.

Pröll, Ulrich 1988: Problemverschiebungen im Arbeitsschutz und Handlungsbedingungen der Staatlichen Gewerbeaufsicht. In: Peter, Gerd (Hg.): Arbeitsschutz, Gesundheit und neue Technologien, S.112-122, Opladen.

Pröll, Ulrich 1991: Arbeitsschutz und neue Technologien. Handlungsstrukturen und Modernisierungsbedarf im institutionalisierten Arbeitsschutz, Opladen.

Pröll, Ulrich 1992: Gefahrstoffe im Arbeitsschutz. Grundzüge der Thematisierung, Regulierung und praktischen Bewältigung von Gefahrstoffrisiken durch den institutionellen Arbeitsschutz, Sozialforschungsstelle Dortmund, Beiträge aus der Forschung Nr. 54, Dortmund.

Pröll, Ulrich/Peter, Gerd 1990: Prävention als betriebliches Alltagshandeln. Sozialwissenschaftliche Aspekte eines gestaltungsorientierten Umgangs mit Sicherheit und Gesundheit im Betrieb, Schriftenreihe der Bundesanstalt für Arbeitsschutz, Tb.54, Dortmund.

PROGNOS 1987: Lasertechnik 2000. Bd.II: Laseroszillatoren und Lasersysteme in der industriellen Materialbearbeitung. Marktanalyse und -prognose, Basel.

Rammert, Werner 1993: Plädoyer für eine Technikgeneseforschung. Von den Folgen der Technik zur sozialen Dynamik technischer Entwicklungen. In: Rammert, Werner (Hg.): Technik aus soziologischer Perspektive, S.9-27, Opladen.

Reinhard, Michael 1991: Stand und wirtschaftliche Perspektiven der industriellen Lasertechnik in der Bundesrepublik. In: ifo-Schnelldienst 4/91, S.11-23.

Renner, Andreas 1988: Konzepte und Modelle zum Zusammenhang von Arbeit und Gesundheit. Ein Überblick. In: Peter, Gerd (Hg.): Arbeitsschutz, Gesundheit und neue Technologien, S.65-97, Opladen.

Ritter, Ernst H. 1990: Das Recht als Steuerungsmedium im kooperativen Staat. In: Grimm, Dieter (Hg.) unter Mitwirkung von Evelyn Hagenah: Wachsende Staatsaufgaben – sinkende Steuerungsfähigkeit des Rechts, S.69-112, Baden-Baden.

Ronge, Volker 1992: Vom Verbändegesetz zur Sozialverträglichkeit – Die öffentliche und verbandliche Diskussion über den Gemeinwohlbezug von Verbänden in den 80er Jahren. In: Mayntz, Renate (Hg.): Verbände zwischen Mitgliederinteressen und Gemeinwohl, S. 36-79, Gütersloh.

Ropohl, Günter/Schuchardt, Wilgart/Lauruschkat, Helmut 1984: Technische Regeln und Lebensqualität. Analyse technischer Normen und Richtlinien, Düsseldorf.

Rosenbrock, Rolf 1982: Arbeitsmediziner und Sicherheitsexperten im Betrieb, Frankfurt am Main/New York.

Rosewitz, Bernd/Schimank, Uwe 1988: Verselbständigung und politische Steuerbarkeit gesellschaftlicher Teilsysteme. In: Mayntz, Renate/Rosewitz, Bernd/Schimank, Uwe/Stichweh, Rudolf (Hg.): Differenzierung und Verselbständigung. Zur Entwicklung gesellschaftlicher Teilsysteme, S. 295-329, Frankfurt am Main/New York.

Ruß-Mohl, Stephan 1993: Konjunkturen und Zyklizität in der Politik: Themenkarrieren, Medienaufmerksamkeits-Zyklen und 'lange Wellen'. In: Héritier, Adrienne (Hg.): Policy-Analyse: Kritik und Neuorientierung. Sonderband 24 der Zeitschrift Politische Vierteljahresschrift, S.356-368, Opladen.

Scharpf, Fritz W. 1991: Die Handlungsfähigkeit des Staates am Ende des zwanzigsten Jahrhunderts. In: Politische Vierteljahresschrift, 32.Jg., H.4, S.621-634.

Scharpf, Fritz W. 1993: Positive und negative Koordination in Verhandlungssystemen. In: Héritier, Adrienne (Hg.): Policy-Analyse: Kritik und Neuorientierung. Sonderband 24 der Zeitschrift Politische Vierteljahresschrift, S.57-83, Opladen.

Schimank, Uwe 1985: Der mangelnde Akteurbezug systemtheoretischer Erklärungen gesellschaftlicher Differenzierung – Ein Diskussionsvorschlag. In: Zeitschrift für Soziologie, Jg.14, H.6, S.421-434.

Schimank, Uwe 1988: Gesellschaftliche Teilsysteme als Akteurfiktionen. In: Kölner Zeitschrift für Soziologie und Sozialpsychologie, 40.Jg., H.4, S.619-639.

Schimank, Uwe 1991: Politische Steuerung in der Organisationsgesellschaft – am Beispiel der Forschungspolitik. In: Zapf, Wolfgang (Hg.): Die Modernisierung moderner Gesellschaften. Verhandlungen des 25. Deutschen Soziologentages in Frankfurt am Main 1990, S.505-516, Frankfurt am Main.

Schimank, Uwe 1992: Determinanten sozialer Steuerung – akteurtheoretisch betrachtet. Ein Themenkatalog. In: Bußhoff, Heinrich (Hg.): Steuerbarkeit und Steuerungsfähigkeit. Beiträge zur Grundlagendiskussion, S.165-192, Baden-Baden.

Schimank, Uwe/Glagow, Manfred 1984: Formen politischer Steuerung: Etatismus, Subsidiarität, Delegation und Neokorporatismus. In: Glagow, Manfred (Hg.): Gesellschaftssteuerung zwischen Korporatismus und Subsidiarität, S.4-28, Bielefeld.

Schreiber, Paul 1990a: Sicherheitsphilosophie bei der Laseranwendung und Schutzmaßnahmen. In: VDI-Technologiezentrum Physikalische Technologien (Hg.): Sicherheit in der Lasermaterialbearbeitung, S. 5-17, Düsseldorf.

Schreiber, Paul 1990b: State of the Art of Safety Technology in Laser Material Processing. In: Botts, Michael/Engel, Kai/Schmidt, Holger (eds.): Proceedings of the EUREKA Industrial Forum Laser Safety, am 30./31. 10. 1990 in Hannover, S.15-25, Hannover.

Schuchardt, Wilgart 1979: Außertechnische Zielsetzungen und Wertbezüge in der Entwicklung des deutschen technischen Regelwerkes. In: Technikgeschichte, Vol.46, S.227-244.

Schulz, Arnold/Steffensen, Bernd 1995: Die Entwicklungsbegleitende Normung als Verfahren einer diskursiven Technikfolgenabschätzung. Unveröffentlichtes Manuskript, Berlin, Stuttgart.

Simons, Rolf 1984: Staatliche Gewerbeaufsicht und gewerbliche Berufsgenossenschaften. Entstehung und Entwicklung des dualen Aufsichtssystems im Arbeitsschutz in Deutschland von den Anfängen bis zum Ende der Weimarer Republik, Frankfurt am Main.

Sonnenberg, Gerhard S. 1968: Hundert Jahre Sicherheit. Beiträge zur technischen und administrativen Entwicklung des Dampfkesselwesens in Deutschland 1810-1910, Düsseldorf.

Spelsberg, Gerd 1984: Rauchplage. Hundert Jahre Saurer Regen, Aachen.

Stackelberg, Wilhelm v. 1991: Lasersicherheit – Vorausschauende Technikgestaltung. In: UWSF – Zeitschrift für Umweltchemie und Ökotoxikologie, S.218-219.

Steffensen, Bernd 1997: Die Verringerung von Innovationshindenissen durch freiwillige Vereinbarungen. In: Heidenreich, Martin (Hg.): Innovationen in Baden-Württemberg, S. 159-167, Baden-Baden.

Steffensen, Bernd/Barthel, Jochen 1994: Sicherheitsstrategien beim Einsatz der Lasertechnik. In: Metall, Jg.48, H.9, S.700-705.

Steffensen, Bernd/Barthel, Jochen 1996: Arbeitssicherheit als organisatorisches Entscheidungsproblem. Sicherheitsstrategien beim Einsatz der Lasertechnik in der Materialbearbeitung. In: Arbeit, Jg.5, H.1, S.22-39.

Steffensen, Bernd/Barthel, Jochen/Kettler, Monika (Hg.) 1994: Lasertechnik: Sicherheitsstrategien und Nutzungskontexte. Workshopdokumentation. Arbeitsbericht Nr.33, Akademie für Technikfolgenabschätzung in Baden-Württemberg, Stuttgart.

Streeck, Wolfgang 1987: Vielfalt und Interdependenz. Überlegungen zur Rolle von intermediären Organisationen in sich ändernden Umwelten. In: Kölner Zeitschrift für Soziologie und Sozialpsychologie, 39.Jg., H.3, S.471-495.

Streeck, Wolfgang 1994: Einleitung des Herausgebers – Staat und Verbände: Neue Fragen. Neue Antworten? In: Streeck, Wolfgang (Hg.): Staat und Verbände. Sonderheft 25 der Zeitschrift Politische Vierteljahresschrift, S.7-34, Opladen.

Streeck, Wolfgang/Schmitter, Philippe C. 1985: Private Interest Government. Beyond Market and State, London u.a.

Sutter, Ernst/Schreiber, Paul/Ott, Günter 1989: Handbuch Laser-Strahlenschutz. Grundlagen, Vorschriften, Schutzmaßnahmen, Berlin u.a.

Tennstedt, Florian 1981: Sozialgeschichte der Sozialpolitik in Deutschland, Göttingen.

Teubner, Gunther 1982: Reflexives Recht. Entwicklungsmodelle des Rechts in vergleichender Perspektive. In: Archiv für Rechts- und Sozialphilosophie, Vol.68, S.13-59.

Teubner, Gunther 1989: Recht als autopoietisches System, Frankfurt am Main.

Teubner, Gunther 1991: Steuerung durch plurales Recht. Oder: Wie die Politik den normativen Mehrwert der Geldzirkulation abschöpft. In: Zapf, Wolfgang (Hg.): Die Modernisierung moderner Gesellschaften. Verhandlungen des 25. Deutschen Soziologentages in Frankfurt am Main 1990, S.528-551, Frankfurt am Main.

Teubner, Gunther 1992: Ist das Recht auf Konsens angewiesen? Zur sozialen Akzeptanz des modernen Richterrechts. In: Giegel, Hans-Joachim (Hg.): Kommunikation und Konsens in modernen Gesellschaften, S. 197-211, Frankfurt am Main.

Teubner, Gunther/Willke, Helmut 1984: Kontext und Autonomie: Gesellschaftliche Selbststeuerung durch reflexives Recht. In: Zeitschrift für Rechtssoziologie, 6.Jg., Nr.1, S.4-35.

Thomas, Konrad 1969: Analyse der Arbeit. Möglichkeiten einer interdisziplinären Erforschung industrialisierter Arbeitsvollzüge, Stuttgart.

Thompson, James D. 1967: Organizations in Action, New York.

Thon, Wolfgang 1988: Technischer Wandel und institutionalisierter Arbeitsschutz. In: Peter, Gerd (Hg.): Arbeitsschutz, Gesundheit und neue Technologien, S.123-136, Opladen.

Thon-Jacobi, Wolfgang 1989: Arbeitsschutzalltag. Eine empirische Studie zu Handlungsstrukturen im Betrieb, Frankfurt am Main, New York.

Tönshoff, Hans Kurt. 1990: Lasermaterialbearbeitung – Stand der Technik. In: Verein Deutscher Ingenieure (VDI) (Hg.): VDI-Gesellschaft Produktionstechnik (ADB). Teil II: Laser für die Metallbearbeitung. Tagung Düsseldorf, 9. und 10. Oktober 1990, S.151-173. VDI Berichte 863, Düsseldorf.

Treutner, Erhard 1994: Verwaltung und Publikum. In: Dammann, Klaus/Grunow, Dieter/Japp Klaus P. (Hg.): Die Verwaltung des politischen Systems. Neuere systemtheoretische Zugriffe auf ein altes Thema, S.215-227, Opladen.

Ullmann, Hans-Peter 1982: Deutsche Unternehmer und Bismarcks Sozialversicherungssystem. In: Mommsen, Wolfgang J./Mock, Wolfgang (Hg.): Die Entstehung des Wohlfahrtsstaates in Großbritannien und Deutschland 1850-1950. S.142-158, Stuttgart.

Unfallverhütungsbericht 1993 (1994): Bericht der Bundesregierung über den Stand der Unfallverhütung und das Unfallgeschehen in der Bundesrepublik Deutschland 1993 – Unfallverhütungsbericht Arbeit 1993, Bundestags-Drucksache 13/122, vom 21. 12. 1994.

VBG 93 „Laserstrahlung". Unfallverhütungsvorschrift der Berufsgenossenschaft der Feinmechanik und Elektrotechnik vom 1. April 1988 in der Fassung vom 1. Januar 1993 mit Durchführungsanweisungen vom Oktober 1995.

VDI-TZ (VDI-Technologiezentrum Physikalische Technologien) (Hg.) 1989: Lasersicherheit: Hochleistungslaser im industriellen Einsatz. Ein Überblick über Unfallrisiken und Sicherheitsvorschriften, Düsseldorf.

VDI-TZ (VDI-Technologiezentrum Physikalische Technologien) (Hg.) 1990: Sicherheit in der Lasermaterialbearbeitung, Düsseldorf.

Veit, Barbara 1989: Die Rezeption technischer Regeln im Strafrecht und Ordnungswidrigkeitenrecht unter besonderer Berücksichtigung ihrer verfassungsrechtlichen Problematik, Düsseldorf.

Vobruba, Georg 1992: Autonomiegewinne. Konsequenzen von Verrechtlichung und Deregulierung. In: Soziale Welt, Bd. 43, Nr.2, S.169-181.

Voelzkow, Helmut 1989: Die Normung von CIM-Schnittstellen. Zielsetzungen, Besonderheiten, Probleme und Ansatzpunkte für eine sozialverträgliche Technikgestaltung, Dokumentations- und Informationspapier des SFB 187, Ruhr-Universität Bochum.

Voelzkow, Helmut 1993: Staatseingriff und Verbandsfunktion: Das verbandliche System technischer Regelsetzung als Gegenstand staatlicher Politik, Max-Planck-Institut für Gesellschaftsforschung, Discussion Paper 93/2, Köln.

Voelzkow, Helmut 1996: Private Regierungen in der Techniksteuerung. Eine sozialwissenschaftliche Analyse der technischen Normung, Frankfurt am Main/New York.

Voelzkow, Helmut/Hilbert, Josef/Bolenz, Eckhard 1987: Wettbewerb durch Kooperation – Kooperation durch Wettbewerb. Zur Funktion und Funktionsweise der Normungsverbände. In: Glagow, Manfred/Willke, Helmut (Hg.): Dezentrale Gesellschaftssteuerung. Probleme der Integration polyzentrischer Gesellschaft, S. 93-116, Pfaffenweiler.

Voigt, Rüdiger (Hg.) 1990: Regulatives Recht im modernen Wohlfahrtsstaat – Zum Steuerungsinstrumentarium von Industriegesellschaften. In: Voigt, Rüdiger (Hg.): Politik und Recht. Beiträge zur Rechtspolitologie, S. 81-102, Bochum.

Voullaire, Ellen/Kliemt, Gundolf 1995: Gefahrstoffe in Klein- und Mittelbetrieben: Neue Wege überbetrieblicher Unterstützung. Schriftenreihe der Bundesanstalt für Arbeitsschutz, Fb.703, Dortmund.

Wandtner, Reinhard 1993: Atemlos am Arbeitsplatz. Immer mehr berufsbedingte Allergien/Ekzeme und Asthma/Prävention vernachlässigt. In: Frankfurter Allgemeine Zeitung vom 29. September 1993.

Wattendorff, Frank 1990: 'Experten' und 'Laien' im betrieblichen Arbeits- und Gesundheitsschutz. Verschiedene Sprachen – gleiche Probleme? In: Pröll, Ulrich/Peter, Gerd (Hg.): Prävention als betriebliches Alltagshandeln. Sozialwissenschaftliche Aspekte eines gestaltungsorientierten Umgangs mit Sicherheit und Gesundheit im Betrieb, S. 125-133. Schriftenreihe der Bundesanstalt für Arbeitsschutz, Tagungsbericht Tb 54, Dortmund.

Weber, Wolfhard 1988: Arbeitssicherheit. Historische Beispiele – aktuelle Analysen, Reinbek bei Hamburg.

Wehrsig, Christof/Tacke, Veronika 1992: Funktionen und Folgen informatisierter Organisationen. In: Malsch, Thomas/Mill, Ulrich (Hg.): ArBYTE. Modernisierung der Industriesoziologie, S.219-239, Berlin.

Weick, Karl E. 1976: Educational Organizations as Loosely Coupled Systems. In: Adminstrative Science Quarterly, vol.21, no.1, pp.1-19 .

Weick, Karl E. 1985: Der Prozeß des Organisierens, Frankfurt am Main.

Weißbach, Hans-Jürgen/Florian, Michael/Illigen, Eva-Maria u.a. 1994: Technikrisiken als Kulturdefizite. Die Systemsicherheit in der hochautomatisierten Produktion, Berlin.

Wiesenthal, Helmut 1990a: Ist Sozialverträglichkeit gleich Betroffenenpartizipation? In: Soziale Welt, Jg.41, H.1, S.28-46.

Wiesenthal, Helmut 1990b: Unsicherheit und Multiple-Self-Identität: Eine Spekulation über die Voraussetzungen strategischen Handelns. Max-Planck-Institut für Gesellschaftsforschung. Discussion Paper 90/2, Köln.

Willke, Helmut 1983: Entzauberung des Staates. Überlegungen zu einer sozietalen Steuerungstheorie, Königstein.

Willke, Helmut 1987a: Entzauberung des Staates. Grundlagen einer systemtheoretischen Argumentation. In: Ellwein, Thomas u.a. (Hg.): Jahrbuch zur Staats- und Verwaltungswissenschaft, Bd.1, 258-308, Baden-Baden.

Willke, Helmut 1987b: Kontextsteuerung und Re-Integration der Ökonomie – zum Einbau gesellschaftlicher Kriterien in ökonomische Rationalität. In: Glagow, Manfred/Willke, Helmut (Hg.): Dezentrale Gesellschaftssteuerung. Probleme der Integration polyzentrischer Gesellschaft, S.155-172, Pfaffenweiler.

Willke, Helmut 1992a: Ironie des Staates. Grundlinien einer Staatstheorie polyzentrischer Gesellschaft, Frankfurt am Main.

Willke, Helmut 1992b: Prinzipien politischer Supervision. In: Bußhoff, Heinrich (Hg.): Politische Steuerung. Steuerbarkeit und Steuerungsfähigkeit; Beiträge zur Grundlagendiskuission, S. 51-80, Baden-Baden.

Willke, Helmut 1993: Systemtheorie entwickelter Gesellschaften. Dynamik und Riskanz moderner gesellschaftlicher Selbstorganisation, 2. Aufl., Weinheim/München.

Willke, Helmut 1994: Staat und Gesellschaft. In: Dammann, Klaus/Grunow, D./Japp, Klaus P. (Hg.): Die Verwaltung des politischen Systems. Neuere systemtheoretische Zugriffe auf ein altes Thema, S.13-26, Opladen.

Willke, Helmut 1995: Systemtheorie III: Steuerungstheorie. Grundzüge einer Theorie der Steuerung komplexer Sozialsysteme, Stuttgart/Jena.

Windhoff-Héritier, Adrienne 1987a: Arbeitsschutz im Widerstreit von Klientelinteressen. Ein deutsch-englischer Vergleich. In: Windhoff-Héritier, Adrienne (Hg.): Verwaltung und ihre Umwelt. Festschrift für Thomas Ellwein, S.132-150, Opladen.

Windhoff-Héritier, Adrienne 1987b: Verwaltung und ihre Klientele. Erörtert am Beispiel des deutschen Arbeitsschutzes. In: Die Verwaltung, Bd.20, S.51-72.

Windhoff-Héritier, Adrienne/Gräbe, Sylvia/Ullrich, Carsten 1990: Verwaltung im Widerstreit von Klientelinteressen. Arbeitsschutz im internationalen Vergleich, Wiesbaden.

Wolf, Rainer 1986: Der Stand der Technik. Geschichte, Strukturelemente und Funktion der Verrechtlichung technischer Risiken am Beispiel des Immissionsschutzes, Opladen.

Wolf, Rainer 1987: Die Antiquiertheit des Rechts in der Risikogesellschaft. In: Leviathan, 15. Jg., Nr.3, S.357-391.

Womack, James P./Jones, Daniel T./Roos, Daniel 1992: Die zweite Revolution in der Automobilindustrie: Konsequenzen aus der weltweiten Studie aus dem Massachusetts Institute of Technology, Frankfurt am Main/New York

DUV Deutscher UniversitätsVerlag

GABLER · VIEWEG · WESTDEUTSCHER VERLAG

Aus unserem Programm

Marela Bone-Winkel
Politische Prozesse in der Strategischen Unternehmensplanung
1997. XX, 280 Seiten, Broschur DM 98,-/ ÖS 715,-/ SFr 89,-
GABLER EDITION WISSENSCHAFT
ISBN 3-8244-6451-9
Die Einbeziehung politischer Perspektiven in die Unternehmensplanung eröffnet
Möglichkeiten sowohl für die Beschreibung strategischer Prozesse als auch für
die Entwicklung von Einfluß- und Steuerungsmöglichkeiten.

Achim Brosziewski
Unternehmerisches Handeln in moderner Gesellschaft
Eine wissenssoziologische Untersuchung
1997. X, 188 Seiten, 2 Abb., Broschur DM 42,-/ ÖS 307,-/ SFr 39,-
DUV Sozialwissenschaft
ISBN 3-8244-4211-6
Achim Brosziewski zeigt die sozialen Regeln auf, die in den modernen Kontexten
der persönlichen Orientierung am unternehmerischen Erfolg auferlegt werden.

Erich Latniak
Technikgestaltung und regionale Projekte
Eine Auswertung aus steuerungstheoretischer Perspektive
1997. 303 Seiten, 11 Abb., Broschur DM 59,-/ ÖS 431,-/ SFr 53,50
DUV Sozialwissenschaft
ISBN 3-8244-4199-3
Die Studie analysiert die Entstehung, die Durchführung und die Resultate
regionaler Projekte, die vor allem im Rahmen des SoTech-Programms in Nord-
rhein-Westfalen durchgeführt wurden.

Klaus-Jürgen Popp
Unternehmenssteuerung zwischen Akteur, System und Umwelt
Systemtheoretische Perspektiven für Management, Wirtschaft und Gesellschaft
1997. XVII, 368 Seiten, 41 Abb., Broschur DM 78,-/ ÖS 569,-/ SFr 71,-
DUV Sozialwissenschaft
ISBN 3-8244-4224-8
Zentraler Gegenstand der Arbeit ist die Konzeption einer integriert-systemtheo-
retischen Perspektive wirtschaftlicher Steuerung.

Die Bücher erhalten Sie in Ihrer Buchhandlung!
Unser Verlagsverzeichnis können Sie anfordern bei:

Deutscher Universitäts-Verlag
Postfach 30 09 44
51338 Leverkusen

If you have any concerns about our products,
you can contact us on
ProductSafety@springernature.com

In case Publisher is established outside the EU,
the EU authorized representative is:
**Springer Nature Customer Service Center GmbH
Europaplatz 3, 69115 Heidelberg, Germany**

Printed by Libri Plureos GmbH
in Hamburg, Germany